Poing à la ligne

LES ÉDITIONS DES INTOUCHABLES
512, boul. Saint-Joseph Est, app. 1
Montréal (Québec)
H2J 1J9
Téléphone : 514 526-0770
Télécopieur : 514 529-7780
www.lesintouchables.com

DISTRIBUTION : PROLOGUE
1650, boul. Lionel-Bertrand
Boisbriand (Québec)
J7H 1N7
Téléphone : 450 434-0306
Télécopieur : 450 434-2627

Impression : Marquis imprimeur inc.
Maquette de la couverture : Marie Leviel
Mise en pages : Mathieu Giguère
Photographie de la couverture : Mathieu Lacasse
Retouche photo : Marie-Elaine Doiron
Direction éditoriale : Marie-Eve Jeannotte
Révision : François Mireault
Correction : Corinne De Vailly

Les Éditions des Intouchables bénéficient du soutien financier du
gouvernement du Québec — Programme de crédit d'impôt pour
l'édition de livres — Gestion SODEC et sont inscrites au Programme
de subvention globale du Conseil des Arts du Canada.

Nous reconnaissons l'aide financière du gouvernement du Canada
par l'entremise du Fonds du livre du Canada (FLC) pour nos activités
d'édition.

Membre de l'Association nationale des éditeurs de livres.

Dépôt légal : 2011
Bibliothèque et Archives nationales du Québec
Bibliothèque nationale du Canada
ISBN : 978-2-89549-443-0

Normand Lester

Poing à la ligne

LES INTOUCHABLES

Du même auteur :

Les secrets d'Option Canada (en collaboration avec Robin Philpot),
Les Éditions des Intouchables, Montréal, 2006.

Verglas (en collaboration avec Corinne De Vailly),
Éditions Libre Expression, Montréal, 2006.

Mom. Biographie non-autorisée du chef des Hells Angels
(en collaboration avec Guy Ouellette),
Les Éditions des Intouchables, Montréal, 2005.

Le Livre noir du Canada anglais 3,
Les Éditions des Intouchables, Montréal, 2003.

Le Livre noir du Canada anglais 2,
Les Éditions des Intouchables, Montréal, 2002.

Chimères (en collaboration avec Corinne De Vailly),
Éditions Libre Expression, Montréal, 2002.

Le Livre noir du Canada anglais,
Les Éditions des Intouchables, Montréal, 2001.

Prisonnier à Bangkok (en collaboration avec Alain Olivier),
Éditions de l'Homme, Montréal, 2001.

Alerte dans l'espace (en collaboration avec Michèle Bisaillon),
Les Éditions des Intouchables, Montréal, 2000.

Enquêtes sur les services secrets,
Éditions de l'Homme, Montréal, 1998.

L'affaire Gérald Bull. Les canons de l'apocalypse,
Éditions du Méridien, Montréal, 1991.

Sommaire

Première partie

Trois fois par semaine, j'écris une chronique d'actualité sur le site Internet de Yahoo! Québec: (http://fr-ca.actualites.yahoo.com/). Les textes qui suivent ont été publiés au cours de l'année 2010.

Huit ans d'enquêtes sur les commandites : bon anniversaire, la GRC !

On parle tellement de la moralité douteuse des libéraux de Jean Charest depuis quelques mois qu'on a complètement oublié le scandale des commandites. Vous vous rappelez le juge Gomery, non ? Du plus important scandale politique de l'histoire canadienne. Deux cent cinquante millions de dollars pelletés aux amis du Parti libéral du Canada afin d'acheter de la visibilité pour la feuille d'érable au Québec à la suite du référendum de 1995.

C'est en mai 2002 que la vérificatrice générale du Canada, Sheila Frazer, devant les émanations malodorantes qui se dégageaient de ce sac à ordures rouge, a fait appel à la GRC pour voir ce qu'il y avait dedans. Les fins limiers fédéraux, la loupe au poing, fouillent dans le sac depuis huit ans ce mois-ci. Et ils ne trouvent pas grand-chose. Nos Dupond/Dupont à bottes d'équitation ont dépensé des dizaines de millions de dollars en frais d'enquêtes et interrogé des centaines d'individus pour des résultats bien maigres.

Jusqu'à maintenant, l'État fédéral n'a récupéré que des *pinottes* de l'argent flambé et la GRC n'a mis la main sur aucun des gros rats dodus qui se sont nourris dans cet amas d'immondices.

Chuck Guité, l'homme au chapeau de cowboy, bras droit d'Alfonso Gagliano, est allé en prison tout comme une poignée de publicistes et de relationnistes rouges dont Jean Lafleur, qui lave maintenant la vaisselle chez Alexandre et Jean Breault, l'homme qui pleurait de peur devant les menaces de Jos Morselli (autre proche de Gagliano). Du menu fretin.

Les vrais responsables des crimes des commandites, ceux qui ont imaginé la combine, les ministres, les conseillers politiques, les hauts placés dans les instances politiques ou financières du PLC, vieillissent sans être inquiétés par la police à cheval du Canada.

À la GRC, on nous dit, en faisant un effort pour garder son sérieux, que l'enquête se poursuit. Ils sont encore aujourd'hui une grosse vingtaine de membres de la GRC affectés aux dossiers des commandites, installés dans des bureaux de l'autre côté de la rue, en face du QG de la police fédérale à Westmount. En huit ans ils n'ont même pas réussi à prendre un politicien libéral, pas un ministre, pas un membre de leur cabinet politique. Je me demande ce qu'ils font pour passer le temps à longueur de journée dans leur *cubicule* en attendant leur retraite. À leur place, je serais totalement déprimé. Huit ans de ma vie et incapable de prendre un seul gros rat rouge au piège.

« *They always get their man* », disait toujours, avec respect et admiration, un personnage dans les films américains consacrés à la GRC dans les années 1950. Depuis, sa réputation s'est effritée. Dans l'affaire de l'attentat d'Air India, le plus important acte de terrorisme de l'histoire du Canada, 329 morts, les principaux coupables ont été acquittés après 18 ans d'enquêtes de la police fédérale...

La GRC a une tradition de police politique au service du Parti libéral du Canada. Dans les années 1970, des agents de la GRC ont commis des crimes (vol de dynamite, incendies criminels, fabrication de faux documents, enlèvements, menaces, séquestrations) par ordre du gouvernement libéral de Pierre Elliott Trudeau. Aucun des agents de la GRC qui ont commis ces crimes n'a eu à en répondre devant la justice. Tous ont continué à avoir des promotions jusqu'à une retraite confortable et bien méritée au service de l'État fédéral et du PLC. Aujourd'hui, tout se passe comme si la GRC retournait l'ascenseur au parti.

Comme m'a confié un retraité désabusé de ce corps policier, « ils attendent qu'ils soient tous morts, comme ça ils n'auront personne contre qui porter des accusations ».

La vérité, les *truthers* et le 11 septembre 2001

5 mai 2010

Ils étaient quelque 700 lundi soir et encore hier, venus à l'UQAM pour entendre deux *truthers* américains les conforter dans leur conviction aberrante que George W. Bush, Dick Cheney et Donald Rumsfeld sont derrière l'attentat du 11 septembre 2001. Remarquez, ils ne sont pas seuls. Près de 50 % des Américains et 30 % des Canadiens croient ces sornettes.

C'est une réalité de la nature humaine depuis la nuit des temps que les gens sont disposés à croire à n'importe quoi. Sinon, les créateurs d'horoscope, les diseuses de bonne aventure et les vendeurs d'automobiles d'occasion ne prospéreraient pas. Le commun des mortels aime s'inventer de vastes et brumeuses conspirations, alors que l'explication se trouve le plus souvent dans l'incompétence et la stupidité bornée des bureaucraties gouvernementales. Il faut dire que Hollywood et Internet, ces dernières années, poussent à la paranoïa et font mousser les théories « conspirationnistes ».

Résumons la thèse des *truthers* : pour convaincre l'Amérique de partir en guerre contre l'Islam, l'administration Bush a décidé de détruire des édifices iconiques, symboles à la fois des États-Unis et du monde capitaliste, en y plaçant secrètement des explosifs, tuant 3 000 personnes et mettant cet abominable crime sur le dos d'Oussama ben Laden et de ses amis, les héros des masses arabo-musulmanes.

Une telle conspiration est-elle possible ? Non, et voici pourquoi.

Pour réaliser un complot d'une telle envergure, il faudrait compter sur la collaboration de milliers de personnes sur une période de plus de un an. D'abord, pour concevoir le plan et engager des gestionnaires. Ensuite, pour acheter les explosifs et pendant des mois, les transporter secrètement au *World Trade Center*, où chaque nuit, des centaines de personnes se seraient activées à monter ces explosifs aux étages et à les dissimuler habilement dans des endroits névralgiques sous la direction de spécialistes en démolition.

Pour soutenir ces opérateurs de première ligne, il aurait fallu aussi recruter des chauffeurs et des mécaniciens pour la flotte de camions, des employés d'entrepôts pour le stockage des explosifs et des autres matériaux requis, des comptables et des employés de bureau pour voir au paiement des factures, des salaires et des sous-traitants.

Et pensez-vous vraiment que personne des services d'entretien ou de sécurité des tours n'aurait rien remarqué d'anormal ? À moins qu'eux aussi fassent partie de la conspiration. Ajoutez alors quelques centaines d'initiés de plus au secret.

Croyez-vous vraiment que ces milliers de personnes auraient gardé le secret, se sachant complices d'un des plus grands crimes de l'histoire ? Personne n'aurait eu de remords, personne ne se serait vidé le cœur auprès d'un membre de sa famille, de sa femme. Personne n'aurait contacté un journaliste.

La vérité est que certains des exécutants d'une telle conspiration diabolique auraient craqué et se seraient mis à parler, provoquant un effet d'entraînement chez d'autres participants. Le secret aurait été éventé au bout de quelques semaines tout au plus. Après neuf ans, les rigolos *truthers* n'ont jamais pu produire un seul complice parmi les milliers de personnes impliquées dans leur conspiration. Comme il est absurde de penser que l'administration Bush aurait pu convaincre 19 fanatiques musulmans de venir sacrifier leur vie simplement pour impliquer al-Qaida dans l'attentat ! D'ailleurs, ben Laden lui-même, à plusieurs occasions, a revendiqué la responsabilité de l'attentat. Mais, me diront les *truthers*, c'est que ben Laden est lui-même un agent de la CIA. Et moi, ma grand-mère a des roulettes.

Si vous croyez ces balivernes, vous êtes sans doute de ceux qui croient aussi que les Américains ne sont jamais allés sur la lune et que tout cela a été tourné dans les studios de la MGM à Hollywood.

Businessmen et *jobbers*: dehors de la police !

7 mai 2010

Faire partie de la direction du Service de police de la ville de Montréal, il me semble, est un *job* à plein temps. On apprend que le n° 3 de l'état-major de la police métropolitaine est aussi un entrepreneur spécialisé dans la construction de luxueuses maisons de banlieue. Et le lénifiant directeur Jacques Delorme n'y voit pas de problème. Rappelez-vous. Le chef sortant Delorme est le «jovialiste» qui a amplifié l'émeute de Montréal-Nord en attendant des heures avant de faire intervenir la police. On aurait dû alors lui montrer la porte.

Policiers-entrepreneurs, policiers-*jobbers*, comment peut-on justifier ça ? Les policiers, au Québec, sont-ils si mal rémunérés qu'ils doivent, pour nourrir leurs enfants, quémander un second emploi ou s'ouvrir une binerie ? Des officiers supérieurs de la police sont-ils contraints de se lancer en affaires pour éviter l'indigence ? Je ne le pense pas.

Combien d'heures par semaine un policier-entrepreneur consacre-t-il à ses fonctions de PDG ? À son travail de policier ? Quand des problèmes urgents se posent dans son entreprise, est-ce qu'on le joint par cellulaire sur une scène de prise d'otages ou d'émeutes pour qu'il prenne une décision ? Va-t-il faire des affaires (ou refuser d'en faire) avec des entreprises liées au crime organisé ? Des journalistes malintentionnés insinuent qu'il y en a un certain nombre dans l'industrie de la construction. Notre policier-entrepreneur va-t-il utiliser les ressources de la police pour vérifier les antécédents de ses clients, de ses employés, de ses concurrents ? En cas de conflits de travail, son entreprise va-t-elle jouir d'une protection particulière ? Que de telles questions viennent naturellement à l'esprit montre à quel point la situation est malsaine.

Faire partie de la police : le prestige qui en découle donne un avantage sur les concurrents auprès des clients. Ils vont supposer, même si cela n'est jamais évoqué, que le policier-entrepreneur est plus honnête, qu'il respecte plus l'éthique que ses concurrents, qu'il a les relations nécessaires pour faire avancer les choses ou pour empêcher qu'elles déraillent.

Toute activité lucrative d'un policier à l'extérieur de son service soulève des problèmes. L'employeur engage-t-il le policier parce qu'il pense que ça peut lui être utile ? Utilise-t-il l'appartenance de son employé à la police comme certificat de probité auprès des clients et fournisseurs ou, au contraire, comme moyen d'intimidation, en cas de conflit ?

Le problème ne se limite pas au SPVM. Combien de policiers au Québec ont un second emploi ou une carrière d'entrepreneur ? Le ministre de la Sécurité publique et les chefs des différents corps de police doivent nous dire combien d'entre eux ont des activités lucratives parallèlement à leur fonction de gardien de la paix. Les noms de tout ce beau monde doivent être transmis à la Commission de déontologie policière pour qu'elle statue sur la question.

Une carrière dans la police n'est pas compatible avec l'exercice d'un autre emploi. Tu es entreprenant, tu veux te lancer en affaires, tu crois avoir trouvé la façon de devenir millionnaire? Très bien. Démissionne de la police et lance-toi en affaires.

Ce qui est en cause, c'est l'impartialité de la police. Elle est aussi importante que l'impartialité de la magistrature. On ne laisserait pas des juges exercer un *job* en parallèle ou lancer une entreprise. On n'entre pas dans la police comme on entre dans une ligue de garage. Si des policiers s'ennuient quand ils ne travaillent pas, j'ai une suggestion pour eux, conforme à leur devoir de service public : qu'ils fassent du bénévolat.

Attaquons les criminels mohawks avec les armes utilisées contre les *Hells**

10 mai 2010

Chaque nuit des embarcations remplies de cartouches de cigarettes et de tabac haché fin quittent la réserve mohawk d'Akwesasne, assise sur la frontière entre le Québec, l'Ontario et l'État de New York, à destination de Saint-Anicet, de Saint-Zotique ou de Rivière-Beaudette. Là, leur cargaison est transférée dans des véhicules pour être acheminée à la réserve de Kahnawake où opèrent, en toute impunité, une dizaine de fabriques illégales et de nombreux stands de vente de cigarettes.

J'ai obtenu en primeur des chiffres compilés par la GRC qui montrent l'ampleur du trafic criminel des bandits à plumes. Depuis le début de l'année, pour la seule région de Valleyfield, la police a mené 39 opérations, procédant à 70 arrestations et à la saisie de 84 000 cartouches de cigarettes, 13 000 kg de tabac (pouvant produire plus de 13 millions de cigarettes), 20 kg de marijuana et 53 véhicules, incluant 12 bateaux d'une valeur d'environ 500 000 $. Du côté ontarien, 75 000 cartouches de cigarettes ont été saisies depuis janvier. Des analystes estiment que seulement une cargaison de contrebande sur 50 est saisie par la police.

Le trafic illégal des produits du tabac par des criminels mohawks a connu un essor exponentiel au cours des six dernières années. La plupart des gangs mohawks s'adonnent aussi au passage clandestin de personnes à travers la frontière canado-américaine, au trafic de drogue et au trafic d'armes. La police de Toronto rapporte que la majorité des armes utilisées dans des crimes sur son territoire provient des États-Unis via Akwesasne.

Les activités criminelles liées à la contrebande et aux jeux de hasard illicites constituent la principale activité économique des réserves mohawks, selon un spécialiste des renseignements criminels qui a requis l'anonymat. L'année passée, 975 000 cartouches ont été saisies, ce qui représente une augmentation de 1 % par rapport à 2008. Les cigarettes achetées au Québec proviennent à 40 % de la contrebande. En Ontario, ce chiffre atteint près de 49 %. Une forte proportion des consommateurs de tout ce poison est constituée d'enfants et d'ados. Les pertes en revenus des gouvernements fédéral et provincial sont de l'ordre de 2 500 000 000 $. Malgré cela, Ottawa ne consacre que 5 millions de dollars par année à la lutte contre la contrebande de tabac autochtone.

Il y a deux ans, Stockwell Day, alors ministre de la Sécurité publique du gouvernement «la loi et l'ordre» Harper, annonçait en grande pompe qu'il allait agir avec détermination contre les contrebandiers mohawks: «[...] nous allons commencer à prendre des mesures très sérieuses contre la fabrication, la distribution et la vente de ces cigarettes. »

Puis, rien. Absolument rien. Ce n'étaient que des paroles en l'air.

Les criminels mohawks savent qu'ils jouissent de l'impunité totale dans leurs réserves. Le 27 avril, le président du Syndicat des douanes et de l'immigration, Jean-Pierre Fortin, s'est indigné devant un comité parlementaire à Ottawa : « La semaine dernière, je passais sur le pont Mercier et j'ai vu un immense bateau transportant des caisses de cigarettes, à huit heures le matin. Ils le font en plein jour présentement. »

Comme me l'explique un agent de renseignements au fait du dossier, les politiciens et les responsables policiers ont une peur bleue des Mohawks. Ils craignent que toute intervention à Kahnawake et à Akwesasne provoque une prise de contrôle du pont de Cornwall et du pont Mercier par les criminels mohawks avec le soutien de l'ensemble des résidants des deux réserves qui tirent une partie substantielle de leurs revenus d'activités criminelles. De plus, les Mohawks sont aussi bien armés que la GRC, l'*Ontario Provincial Police* (OPP) et la SQ, avec de bonnes connaissances tactiques, apprises chez les *Marines* où plusieurs d'entre eux ont servi. La vérité est que le chantage à la violence des criminels mohawks tétanise les politiciens. Un point c'est tout.

Pour justifier devant l'opinion publique cette tolérance scandaleuse d'activités criminelles de grande envergure qui menacent la santé publique, Ottawa et la GRC disent qu'ils ciblent les hauts dirigeants des organisations criminelles mohawks. Foutaise ! La contrebande de cigarettes se déroule à grande échelle depuis une dizaine d'années. Pourtant, il a fallu attendre au mois de mars cette année pour voir un bandit mohawk, un seul, condamné pour gangstérisme. Des centaines de millions de dollars ont été engrangés par les *Silk Shirts* (surnoms des chefs criminels autochtones), mais on n'a jamais utilisé contre eux la loi sur les produits de la criminalité pour saisir leurs avoirs. Qui les protège? Contribuent-ils, eux aussi, à des caisses de partis politiques?

Il faut prendre contre les organisations criminelles mohawks les mêmes moyens qu'on a utilisés pour régler le cas des *Hells*. Ils sont de plus grandes menaces à la sécurité et à la santé publiques que les motards ne l'ont jamais été et ils coûtent plus cher à l'État. Les bandits à plumes tuent en un an plus de gens que les motards criminalisés n'en ont jamais tué, mais ils tuent avec des armes plus insidieuses : des cigarettes.

* Mise à jour : le *National Post* a publié une série de cinq reportages à partir des mêmes informations à compter du vendredi 17 septembre 2010.

Une «Loi du retour» pour encourager les Franco-Canadiens à s'établir au Québec

12 mai 2010

Deux études sur la réalité linguistique canadienne rendues publiques cette semaine à Montréal lors du 78e congrès de l'Association francophone pour le savoir (ACFAS), invitent à la réflexion et à l'action.

D'abord, le professeur Charles Castonguay de l'Université d'Ottawa, grand spécialiste en assimilation linguistique, confirme ce que tous les Montréalais constatent chaque jour : l'anglais est en progression rapide à Montréal. Son étude montre qu'entre 2001 et 2006, les Anglo-Montréalais connaissent une croissance sans précédent de 6,3 %, alors qu'ils étaient en déclin depuis les années 1960. Durant les mêmes cinq années, les francophones sont passés de 81 % à 79 % de la population du Québec. «C'est du jamais vu!», a lancé le professeur Castonguay. Cette remontée fulgurante des Anglos au Québec s'expliquerait par le fait que les allophones passent à l'anglais.

De son côté, le chercheur Éric Forgues, de l'Institut canadien de recherche sur les minorités linguistiques du Nouveau-Brunswick, démontre que les Anglos et les Allos du Québec s'en vont vers les autres provinces, alors que les Franco-Canadiens, en moins grand nombre, s'en viennent au Québec. La concentration des francophones au Québec et des non-francophones ailleurs au Canada est une tendance lourde qui prouve, si besoin est, que le bilinguisme à la Trudeau n'a jamais été qu'un leurre.

Ce n'est pas moi qui vais pleurer sur ce phénomène. Je crois, au contraire, qu'il faut l'encourager pour contrer celui décrit par le Pr Castonguay.

L'État québécois devrait encourager l'installation ici des francophones canadiens. Québec mène à grands frais des campagnes à l'étranger pour recruter des immigrants francophones. Lorsque ces immigrants arrivent ici, ils s'aperçoivent qu'ils doivent savoir l'anglais pour se trouver un emploi. Difficulté donc d'intégration en milieu de travail accompagné aussi de difficultés d'intégration culturelle. Avec nos frères franco-canadiens, aucun problème d'intégration culturelle et, comme ils savent l'anglais, leur intégration au marché du travail ne poserait pas de problème. Pas besoin d'accommodements, raisonnables ou non.

C'est une solution opportuniste, partielle et temporaire, j'en conviens, mais elle a le mérite d'être et facile et rapide d'application. Mettons en place des mécanismes pour favoriser le retour au Québec des quelque 600 000 à 700 000 Franco-Canadiens. Créons une politique pour permettre à la diaspora francophone de revenir au pays d'où ses ancêtres sont partis, souvent il y a des siècles: une Loi du retour. L'année prochaine à la citadelle de Québec!

Le moment est opportun pour lancer une telle politique. L'économie est souvent plus prospère au Québec qu'ailleurs au Canada, le coût de la vie est moindre, le taux de chômage, plus bas et nos lois sociales et familiales sont enviées dans le reste du Canada.

Le gouvernement Charest n'adoptera jamais une telle politique : elle est rationnelle, économiquement rentable et favorable à la majorité francophone. Même du côté du PQ, il y a des réticences. Lorsque j'ai soulevé la question avec des responsables péquistes, on m'a répondu qu'il ne fallait pas désespérer les communautés francophones hors Québec qui interpréteraient une telle politique comme un coup de couteau dans le dos.

C'est plutôt une bouée de sauvetage qu'on leur lance. Et comme le montre l'étude d'Éric Forgues, le processus est déjà en marche, il suffit de lui donner un coup de pouce. Il y va de notre avenir.

Les recherches avancées du Pentagone : visite guidée du labo du Dr Folamour

14 mai 2010

Le Pentagone — le ministère de la Défense des États-Unis — est, sur la planète, l'organisation qui consacre le plus d'argent à la recherche scientifique. Chaque année, la *Defense Advanced Research Projects Agency* (DARPA), qui est à l'origine d'Internet et du GPS, alloue trois milliards de dollars à des centaines de projets publics en recherche et développement. Certains sont simplement bizarres, d'autres semblent être de terribles menaces à l'avenir de l'humanité.

Un projet étrange, mais qui s'explique militairement. Le Pentagone appelle à soumissionner pour développer un avion submersible à huit places. Utile pour introduire des agents secrets ou des commandos dans des zones côtières hostiles. Vous avez un projet de sous-marin volant qui dort dans votre tiroir? Vous n'avez pas de chance. La DARPA précise qu'elle ne veut pas un submersible volant mais bien un avion capable de naviguer sous l'eau. C'est clair, non?

La manchette du journal était accrocheuse : « L'Université Texas A&M développe des cochons zombies pour le Pentagone ». En fait, la DARPA a accordé une subvention de 9 millions à l'université pour trouver une façon de mettre des porcs en état d'hibernation. Il s'agit de la première étape dans le développement de techniques pour faire la même chose avec des humains. Pourquoi? Des soldats grièvement blessés pourraient être mis en hibernation pour allonger leur période de survie pendant leur évacuation vers un hôpital de campagne et ça faciliterait les expéditions humaines vers Mars.

Plus sinistre est le projet de robots militaires nommé *Energetically Autonomous Tactical Robot* (EATR = mangeur?). Dans le contrat, octroyé à *Robotic Technology Inc.*, la DARPA exige que le robot-soldat soit capable de générer sa propre énergie à partir de matières organiques trouvées dans sa zone d'opération. Faut-il comprendre qu'il s'agit d'un robot mangeur qui pourrait ne faire qu'une bouchée de ses ennemis, morts ou vifs?

Entrons maintenant dans la science-fiction. La DARPA finance un projet de recherche à l'Université Cornell où l'on implante des circuits électroniques ultra-miniaturisés dans des mites au stade larvaire afin de pouvoir les piloter à distance lorsqu'elles seront adultes. Vous voyez-vous attaqués dans votre lit par des milliers de mites télécommandées par la *U.S. ARMY*?

Le projet le plus délirant et le plus épeurant de la DARPA est présenté sous le nom de Biodesign dans son budget pour l'année 2011. Il s'agit, rien de moins, que de créer des êtres vivants artificiels à des fins militaires. Le document parle de surmonter les aspects aléatoires de l'évolution naturelle pour créer des formes avancées de vie en appliquant les techniques de l'ingénierie génétique à la biologie moléculaire. La DARPA veut maîtriser tous les mécanismes qui contrôlent la mort des cellules vivantes afin de pouvoir en créer qui pourront se régénérer continuellement et devenir éternelles.

Le programme de recherche stipule qu'on veut créer des « organismes synthétiques dont l'ADN pourra être modifié afin de leur permettre de vivre indéfiniment ou, au contraire, de mourir sur commande. » Si la nouvelle forme de vie se révèle monstrueuse et dangereuse pour les vies désuètes que nous sommes, le Pentagone veut avoir la capacité de la détruire. Il exige aussi que ses ennemis ne puissent reprogrammer la vie nouvelle pour la retourner contre lui. Enfin, l'organisme devra être capable de générer et de sauvegarder un rapport détaillé sur les transformations génétiques subies. Et quoi encore !

Ça vous donne froid dans le dos ? N'oubliez pas que les projets présentés ici sont des projets publics. Le Pentagone a aussi un budget noir de plus de 50 milliards de dollars pour des programmes dont même les noms de code sont secrets. Je n'ose même pas m'imaginer les épouvantables Frankensteins qui les hantent.

Le PQ comprend-il enfin que son avenir n'est pas à gauche ?

17 mai 2010

Le PQ, durant son colloque du week-end à Drummondville, a poursuivi son retour vers le centre de l'échiquier politique où se trouve la majorité des Québécois. Bien que plus timidement, il prend aussi ses distances des syndicats et des fonctionnaires.

La défense de leurs intérêts et privilèges n'est pas exactement une marque de progressisme.

Il faut saluer le retour du bon sens politique à la direction du PQ. Pauline Marois y est pour beaucoup. Ce n'est pas tout le monde dans le parti qui apprécie. Une majorité de ses députés provient de l'enseignement ou des administrations. Espérons que le parti traduise ce virage par un recrutement plus diversifié de sa représentation parlementaire pour les prochaines élections.

Pathétique et ridicule à la fois, cette manie de nombreux députés et militants péquistes de proclamer leur parti «de gauche» et progressiste. Commentant l'intervention de sa chef, Sylvain Simard était sur la défensive: «C'est un discours général à gauche, en particulier chez les sociaux-démocrates en Europe.» Comme si être qualifié de droite était une insulte déshonorante.

Peut-être sur le Plateau-Mont-Royal, mais pour le reste du Québec, ça n'a aucune espèce d'importance. Au contraire. Être de droite n'a jamais nui à l'Action démocratique durant sa montée fulgurante. Chaque fois que des ténors de gauche s'inquiétaient de ses idées de droite, ça semblait favoriser le parti dans les sondages. Ce qui a détruit l'ADQ, c'est la médiocrité de sa représentation parlementaire: un chef charismatique avec des idées populaires, mais entouré par des nuls.

Pour une partie des élites politiques et intellectuelles du Québec, être de gauche est un brevet d'honnêteté, d'efficacité et de compassion. Où vont-ils chercher ça? Des grands partis socialistes et sociaux-démocrates européens ont été parmi les plus corrompus et incompétents de l'après-guerre. Le Parti socialiste français et sa figure emblématique François Mitterrand en sont de bons exemples. Première mystification, ce parti ne représente pas et n'a jamais représenté les défavorisés et les démunis. C'est un parti au service de la classe bureaucratique pour accroître sa part du gâteau national au détriment des riches comme des pauvres.

Le Parti socialiste était au pouvoir lorsque j'étais correspondant à Paris dans les années 1980. Je me rappelle des congrès du PS, tous ces bureaucrates bedonnants à barbe grise bien taillée et en complet trois pièces qui prétendaient parler au nom du «peuple de gauche». Dans cette France dirigée par la gauche, les juges étaient au service du pouvoir et les entrepreneurs devaient contribuer à la caisse du PS pour obtenir des contrats de l'État ou des municipalités socialistes. On se serait cru au Québec gouverné par le Parti libéral!

Quelques mots sur François Mitterrand. Cet homme de gauche s'est acoquiné avec Sylvio Berlusconi, alors parrain des médias en Italie, pour ouvrir au privé les ondes françaises. Je me demande combien Berlusconi a dû casquer au PS ou à Mitterrand. Le PS acceptait aussi de l'argent des dictateurs africains. En retour, le gouvernement «progressiste» français les maintenait au pouvoir en envoyant à la rescousse, si nécessaire, ses parachutistes ou des mercenaires. L'homme «de gauche» qui contrôlait le *racket* de protection des rois-nègres était le fils même de Mitterrand, Jean-Christophe, finalement condamné en 2006 à 30 mois de prison en rapport avec ses activités africaines. Vive la gauche progressiste!

Remontons plus loin. En 1940, le groupe socialiste à la Chambre des députés a voté à l'unanimité les pleins pouvoirs au maréchal Pétain. Tous des hommes «de gauche». Le jeune François Mitterrand a d'ailleurs été décoré pour services rendus à l'État, collabo de Vichy.

C'est Charles de Gaulle, un homme de droite, un général de surcroît, qui a sauvé l'honneur de la France et qui a été son plus grand président au XXe siècle. Et ce même homme de droite a apporté à la cause que défend le PQ l'appui international le plus important jamais reçu.

Un PQ «de gauche» se coupe des classes moyennes ascendantes, des jeunes dynamiques et entreprenants. Il est temps que ce parti, fondé comme un rassemblement, le redevienne.

Pas d'amis au Parti libéral et vous voulez un flingue?

19 mai 2010

Un flingue, un pétard, un «morceau», un *gun*. Les hommes fantasment sur les armes de poing comme les femmes sur les bijoux. Le symbole macho par excellence. Luigi Coretti, l'ami du ministre Tony Tomassi à qui il fournissait une carte de crédit, a obtenu un permis. Il a suffi que le patron de l'agence de sécurité BCIA insiste un peu auprès de la SQ.

En principe, ce n'est pas facile pour quelqu'un qui n'a pas d'amis influents au PLQ d'avoir un flingue légalement. La règle est qu'à part les policiers et les militaires, personne n'a le droit d'en posséder et d'en porter. Il y a des exceptions. On vous autorisera à porter une arme de poing si vous êtes garde de sécurité ou transporteur de valeurs afin de vous protéger des prédateurs humains. Les prospecteurs, les pilotes de brousse et les trappeurs professionnels ont aussi la permission d'avoir un revolver ou un pistolet pour se défendre en forêt contre des bêtes dangereuses, des ours ou des loups par exemple. Moins encombrant qu'une carabine.

Pourtant, il y a d'autres situations où vous pourriez croire que votre vie est menacée. Vous êtes un délateur qui a envoyé un chapitre au complet des *Hells Angels* en prison. Vous avez séduit la petite amie d'un «homme d'affaires de Saint-Léonard». Vous avez volé un million de dollars à un associé de Vito Rizzuto. Vous pensez que ça va être facile d'obtenir un permis de port d'armes. Détrompez-vous. Il y a quelques années, alors que je préparais un reportage, le registraire des armes à feu, à l'époque l'inspecteur-chef Guy Asselin de la SQ, m'avait expliqué :

> Non seulement on va vous demander de faire la preuve qu'une agression contre vous est imminente, que le danger est immédiat, mais vous allez aussi devoir nous dire pourquoi la police ne peut pas assurer votre sécurité. Avant de vous donner la permission de porter une arme sur vous, on va vous demander d'envisager d'autres moyens pour vous protéger. Comme déménager ou changer votre apparence physique.

Visiblement, la chirurgie plastique ou la vie au Yukon, ce n'était pas l'affaire de Luigi Coretti. Je me demande quels étaient les dangers mortels et immédiats qu'il a évoqués auprès de la SQ pour l'amener à changer d'idée. Il a dû se faire des ennemis plutôt malins. C'est un homme qui contribue beaucoup à la caisse du PLQ. Je les comprends de vouloir protéger sa vie à tout prix. Bon courage, M. Coretti ! Et soyez prudent avec votre arme, un accident est si vite arrivé !

Bon, vous voulez absolument avoir un pétard et, contrairement à Luigi Coretti, vous n'avez personne pour vous pistonner auprès de la SQ et vous n'avez jamais donné un sou aux libéraux. Voici un truc pour contourner la loi. Devenez tout simplement amateur de tir à la cible ou collectionneur. Ça fonctionne ! J'avais découvert dans mon enquête que la femme de Mom Boucher a obtenu un permis de collectionneuse d'armes.

Une mise en garde. Quelles que soient les raisons qu'ils invoquent pour obtenir le permis, de nombreux propriétaires d'armes à feu en ont une à la maison «pour se protéger». Vous surprenez un cambrioleur drogué armé d'une hache dans votre appartement. Si vous respectez les règlements fédéraux sur le rangement des armes à feu, il aura le temps de vous modifier considérablement le profil avant que vous puissiez vous défendre. Mieux vaut sauter par la fenêtre que de tenter de décadenasser l'armoire dans laquelle vous gardez votre revolver, de récupérer des balles entreposées sous clé ailleurs, de charger l'arme et d'ouvrir le feu.

Attention : avoir une arme à la maison est extrêmement dangereux. L'inspecteur Asselin m'avait expliqué : « Il y a 13 fois plus de risques que les armes à feu soient utilisées contre les membres de la famille plutôt que contre des intrus. [...] Cinq fois plus de suicides y surviennent que dans les résidences sans armes à feu. »

L'accès rapide à une arme mortelle accroît le risque du suicide. Chaque année au Québec, 400 personnes se suicident avec une arme à feu. Des hommes dans une très grande majorité. Quatre-vingt-douze pour cent de ceux qui utilisent une arme à feu pour se suicider réussissent. Le taux de réussite tombe à 37 % chez ceux qui ingurgitent des médicaments. Des femmes surtout. Elles hésitent à s'abîmer le portrait et à salir le tapis du salon ou de la chambre à coucher.

Quand les Grecs se font eux-mêmes des enfants dans le dos

21 mai 2010

Les putains ne font jamais « ça » le dimanche en Grèce, dit la chanson du célèbre film de Jules Dassin mettant en vedette Mélina Mercouri. Le problème, c'est qu'on ne fait pas grand-chose d'autre non plus durant la semaine dans ce pays.

Aujourd'hui la musique s'est arrêtée, les joueurs de bouzouki se sont tus. Personne n'a le cœur à la fête. Les

Grecs ne décolèrent pas, alors que les taxes se métastasent : augmentation de la TVA à 23 %, augmentation des taxes sur l'essence, l'alcool et le tabac... sur tout. Ils fraudent le fisc, mais ils ne peuvent éviter de payer les taxes sur les produits de consommation.

Vous aussi, vous descendriez dans la rue si l'on voulait vous supprimer vos 13e et 14e mois de salaire jusque dans vos allocations de retraite. Quels irresponsables gouvernements ont accordé de tels avantages dans un pays qui, disons-le délicatement, n'est pas à la fine pointe du développement économique mondial ?

Pour comprendre la Grèce, il faut savoir qu'il y a deux grandes familles, les Papandréou et les Karamanlis, qui se contestent et se partagent le pouvoir. La clientèle des Karamanlis est constituée par les armateurs, les grandes familles et les Affaires. Les Papandréou, eux, s'occupent des intérêts des fonctionnaires, des profs et des petits commerçants. Faute de mieux, ils se disent de gauche. De temps en temps, les Papa et les Kara passent un tour et laissent l'armée gouverner. Là, c'est pire. Les magouilleurs intelligents cèdent la place aux quotients intellectuels à deux chiffres. Et les pauvres, les démunis dans tout ça ? C'est la Grèce : ils ont le soleil, la mer et ils peuvent toujours voter communiste.

Quand on est au pouvoir, on donne des bonbons à son monde tout en tentant de ne pas trop nuire aux autres. On adopte des lois, mais on fait en sorte qu'elles ne soient pas appliquées ou applicables. On triche. Tout le monde triche sur tout, tout le temps : c'est la Grèce. C'est pourri et corrompu sur toute la surface de l'échiquier politique.

La fraude fiscale fait partie de la culture nationale. « Ici, seuls les cons paient leurs impôts », dit un Athénien au journal *Libération*. Ceux qui sont condamnés pour fraude fiscale ne vont pas en prison parce qu'ils achètent les fonctionnaires chargés de l'application de la peine.

Pour avancer plus vite, pour couper la file, pour être hospitalisé, pour avoir un permis de conduire ou carrément pour falsifier leur déclaration d'impôts, les Grecs doivent donner un petit quelque chose à quelqu'un. Ils déboursent un milliard de dollars américains par année en versements de pots-de-vin, selon *Transparency International*. Un sondage auprès de 6 000 Grecs établit que le pot-de-vin moyen est de 1,355 euro dans la fonction publique et 1,671 euro dans le privé.

Tout le monde travaille pour l'État. De quoi faire rêver la CSN et la CSD. Même les prêtres orthodoxes sont fonctionnarisés. Le secteur public grec génère 40 % du produit intérieur brut et accapare 25 % de l'emploi, ou à peu près. Les vérificateurs de l'Union européenne ont été surpris de découvrir que le gouvernement grec ne savait pas lui-même exactement combien il avait d'employés. Ils ne gagnent pas cher et ne valent pas cher. On estime que moins de 20 % des employés de l'État accomplissent un travail productif. Nombreux sont ceux qui ne se présentent pas souvent au bureau parce qu'ils occupent un autre emploi, au noir. Quarante pour cent de l'économie grecque est souterraine.

Les Grecs ont triché pour entrer dans l'Europe en falsifiant leurs données. Plus récemment, le pays a aussi sciemment trompé ses prêteurs. Pour manipuler les chiffres, le gouvernement grec a fait appel aux meilleurs tricheurs de la planète : les banquiers de *Wall Street*. Ils n'avaient pas prévu la crise financière internationale de 2008. Patatras ! Et les Allemands refusent de casquer pour payer les avantages sociaux d'un peuple qui cultive l'incurie comme un art de vivre.

La Grèce, berceau de l'Occident, est devenue, durant la longue occupation ottomane, un pays plus moyen-oriental qu'européen. Ses difficultés économiques actuelles sont le reflet de cette réalité.

Mᵍʳ Ouellette victime d'une brutale agression d'un groupe de femmes

Le cardinal primat de l'Église catholique au Canada a été la semaine dernière brutalisé par un groupe de femmes en colère et personne n'est venu à son secours. Le clergé québécois s'est comporté comme un troupeau de gazelles épouvantées fuyant une meute de lionnes. Pourtant, il n'y avait rien de nouveau dans les propos de Mᵍʳ Ouellette. L'Église catholique est contre l'avortement depuis 2 000 ans.

Le principal reproche qu'on semblait lui faire était de défendre publiquement sa foi. Les mégères en colère voulaient lui fermer la trappe une fois pour toutes : circulez, il n'y a plus rien à voir, le débat sur l'avortement est clos.

Non, il ne l'est pas. En démocratie, rien n'est jamais décidé pour l'éternité. Et comme la liberté d'expression et la liberté de religion existent toujours au Québec, Mᵍʳ Ouellette a parfaitement le droit de s'exprimer, même si ça fait friser le poil des jambes des hystériques de l'avortement inconditionnel.

Un sondage indiquait d'ailleurs que 38 % des personnes interrogées pensaient qu'on devrait rouvrir le débat sur l'avortement. Inscrivez-moi dans le groupe et voici pourquoi.

L'avortement n'est pas une procédure médicale moralement neutre. Ce n'est pas une augmentation mammaire ou une liposuccion. Soyons clairs : lorsqu'on utilise l'euphémisme « interruption de grossesse », particulièrement après la vingtième semaine, c'est du meurtre d'un être humain dont il s'agit, perpétré à l'instigation de sa mère. Un point c'est tout. Est-ce que dans certaines circonstances, cela se justifie, moralement et socialement ? Sans doute. Je pense au viol et à d'autres rares situations où l'ultime recours à la mise à mort d'un être humain pourrait être tolérable.

L'avortement relève du choix des femmes, mais ce choix a des implications sociétales importantes. Il est du devoir de l'État de réglementer l'avortement et de conseiller les femmes impliquées dans ces terribles dilemmes afin de voir avec elles si des solutions alternatives au meurtre de leur bébé pourraient être envisagées.

Si, dans les sondages, le pourcentage de ceux qui sont favorables à l'avortement sur demande est si élevé — autour de 80 % —, c'est que l'opinion publique est mal informée des conditions dans lesquelles il se déroule présentement. Et les partisanes de l'avortement incontrôlé et leurs alliés savent qu'il est dans leur intérêt que le public ne soit pas mieux informé. Les chiffres pourraient s'inverser.

La scandaleuse situation actuelle est qu'il n'y a aucune loi sur l'avortement au Canada, un cas presque unique au monde. Ce qui veut dire qu'un médecin peut tuer un enfant parfaitement viable dans le ventre de sa mère jusqu'au neuvième mois de grossesse, jusqu'au moment de son évacuation naturelle de l'utérus. Je ne crois pas que le pourcentage de Québécois qui déclareraient approuver une telle pratique soit très élevé.

Comment peut-on nier que les avortements tardifs posent des problèmes moraux ? Dans une salle d'obstétrique, une équipe médicale se dévoue pour sauver la vie d'un fœtus de six mois pendant que de l'autre côté du corridor, un médecin est en train d'en tuer un du même âge. Au Canada, je le répète, rien n'empêche des avortements aussi immondes.

Et il y a un autre problème avec l'avortement sur demande. Il est de plus en plus facile pour les parents de déterminer le sexe de leur enfant tôt dans la grossesse. Au Québec, il y a des cas, et ça implique surtout des Asiatiques, où des couples veulent connaître le sexe de l'enfant afin d'avorter les fœtus féminins. Des médecins refuseraient la demande de parents orientaux de déterminer le sexe du fœtus afin d'éviter qu'ils choisissent cette voie. De quel droit un médecin peut-il empêcher des parents de choisir l'option parfaitement légale au Canada de tuer leur bébé parce qu'ils ne veulent pas de filles ?

Je suis réaliste, les politiciens sont beaucoup trop lâches pour adopter une loi sur l'avortement. *Government by crisis*. Il va falloir qu'un cas particulièrement odieux soit hypermédiatisé pour que le Parlement s'en mêle. Et encore.

Qui dit que Juifs et racisme ne vont pas ensemble ?

26 mai 2010

Le titre est provocateur. Il coiffe une analyse d'Akiva Eldar, principal chroniqueur politique et éditorialiste du grand journal israélien *Haaretz* dans son édition d'hier. Si j'avais osé utiliser un tel titre sans l'attribuer à un éminent israélien, il est sûr que j'aurais eu le B'nai Brith et toute une flopée d'auxiliaires de propagande d'Israël au derrière.

Eldar s'indigne de la grande amitié qui liait Israël au régime raciste qui a dominé l'Afrique du Sud à l'époque de l'apartheid. Un livre est publié cette semaine sur le sujet par Sasha Polakow-Suransky (*The Unspoken Alliance : Israel's Secret Relationship With Apartheid South Africa*). Parmi les révélations sensationnelles qui y sont faites, on apprend que le pays qui se présente comme la figure de proue de la lutte contre le racisme sous toutes ses formes a offert des armes nucléaires aux suprémacistes blancs de Pretoria pour assurer la pérennité de leur pouvoir. Les Afrikaners étaient des antisémites virulents qui, dans les années 1930 et 1940, appuyaient l'Allemagne nazie.

Difficile de salir Polakow-Suransky en le présentant comme un antisémite délirant, il est rédacteur en chef de la prestigieuse revue *Foreign Affairs*. Il relate dans son livre qu'en avril 1975, la coopération militaire clandestine entre les deux pays a été formalisée dans un accord secret signé par le ministre de la Défense israélien, Shimon Peres, et son homologue sud-africain, P.W. « Pik » Botha. Ce gouvernement, officiellement raciste, était dirigé par B.J. Vorster, interné à cause de ses sympathies hitlériennes durant la Seconde Guerre mondiale.

En octobre 1980, le ministre de la Défense d'Afrique du Sud, le général Magnus Malan, reçoit une lettre de félicitations pour sa récente nomination du général israélien Yonah Efrat, à l'origine de l'Alliance contre-nature d'Israël avec le régime de l'apartheid. Il lui écrit : « Puisse le Dieu tout-puissant être avec vous dans toutes vos entreprises. » Polakow-Suransky cite aussi l'homme qui incarne depuis des décennies la gauche israélienne, Shimon Peres, qui, de son côté, parle « d'une coopération basée sur des intérêts communs, mais aussi sur la haine commune de l'injustice... ». Peres, Prix Nobel de la paix, considérait les racistes blancs sud-africains comme injustement persécutés par la communauté internationale.

En visite au Cameroun quelques années plus tard, l'hypocrite Peres, alors premier ministre d'Israël, dit dans un discours en français : « Un Juif qui accepte le racisme cesse d'être Juif. Juif et racisme ne vont pas ensemble. »

Selon Polakow-Suransky, la coopération militaire entre les deux régimes a continué même après que le gouvernement israélien eut annoncé en 1987 l'imposition de sanctions contre l'Afrique du Sud. Toujours avec la même hypocrisie et la même mauvaise foi, Jérusalem s'abstenait de faire la promotion du tourisme sud-africain, mais continuait de fournir armes et pièces d'équipement militaire au régime de Pretoria.

La relation honteuse n'a cessé qu'avec l'effondrement du régime raciste en 1994. Entre-temps, Israël avait développé d'autres relations militaires inavouables.

Dans les années 1970 et 1980, j'ai couvert, comme envoyé spécial, plusieurs conflits en Amérique latine. Du Nicaragua à l'Argentine en passant par le Panamá, les pires dictatures pouvaient compter sur l'approvisionnement en armes d'Israël et sur ses conseillers militaires. La garde présidentielle du dictateur Anastasio Somoza était équipée et entraînée par Israël. Après la prise du palais présidentiel de Managua par les forces sandinistes, j'ai récupéré un casque militaire israélien que je garde comme souvenir. Il avait été abandonné par un garde somoziste dans sa fuite. Tout aussi troublante est la coopération militaire israélienne avec le régime autoritaire chinois. Les chars qui, place Tian'anmen, ont écrasé dans le sang le « Printemps de Pékin » en 1989, étaient dotés d'équipements « *Made in Israël* », mais c'est là une autre histoire.

Un avenir brillant au Canada pour le bilinguisme... anglais-chinois ?

28 mai 2010

Le commissaire aux langues officielles, Graham Fraser, constate que le gouvernement Harper n'encourage pas le bilinguisme dans l'administration fédérale, dans un rapport déposé cette semaine à Ottawa. Comme c'est sa responsabilité de faire des recommandations, Graham Fraser ânonne les lieux communs et les vœux pieux habituels. Les dirigeants des institutions fédérales doivent assumer leurs responsabilités, bla bla bla. Ils doivent faire preuve de vision, bla bla, bla. Ils doivent respecter la loi sur les langues officielles, bla bla bla. Frazer est un gentil garçon qui fait ce qu'il peut, c'est-à-dire pas grand-chose.

Retour en arrière. En février 2006, son prédécesseur, Dyane Adam, en était arrivée aux mêmes constatations au sujet des Forces armées canadiennes : le milieu de travail n'était pas propice à l'usage du français et l'anglais y dominait à tel point que les francophones avaient tendance à l'utiliser dans leur travail.

Les successeurs de Frazer et d'Adam vont faire les mêmes jérémiades sans que cela change quoi que ce soit, jusqu'à ce qu'on se rende compte que le poste de commissaire aux langues officielles est un anachronisme inutile et qu'on l'abolisse. En 2015 ? En 2020 ?

La culture administrative a toujours été, est encore et sera toujours unilingue anglaise à Ottawa. Le mépris pour le français y a toujours été manifeste. Correspondant parlementaire à Ottawa, j'ai été à même de le constater pendant six ans. Un exemple parmi d'autres. Tenter d'obtenir des informations en français d'un ministère se déroulait en général comme suit : « *Oh you want someone who speaks french. We have Steward Labine. He's a fine french chap from Manitoba* ». Le Labine en question, presque totalement anglicisé, ne possédait pas le vocabulaire élémentaire français de sa spécialité et passait donc rapidement à l'anglais dans ses explications.

La situation est encore pire aujourd'hui alors que l'opinion publique anglophone en a ras le bol du bilinguisme. Elle a hâte qu'on en finisse avec cette supercherie trudeauiste qui n'a plus vraiment sa raison d'être.

Vous avez vu la réaction massive des Anglo-Canadiens au projet de loi à l'étude au Sénat imposant le bilinguisme aux juges de la Cour suprême ? Pas question qu'on exige quelque connaissance que ce soit du français pour accéder à la Cour suprême. Le ministre responsable des langues officielles, James Moore, a cru bon de mettre en garde contre cette demande

« exorbitante » : demander aux juges anglophones de maîtriser le français « diviserait » le pays.

« Le Canada vous aime/*Canada loves you* », nous criait-on au *Love-in* de la place du Canada en 1995 lors du référendum. Pour sauver le Canada, les anglophones étaient prêts à tous les mensonges, même faire semblant que le pays était bilingue. Le Canada anglais est maintenant convaincu que le Québec ne se séparera jamais. Les Anglo-Canadiens nous considèrent trop lâches, trop vieux et trop peu nombreux pour désormais constituer une menace à la « *Iunity Nashional* ». Dorénavant, toute revendication concernant l'usage du français à l'extérieur du Québec sera accueillie avec un bras d'honneur.

Le Québec n'est plus un facteur déterminant dans la stratégie des deux grands partis. Pour les conservateurs et les libéraux, les élections fédérales se jouent dans des circonscriptions où il y a plus d'Asiatiques que de francophones. Que voulez-vous, dirait Jean Chrétien, c'est comme ça.

En exagérant à peine, on peut avancer que le Canada a plus de chances de devenir bilingue anglais-chinois qu'anglais-français. À Toronto et en Colombie-Britannique, le chinois est une langue beaucoup plus importante que le français. Les guichets automatiques y fonctionnent déjà dans cette langue.

Se faire passer un Québec... à Kandahar

31 mai 2010

Inappropriée, c'est la façon qu'Ottawa décrit la relation du brigadier-général Daniel Ménard avec une de ses subalternes pour expliquer pourquoi il a été relevé du commandement des Forces canadiennes à Kandahar. Le général Ménard s'est aussi récemment reconnu coupable en cour martiale d'avoir déchargé son arme de service à deux reprises, également dans des conditions inappropriées.

Il était aussi inapproprié pour Ménard, dans une série d'interviews il y a deux mois, de prétendre avoir rétabli un anneau de stabilité autour de Kandahar et pouvoir bientôt briser le dos à l'insurrection talibane. À chaque relève de commandement, le général canadien sortant vante les progrès significatifs réalisés pendant sa mission. S'il y a eu tant de progrès depuis cinq ans, comment se fait-il que l'OTAN va devoir monter une offensive majeure cet été pour reprendre aux talibans la ville et la province de Kandahar? La réalité est que les Forces canadiennes ne contrôlent rien à l'extérieur de la base aérienne où notre corps expéditionnaire est stationné.

Il y a plein de choses inappropriées qui s'y passent. En voici quelques-unes qui m'intéressent et pour lesquelles je n'ai jamais eu de réponses satisfaisantes de l'armée :

la mort du major Michelle Mendes. La jolie et brillante jeune femme de 30 ans, chef analyste des services secrets militaires canadiens à Kandahar, a été retrouvée morte en avril 2009 dans sa tente avec une balle dans la tête. La police militaire a conclu au suicide. Remarquée en haut lieu, elle avait connu une ascension fulgurante au sein des renseignements militaires. L'explication donnée pour son suicide, «stress dû à son travail», me paraît courte ;

le policier militaire Brendan Downey, âgé de 36 ans, mort d'une blessure d'arme à feu en juillet 2008 au Camp Mirage, la base des Forces canadiennes à Dubaï. Accident, suicide ou homicide ? Le Service national des enquêtes des Forces canadiennes n'a jamais rien révélé sur les circonstances de sa mort ;

le Canada a reconnu que le Service canadien du renseignement de sécurité est impliqué dans l'interrogatoire de prisonniers talibans à Kandahar. Il est impossible que le SCRS agisse sans collaborer avec les services secrets afghans qui utilisent la torture. Tous les documents se rapportant à la torture de prisonniers par les services secrets afghans, remis par le Canada, sont largement censurés. Est-ce pour dissimuler le rôle du SCRS? Une commission parlementaire se penche sur la question. On sait aussi que la CIA procède dans la région de Kandahar à des assassinats sélectifs d'opposants en collaboration avec les services de sécurité afghans et la milice personnelle de Wali Karzai, le trafiquant de drogue et collaborateur payé de la CIA, qui est aussi le frère du président afghan. Est-ce possible que les services secrets canadiens interviennent à Kandahar tout en restant à l'écart du nid de vipères corrompu et violent où grouillent les trois alliés du Canada : les services afghans, la CIA et Wali Karzai?

le Canada opère un avion-espion Héron sans pilote de fabrication israélienne à Kandahar. Diverses indications font penser que des conseillers militaires israéliens sont sur place pour soutenir l'activité du drone. Lorsque j'ai demandé à la Défense nationale si des conseillers étrangers non membres de l'OTAN assistaient les Forces canadiennes dans l'opération du Héron, on a carrément refusé de répondre à ma question. S'il n'y avait pas d'Israélien intégré à l'unité de pilotage du drone, il aurait été facile de me dire non.

Dans le cas des deux derniers points, certaines réponses pourraient provoquer un scandale politique majeur. C'est sans doute pourquoi on considère comme totalement inapproprié qu'on soulève ces questions.

Allez, Mulroney, rembourse les deux millions. T'as menti pour les avoir !

2 juin 2010

D'abord, un aveu. J'ai cru en Brian Mulroney. J'ai cru qu'il était un homme honnête. J'ai cru qu'on avait injustement sali sa réputation. J'ai cru qu'il était en droit de demander des excuses et d'être dédommagé pour ses frais d'avocats par le gouvernement du Canada. Je me suis royalement trompé. Ça m'apprendra à faire confiance à un « politichien ».

Le Canada anglais détestait Brian Mulroney pour les trois raisons pour lesquelles j'appréciais l'homme. Il est le premier ministre canadien qui a manifesté le plus d'ouverture aux revendications du Québec. Les Canadiens anglais le considéraient comme un Québécois et en bavaient de rage. *He's one of them.* Ensuite, on lui reprochait sa politique de libre-échange et son introduction de la taxe sur les biens et services. Deux initiatives qui se sont révélées positives pour le Canada et le Québec.

Il n'en reste pas moins que Brian Mulroney est un menteur et un tricheur qui s'est vendu comme une catin de luxe à un *sugar daddy* allemand. Cela s'est passé comme on se l'imagine dans le cas de faveurs tarifées par une poule de luxe. Discrètement, dans des chambres d'hôtel quatre étoiles à Montréal, New York et Genève. On ne se vend pas n'importe où ou n'importe comment. On a de la classe. Le client s'attend à un certain luxe, à un certain décorum. Mais dans la réalité, il s'agit toujours du plus vieux métier du monde. Se vendre, vendre sa personne en échange d'argent. On a une idée de ce que Mulroney considérait comme sa valeur marchande. Il admet avoir reçu 225 000 $ pour accorder ses faveurs au grossier personnage qu'est Karlheinz Schreiber. L'escroc teuton affirme, lui, qu'il a dû donner 300 000 $ comptant pour que le beau Brian cède à ses avances. On ne sait pas ce qu'il a fait pour satisfaire son client, on ne connaît pas sa « spécialité ».

Mulroney a été mis en contact avec la crapule Schreiber par son ami et conseiller Fred Doucet alors qu'il était encore premier ministre. Il a tout de suite vu que le magouilleur allemand pourrait être une source de revenus intéressante à la fin de son mandat. Le juge Oliphant souligne que, compte tenu de sa mauvaise réputation, Mulroney aurait pu cesser toute relation avec l'Allemand, mais il a continué à le rencontrer alors qu'il était premier ministre. Ce n'est donc pas un abandon momentané, une erreur de jugement comme il le prétend. Il y avait préméditation et récidive. Il l'a rencontré trois fois dans des chambres d'hôtel sur une période de plus de un an pour monnayer ses faveurs.

Dans son procès pour diffamation contre le gouvernement du Canada, Mulroney a affirmé sous serment qu'il n'avait aucune relation d'affaires avec Karlheinz Schreiber, qu'il ne le rencontrait que pour prendre un café de temps en temps. Le juge Oliphant affirme dans son rapport que Mulroney comprenait parfaitement le sens de la question de l'avocat du gouvernement du Canada et qu'il savait qu'il devait révéler avoir reçu de l'argent de Schreiber. Il ne l'a pas fait. Cela s'appelle un parjure.

Selon le juge Oliphant, l'argent versé à Mulroney provenait des 20 millions de dollars de pots-de-vin versés par *Airbus Industries* à des politiciens en Allemagne et au Canada pour vendre ses avions, mais il n'en connaissait pas l'origine. On ne sait toujours pas où est allé le reste de l'argent. On ne sait pas non plus pourquoi Schreiber a donné de l'argent à Mulroney.

Mulroney pensait que ses faiblesses de caractère ne seraient jamais connues publiquement. Il tirait son assurance du fait que pendant huit ans, 23 enquêteurs de la GRC n'avaient rien trouvé d'incriminant dans ses relations avec Schreiber (est-ce la même équipe qui enquête actuellement sur le scandale des commandites depuis huit ans et qui n'a pas encore réussi à épingler un seul «politichien libéral»?).

À cause de l'incompétence de la GRC, le gouvernement du Canada s'est excusé et a donné 2,1 millions de dollars à Mulroney pour payer ses avocats. Le gouvernement Harper se doit de récupérer l'argent. Allez, Mulroney, rembourse les deux millions. T'as menti pour les avoir! Pour une fois, agis avec dignité.

La recette pour aller à l'école anglaise : un oncle riche et membre du PLQ

4 juin 2010

Elle était tellement stupide que même les autres ministres s'en rendaient compte. Avec le cafouillis des écoles-passerelles, cette petite phrase assassine pourrait s'appliquer à la ministre de l'Éducation, Michelle Courchesne. À un journaliste qui lui demandait si le projet de loi 103 ne réservait pas l'école anglaise aux riches, elle a répondu: «Bien, ça dépend, il faut faire attention parce qu'on connaît des pauvres qui ont des oncles puis des amis qui ont des sous, puis qui paient pour eux, puis qui y vont.»

Pour ce qui est des déclarations stupides, on a été choyé, depuis quelque temps, avec le gouvernement Charest. De Tony Tomassi à Jacques Dupuis, en passant par Norman MacMillan, Claude Béchard et le premier ministre lui-même, les déclarations provoquant l'hilarité générale n'ont pas manqué. C'est un véritable gala de *stand-up comics* malgré eux, dignes de tenir l'affiche au Festival Juste pour rire. À côté de ce cabinet, les analystes sportifs et les joueurs de hockey font figure de penseurs profonds et subtils. Jean Perron ne devrait pas avoir de complexes.

Mais revenons au cas Courchesne. Selon elle, passer trois années dans une école anglaise privée non subventionnée sera nécessaire mais non suffisant pour pouvoir ensuite aller à l'école anglaise publique. En plus, il va y avoir «d'autres critères» et un pointage complexe pour déterminer ceux qui pourront y avoir droit, dit la ministre. Un lien de parenté avec Tony Accurso, ça va valoir combien de points?

Ça me rappelle la façon libérale d'octroyer des permis de garderie. Tony Tomassi a dû inspirer Michelle Courchesne. Si, par exemple, l'oncle de l'enfant est membre du Parti libéral ou contribue à sa caisse, est-ce que cela va être pris en considération? Est-ce un des «éléments contextuels connexes ou distincts permettant d'approfondir l'évaluation de l'authenticité de l'engagement» dont parle Courchesne, mais qu'elle ne peut pas expliquer? Confuse, elle ajoute que «ça va être du cas par cas». Chez les libéraux, on sait ce que ça veut dire. Non, on n'accepte pas les cartes de crédit.

Les libéraux, qui sont habitués à vendre toutes sortes de choses, des places en garderie aux permis de port d'armes, sont maintenant en *business* dans la vente de droits constitutionnels à un public qui en a les moyens. L'argent, les allophones et les anglophones. C'est la combinaison Triple-A qui permet au Parti libéral du Québec d'exister. Le truc, c'est de ne pas déplaire à sa clientèle tout en jetant de la poudre aux yeux à la majorité francophone.

Malheureusement pour elle, Michelle Courchesne a échoué lamentablement. Personne n'est content de ses explications aberrantes d'une politique qui n'est rien d'autre qu'une mise en marché de l'école anglaise. Tout ce qu'elle a réussi à faire, c'est de paraître stupide.

Pour éviter d'utiliser la clause dérogatoire, afin de ne pas faire de la peine aux Anglais, elle maintient un système discriminatoire qui ouvre le réseau scolaire anglophone aux riches allophones et francophones. C'est facile à comprendre. Elle ne devrait pas nous prendre pour des idiots.

À soir, on fait peur au monde

7 juin 2010

Il y a un an, le 11 juin 2009, l'Organisation mondiale de la santé déclarait sa première pandémie en 40 ans. Vous vous rappelez le matraquage médiatique incessant à Radio-Canada et TVA? RDI et LCN en continu 24/24 et 7/7. Sauve qui peut : les femmes, les enfants et les vieillards d'abord. Si vous ne voulez pas mourir, courez vite vous faire vacciner contre le H1N1. La pandémie mondiale va tuer des millions de personnes. Le gouvernement du Québec faisait de son mieux pour donner l'impression qu'il contrôlait la situation. Quand les médias suscitent une panique générale, les gouvernements doivent faire quelque chose. N'importe quoi. Alors, on procède à une vaccination de masse pour rassurer une population paniquée. Ça s'est passé comme ça partout dans le monde.

Tout cela était des fadaises.

L'auteur d'un rapport publié vendredi par le Conseil de l'Europe, le Dr Paul Flynn, affirme qu'il n'y a jamais eu de pandémie et que le programme de vaccination était un exemple de médecine placebo à grande échelle. Le rapport affirme que les responsables de l'OMS à Genève se fiaient à des experts liés aux pharmaceutiques pour écrire leurs directives et ont grandement exagéré les dangers causés par le virus.

Un second rapport du *British medical journal* et du *Bureau of Investigative Journalism* confirme que les directives de l'OMS ont en partie été développées en se basant sur les avis de trois experts qui étaient des consultants pour Roche et

GlaxoSmithKline, deux des principales compagnies pharmaceutiques qui fabriquent les vaccins contre le H1N1.

La pseudo-pandémie virale a obligé les gouvernements de la planète à dépenser des centaines de millions de dollars pour des vaccins qui étaient, dans la plupart des cas, inutiles, sauf pour conforter les marges de profits des grandes compagnies pharmaceutiques.

Personnellement, je ne me suis pas fait vacciner, parce que je voyais que le nombre de victimes réelles de l'influenza ici au Québec était insignifiant par rapport à l'atmosphère de fin du monde créée par les médias et le gouvernement qui servaient de caisses de résonance à l'OMS. De plus, comme ces vaccins étaient nouveaux, j'estimais qu'il y avait probablement plus de risques de mal réagir aux vaccins que d'attraper la grippe porcine.

Un jour, il va certainement y avoir une réelle menace de pandémie mondiale, et lorsque l'OMS va crier au loup, tout le monde va se rappeler l'affaire du H1N1.

Cette histoire prouve que les gens croient ce qu'ils entendent dans les médias sans guère exercer leur sens critique, surtout s'ils pensent que cela peut avoir un impact négatif sur eux-mêmes et leurs proches. Est-ce que la prochaine fois les médias vont être plus circonspects avant de sonner l'alerte générale? Pensez-vous? Créer une angoisse collective sur une question touchant la santé, c'est la meilleure recette qui soit pour augmenter les cotes d'écoute radio-télé et le tirage des journaux. La concurrence crée une spirale d'entraînement médiatique. Ne pas y participer, c'est s'assurer d'une baisse d'achalandage.

Un vieil adage de la presse à sensation américaine dit: «*Be the first with the news, then first with the denial*». Les médias attirent le public en créant la panique pour ensuite attirer les lecteurs, les auditeurs et les téléspectateurs, en démontrant les mécanismes par lesquels leur «bonne foi» a été trompée. Gagnant-gagnant.

9 juin 2010

Méfiez-vous, les pompiers et les ambulanciers vous surveillent!

La police fédérale et les corps policiers du Québec lancent un nouveau programme de coordination d'informations sur la menace terroriste. Il est géré par la Direction des enquêtes criminelles de sécurité nationale (DECSN) de la GRC et fonctionne déjà en Colombie-Britannique et en Ontario.

Il y a plusieurs choses qui clochent dans ce programme. Ce qui m'effraye le plus est qu'il est piloté par la DECSN. Il faut savoir que c'est l'équipe B de l'antiterrorisme au Canada qui regroupe ceux qui n'ont pas le niveau intellectuel et la formation universitaire requis pour entrer au Service canadien du renseignement de sécurité.

Les inspecteurs Clouseau de la DECSN sont responsables du fiasco monumental de l'affaire Maher Arar. À cause de leur incompétence malintentionnée, ils ont fait en sorte qu'Arar, qui n'avait aucun lien avec le terrorisme, soit envoyé en Syrie pour y être torturé pendant plus d'un an. Leur hargne stupide contre Arar a coûté cher au gouvernement du Canada qui a dû lui donner 10 millions de dollars en réparation pour les mauvais traitements subis en Syrie.

Cette bande de Dupond/Dupont va maintenant donner des cours de «sensibilisation à la menace terroriste» non seulement aux policiers québécois, mais aussi — je n'invente rien — aux pompiers et aux ambulanciers. Pourquoi pas aux inspecteurs en bâtiments et en santé publique? Cette idée complètement saugrenue de la GRC a été bien accueillie par le plus saugrenu des membres du gouvernement du Québec, le ministre de la Sécurité publique, Jacques Dupuis, qui permet à la SQ et au Service de police de la ville de Montréal de s'associer à ces joyeux lurons.

Le porte-parole du programme à la GRC, sans s'en rendre compte, en a révélé les dangereuses dérives. Il a expliqué à Radio-Canada : « On va demander aux pompiers de détecter et rapporter le moindre signe d'activité terroriste, que ce soit des photos ou des drapeaux sur les murs d'une résidence, un ordinateur ouvert sur une page d'organisation terroriste, des propos suspects, etc. ».

C'est totalement idiot. À moins d'être aussi cons que les dirigeants de la DECSN, les vrais terroristes, ceux d'al-Qaida par exemple, ne couvrent pas les murs de leur appartement avec des photos d'Oussama ben Laden.

Le porte-parole soutient que certaines informations ainsi obtenues « ont déjà conduit à l'ouverture d'enquêtes ; d'autres permettent d'identifier des tendances suspectes. » En clair, ça veut dire que cela n'a rien donné, pas d'arrestation, pas d'identification de réseaux terroristes, seulement des « tendances suspectes », c'est-à-dire de l'air.

Vouloir utiliser les pompiers et les ambulanciers pour des opérations de renseignements me paraît particulièrement absurde : ils n'interviennent que bien exceptionnellement dans la vie des gens. Et si le feu est pris chez vous ou que vous êtes en arrêt respiratoire, que vont-ils faire : relever les titres des livres dans votre bibliothèque ou aller voir dans votre ordinateur les sites que vous consultez avant d'éteindre le feu ou de vous donner la respiration artificielle ?

Et ça prend plus qu'un cours de quelques heures donné par les deux de pique des Enquêtes de sécurité nationale de la GRC pour former des analystes. Pensez-vous qu'il y a

beaucoup de pompiers qui vont être capables, après la formation accélérée, de détecter que « certains propos suspects »
identifient un intégriste musulman ou un sikh extrémiste
qui, d'ailleurs, ne sont pas nécessairement des terroristes ?
Tout cela est une preuve de plus de l'indigence intellectuelle
de la DECSN.

Ce programme encourage la délation dans ce qu'elle a de
pire. On ne cherche pas des renseignements sur des activités
criminelles, mais sur des façons de penser suspectes, sur des
tendances appréhendées. Ça me rappelle l'insurrection appréhendée qui a permis au liberticide Trudeau de proclamer la Loi
sur les mesures de guerre en 1970 et de mettre 500 personnes
innocentes en prison, parce qu'elles avaient tenu des propos
suspects ou qu'elles avaient une affiche de Che Guevara dans
leur appartement.

La GRC est retombée dans ses mêmes vieux travers.
Et elle va y entraîner non seulement la Sûreté du Québec
et la police de Montréal comme la dernière fois, mais aussi
Urgences-santé et le Service des incendies. C'est à la fois triste
et à mourir de rire.

La Turquie ingrate mène une attaque perfide contre son ami Israël. Vraiment ?

11 juin 2010

Certains commentateurs québécois se sont portés à la
défense d'Israël ou ont minimisé sa responsabilité dans l'assaut
criminel contre la flottille humanitaire internationale qui a
entraîné la mort de neuf personnes. On mettait en doute les
motifs des militants turcs qui ont osé résister avec des bâtons et
des couteaux à l'attaque du commando israélien équipé d'armes

automatiques. De sales Turcs à la solde d'al-Qaida, hypocrites et antisémites, s'en sont pris à d'innocents fils d'Israël. C'est quand même fort en ketchup d'accuser des victimes de ne pas s'être laissé faire.

Je me demande si ces défenseurs d'Israël sont parmi les dizaines de journalistes québécois à avoir accepté ces dernières années des voyages toutes dépenses payées en Israël, organisés par les services de propagande de l'État juif.

Les apologistes d'Israël d'un bout à l'autre de la planète utilisent le même argument : Israël a le droit de se défendre et le blocus de Gaza est au centre de cette stratégie de défense.

Cette justification du blocus de Gaza est mensongère.

Des documents officiels obtenus par l'organisation israélienne des droits humains Gisha (*Legal Center for Freedom of Movement*), à la suite d'une décision de la Cour suprême d'Israël, révèlent que le blocus est avant tout une opération de guerre économique contre le gouvernement du Hamas, élu démocratiquement à Gaza en 2006 dans un scrutin sous la surveillance de la communauté internationale.

Le responsable de Gisha, Sari Bashi, explique que les documents obtenus par son organisation démontrent que le blocus est une mesure de représailles collectives contre la population palestinienne de Gaza pour avoir élu le Hamas.

Sinon, en effet, comment expliquer que parmi les produits prohibés ont figuré jusqu'à cette semaine les boissons gazeuses, les bonbons, les jus de fruits, les confitures, les croustilles, les biscuits aux pépites de chocolat et la crème à raser ? Sont toujours interdits, parmi les centaines de produits qui n'ont rien à voir avec la sécurité d'Israël, les matériaux de construction et les chaises roulantes.

Israël a voulu imposer à la population civile de Gaza des vexations et souffrances dans l'espoir que celle-ci finisse par chasser le Hamas du pouvoir. Mais ses exactions ont eu l'effet contraire de rassembler les Gazéens autour de leur gouvernement.

Les mesures de représailles contre des populations civiles, comme le blocus et l'utilisation en janvier 2008 d'obus et de bombes au phosphore dans ces zones urbaines, sont illégales en vertu du droit international, mais Israël s'en fout comme de son premier crime de guerre.

Si les Israéliens considèrent que le Hamas est un monstre, ils n'ont qu'eux-mêmes à blâmer puisque c'est Israël qui a favorisé sa création au début des années 1980 comme contrepoids islamiste à la montée du Fatah laïque de Yasser Arafat. À l'époque, ça semblait une bonne idée pour diviser les Palestiniens.

Je suis déjà allé à Gaza. Un des endroits les plus déprimants que j'ai visités. C'est un rectangle de sable d'une superficie égale aux trois quarts de l'île de Montréal. Y sont parqués, depuis 62 ans, un million et demi de Palestiniens, chassés de leur foyer lors du grand lessivage ethnique qui a accompagné la création d'Israël en 1948. C'est un immense camp de concentration. Faut-il être surpris que la pauvreté et le désespoir y aient créé une haine mortelle de l'État juif ?

Selon l'ONU, 61 % de la population de Gaza souffre d'insuffisance alimentaire et de ce nombre, les deux tiers sont des enfants. Soixante-cinq pour cent des bébés âgés de 9 à 12 mois sont anémiques.

La crise du blocus de Gaza n'est qu'à ses débuts. Plusieurs autres navires s'apprêtent à appareiller pour forcer le blocus, y compris des navires iraniens et de nouveaux navires turcs. Les deux pays envisagent de les faire escorter par des navires de guerre. La Turquie est membre de l'OTAN. Le traité de l'Atlantique Nord oblige tous les signataires à se porter à la défense d'un des leurs qui est attaqué. Des mois et des mois de tensions au Moyen-Orient.

Israël ne fait que commencer à regretter son attaque de la flottille de Gaza. « C'est pire qu'un *crime*, c'est une *erreur* », dirait Talleyrand.

La Belgique menacée de sécession : c'est la faute à Jules César !

14 juin 2010

Le résultat des élections d'hier en Belgique confirme la radicalisation des tensions linguistiques entre ses huit millions d'habitants. Les Belges sont divisés entre, environ, 55 % de Flamands néerlandophones qui veulent se créer un État indépendant et près de 43 % de Wallons francophones qui veulent maintenir un régime fédéral monarchique et quelques germanophones. Je dis « environ » parce qu'en Belgique, ces chiffres sont des secrets d'État. Les recensements linguistiques sont interdits par la loi. Bizarres, les Belges, me direz-vous. Chaque pays a ses bibittes. Ils doivent penser la même chose de nous.

L'avenir de la Belgique est maintenant dans les mains du chef des séparatistes flamands, Bart De Wever, dont le parti, la Nouvelle alliance flamande (NVA), a dépassé le score de 25 % des voix en Flandre, la province majoritaire du pays. De Wever prône « l'évaporation » du pouvoir fédéral belge avec de nouvelles dévolutions de compétences à la Flandre, à la Wallonie et à l'Union européenne. En Belgique, ce sont les Flamands majoritaires qui veulent se séparer des francophones. Remarquez qu'ici au Canada, on est peut-être pas loin du moment où l'on va tellement écœurer les Anglo-Canadiens qu'ils vont vouloir se séparer du Québec !

Les Flamands, comme les Canadiens anglais, sont plus à droite et plus riches que les francophones et ils ont l'impression qu'ils se font siphonner leur argent pour payer les programmes sociaux des Wallons. Ces derniers craignent la réduction ou l'abolition de l'équivalent belge de la péréquation, c'est-à-dire les transferts substantiels d'argent de l'État fédéral pour les retraites et la sécurité sociale puisque la Wallonie n'aurait pas les moyens de maintenir les régimes actuels.

Les Flamands, industrieux, reprochent aux Wallons de vivre à leurs crochets. «C'est une région bourrée de socialo, de chômeurs et de feignants.» Tiens, tiens, ça aussi, ça ressemble à la situation Canada-Québec, on croirait entendre des *rednecks* de l'Ouest parler des Québécois.

Créée en 1830 parce que l'Angleterre ne voulait avoir ni les Français ni les Allemands à Anvers, la Belgique a toujours été une construction artificielle. Mais la division du pays entre deux cultures et mentalités différentes ne date pas d'hier. C'est Jules César qui a coupé la Belgique en deux : les barbares au Nord et les Gallo-Romains au Sud. La frontière linguistique actuelle suit à peu près les limites de l'Empire romain, à l'exception de Bruxelles. Flamande au Moyen Âge, elle se francise depuis que Philippe III de Bourgogne en a fait sa capitale en 1430. Les francophones de Bruxelles forment maintenant 90 % de la population. Que va devenir Bruxelles dans le cas de l'éclatement du pays ? Les Flamands n'accepteront jamais son rattachement à la Wallonie.

Ces élections sont le résultat d'une crise politique provoquée par un statut spécial accordé à des municipalités francophones de la banlieue bruxelloise qui provoque la colère des Flamands. Ces communes dites « à facilités » sont en Flandre, mais francophones, parfois à plus de 80 %. Sans consultation démocratique, elles ont été rattachées à la Flandre en 1963. Les Flamands reprochent aux francophones qui y sont établis de refuser de s'intégrer à la société flamande. Ils sont l'objet de tracasseries administratives. Le gouvernement de la Flandre a été condamné à différentes reprises par les cours de justice européennes pour avoir maltraité les francophones.

La Wallonie était au milieu du XIXe siècle la deuxième puissance industrielle d'Europe. La grande industrie y a engendré un puissant mouvement socialiste. Les socialistes sont d'ailleurs devenus hier le premier parti dans les deux régions du pays. Dans les années 1960, l'économie de la Wallonie s'est effondrée, comme celles du Nord de la France et de la Ruhr. La Flandre, de son côté, connaît depuis 50 ans un essor économique et commercial grâce aux ports d'Anvers et de Zeebrugge. Les Wallons reprochent aux Flamands leur égoïsme et leur rappellent que la Wallonie, longtemps plus prospère, a largement financé le développement des infrastructures, dont le port d'Anvers, qui permettent aujourd'hui à la Flandre de prospérer.

Et vous pensiez que les tensions linguistiques et constitutionnelles au Canada étaient un panier de crabes ?

La commission Bastarache : comment Bellemare va lui faire la peau

16 juin 2010

Personne au Québec ne réclamait de commission d'enquête sur le processus de nomination des juges. Jean Charest a créé cette commission afin de ne pas créer la commission que tout le monde — sauf la FTQ construction, la mafia et les libéraux — réclame : celle sur le financement du Parti libéral et l'industrie de la construction. Il comptait sur l'avocat Michel Bastarache, du cabinet Heenan Blaikie, qui la préside pour redorer son image. Heenan Blaikie reçoit de juteux mandats des libéraux et, en retour, les futurs juges et les anciens juges qui y pratiquent sont généreux envers le parti qui les fait vivre. Le fait que Bastarache soit un ancien juge de la Cour suprême était un élément qui entrait dans les calculs de Charest. Ça lui donnait la crédibilité et le prestige nécessaires pour présider à sa réhabilitation politique.

Mais les événements ne se sont pas déroulés comme prévu. Bastarache a manqué de subtilité dès le départ en choisissant, comme procureur en chef de sa commission, un autre avocat qui avait à cœur les finances du Parti libéral du Québec, Me Pierre Cimon. Cette nomination lui a sauté au visage. Même le bâtonnier du Québec, Pierre Chagnon, a senti le besoin d'intervenir. Il trouvait ça fort de nommer un avocat libéral comme procureur en chef d'une commission qui enquête sur la façon dont le gouvernement de ce parti nomme les juges. Ça faisait, disons, coquin-copain.

Michel Bastarache aurait dû se récuser en même temps que Me Cimon a démissionné, comme le suggérait l'ancien sous-ministre de la Justice, Georges Lalande. Sauf pour la page éditoriale de *La Presse*, il a perdu toute crédibilité.

Cette commission n'a jamais eu de raison d'être. Charest poursuit personnellement Marc Bellemare pour 700 000 $ en diffamation. Ce dernier a déclaré qu'il allait témoigner dans ce procès à la Cour supérieure où il exposerait tout ce qu'il sait des interventions de collecteurs de fonds libéraux dans la nomination de juges. Il est aussi prêt à témoigner devant une commission parlementaire. Pourquoi donc dépenser des millions de dollars pour une commission, alors que ce qu'on cherche à découvrir va être rendu public lors d'un simple procès en diffamation au civil, sinon parce que Charest espérait être réhabilité par un ex-juge de la Cour suprême du Canada ?

Cette commission, comme le dit Bellemare, a les allures d'une arnaque et d'un piège à cons. En annonçant qu'il refuse de témoigner devant la commission Bastarache parce qu'il en conteste la légitimité et l'indépendance, il vient de se rendre maître du jeu dans la confrontation à finir qui l'oppose au premier ministre.

Charest, qui en est réduit à réagir à ses initiatives, s'est même dit prêt à lever le serment de confidentialité ministérielle pour qu'il puisse témoigner. On verra si cela est suffisant pour convaincre Bellemare. En maintenant son refus de témoigner, il va démontrer la complète inutilité de Michel Bastarache et de sa commission. Bellemare va sans doute en appeler devant les tribunaux et paralyser les travaux de la commission pendant des années en se rendant jusqu'en Cour suprême.

« Qu'on ne m'envoie pas dans un cul-de-sac ou dans un endroit destiné à me faire la peau », a plaidé Bellemare sur LCN. Pour l'instant, les rôles semblent renversés : le premier ministre est pris dans un piège à cons et la commission Bastarache est dans un cul-de-sac où Bastarache risque de laisser sa peau.

IIIIIIIIIIIIIIIIIIIIIIIII Air India 182 : vol au-dessus
18 juin 2010 d'un nid de coucous

Pas surprenant que la GRC et le Service canadien du renseignement de sécurité aient tout fait pour empêcher le gouvernement fédéral de créer la commission d'enquête sur l'attentat terroriste le plus meurtrier de l'histoire canadienne. Ils savaient parfaitement que si l'ancien juge de la Cour suprême, John Major, faisait convenablement son enquête, leur réputation allait être ternie à jamais.

Le rapport de 3 200 pages qui couronne quatre années d'enquête énumère une cascade d'erreurs et d'incompétences de la GRC et du SCRS. Certaines sont d'un tel niveau qu'elles relèvent carrément de la négligence criminelle : un témoin important dans le procès des auteurs de l'attentat a été assassiné, alors qu'il était sous la protection de la GRC.

La police fédérale mérite d'ailleurs de figurer dans le livre des records Guinness. Y a-t-il d'autres services de police sur la planète qui ont mené une enquête aussi longue, 18 ans, qui a abouti à l'acquittement des meurtriers d'un si grand nombre de personnes, 329 ?

S'ils avaient partagé les renseignements qu'ils avaient chacun de leur côté, la GRC et le SCRS auraient pu empêcher que l'attentat ait lieu. C'était un véritable nid de coucous. Pour des questions de procédure, de juridiction et de concurrence bureaucratique, ils ont gardé jalousement pour eux ce qu'ils savaient. Le SCRS a détruit 150 heures d'écoutes électroniques pour protéger l'identité d'une de ses sources. Pour le service, il était plus important de protéger un informateur que de faire condamner les responsables de l'attentat. La nullité des gendarmes et des agents secrets fédéraux a été protégée par l'État canadien pendant 25 ans.

Le rapport laisse entendre à plusieurs reprises que le gouvernement, sa police et ses services secrets ont agi avec les familles des victimes comme s'il ne s'agissait pas de vrais Canadiens — des Blancs — mais des Canadiens de second rang puisqu'ils étaient d'origine indienne. Le juge Major affirme que les familles des personnes assassinées ont été traitées comme des adversaires par l'État canadien. Il recommande qu'elles soient compensées. Trois cent vingt-neuf morts, ça risque de coûter cher, très cher, au gouvernement fédéral qui a déjà payé 20 millions de dollars en règlement à l'amiable. Le premier ministre Harper a dit qu'il allait présenter des excuses aux familles au nom de l'État canadien. Mais jusqu'ici, comme ses prédécesseurs, il n'a rien fait pour s'assurer que la GRC et le SCRS modifient leurs modes d'opération pour éviter un tel fiasco.

Le juge Major nous confirme en effet que rien n'a changé dans la façon dont la GRC et le SCRS collaborent dans des enquêtes sur le terrorisme et que les mêmes erreurs et incompétences en cascade pourraient se reproduire aujourd'hui. Il recommande que le coordonnateur des renseignements au bureau du premier ministre agisse dorénavant comme le véritable responsable du renseignement de sécurité de l'État canadien et qu'il s'assure que la GRC et le SCRS travaillent effectivement ensemble. Tiens, j'avais l'impression que c'était déjà la responsabilité du ministre de la Sécurité publique, de qui relèvent les deux services.

Aujourd'hui, les meurtriers coulent des jours tranquilles à Vancouver au vu et au su de la communauté sikhe sans qu'on puisse rien faire contre eux. Les membres de la GRC et du SCRS, dont la négligence et l'incompétence leur ont permis d'être acquittés, vivent une retraite dorée. Personne à la GRC ou au SCRS n'a perdu son emploi, n'a raté une promotion ou n'a simplement été réprimandé pour ne pas avoir empêché le plus important assassinat de masse de l'histoire du pays ou pour avoir été incapable de faire condamner les fanatiques responsables de ces meurtres. L'État canadien protège ses serviteurs.

Référendum. La prochaine fois doit être la bonne, parce qu'elle va être la dernière.

21 juin 2010

Une des grandes règles de l'art de la guerre est de garder sa liberté d'action et de ne se commettre que lorsque l'ennemi a ouvert son jeu ou s'est placé dans une situation vulnérable. En attendant le moment propice pour lancer son effort principal, il faut engager l'adversaire dans une multitude d'actions secondaires pour le déstabiliser, l'affaiblir et l'amener à faire des erreurs.

Durant le colloque du week-end, Pauline Marois s'est révélée une disciple de Sun Tzu en appliquant judicieusement les conseils du maître de la stratégie. Le PQ se réserve le droit de déclencher un référendum sur la souveraineté «au moment jugé approprié» et d'ici là, un futur gouvernement du PQ tentera, au quotidien, d'arracher «toujours plus de pouvoirs et de moyens» à Ottawa. Des référendums sectoriels vont appeler les Québécois à trancher des conflits avec le gouvernement canadien. Marois explique que «c'est en affirmant notre identité que nous ferons grandir l'idée de souveraineté».

Je suis convaincu que la majorité des Québécois serait favorable à l'abolition de toute référence à la monarchie, dans les lois et les institutions politiques du Québec. Le lieutenant-gouverneur du Québec pourrait devenir le président du Québec. Comme un jour l'Assemblée législative est devenue l'Assemblée nationale. On pourrait aussi nettoyer de la même façon la toponymie du Québec qui a souvent été utilisée par la minorité dominante pour nous narguer ou nous humilier. On rend ainsi hommage à nos pires ennemis (Moncton, Colborne, Trudeau, etc.).

Certains diront que ce ne sont que des symboles. Ce sont des symboles de notre assujettissement national. Et si vous pensez que cela n'a aucune importance, attendez de voir la réaction du Canada anglais et de la page éditoriale de *La Presse* si jamais un gouvernement du PQ a le courage d'y toucher. Les porte-flingues de Power Corporation, André Pratte, Alain Dubuc et la future sénatrice Lysiane Gagnon, vont crier à la provocation et accuser le gouvernement de rompre la paix linguistique. C'est sûr que toute tentative de la majorité francophone de s'affirmer met en cause la paix linguistique. Et alors?

Ce qu'il faut, c'est qu'un gouvernement péquiste, dès son arrivée au pouvoir, mette en marche une centaine d'initiatives sectorielles comme celle-là.

Il ne fait aucun doute que l'adoption d'une constitution et d'une citoyenneté québécoises, comme le propose la chef du PQ, va faire monter le Canadien anglais moyen dans les rideaux. Le programme de Marois est ambitieux : « Nous allons repousser à sa limite le carcan constitutionnel canadien. Nous allons exiger de nouveaux pouvoirs, le rapatriement d'espaces fiscaux, les budgets dans des domaines comme la langue, l'environnement, la culture, le développement économique, l'immigration ». Il sera difficile pour les libéraux de s'opposer à la compétence exclusive du Québec en matière de culture, de communications et de langue.

Il est plus que temps, 42 ans après sa création, que le PQ adopte un tel programme. Je suis surpris des réserves exprimées par les « belles-mères » du parti. Disons simplement que, lorsqu'elles ont été « aux affaires », les stratégies qu'elles ont élaborées n'ont pas eu le succès escompté. Quant aux deux électrons libres, Marc Laviolette et Pierre Dubuc, malgré l'abolition de leur groupe anti-parti SPQ-libre, ils ont poursuivi ce week-end leur travail de sape, en tentant, comme c'est leur habitude, de créer des divisions et de semer la zizanie. Je me demande pourquoi on continue de les tolérer et, surtout, pour qui travaillent vraiment ces taupes.

Le troisième référendum doit être le bon parce qu'il risque d'être le dernier gagnable à cause de l'évolution démographique du Québec. La minorisation des francophones dans leur propre État est à l'horizon. Au Canada anglais, le mouvement souverainiste ne fait plus peur parce qu'on croit qu'il est déjà impossible qu'il gagne un référendum.

Lors des deux derniers référendums, comme dans les autres grands affrontements politiques de l'histoire canadienne, les Québécois ont toujours été de bons perdants. Ce qu'il faut espérer de l'équipe Marois, c'est qu'elle ait le courage et la détermination d'être mauvaise gagnante.

Accommodements raisonnables : pourquoi les catholiques n'y auraient pas droit ?

23 juin 2010

Le Loyola High School est une école privée catholique. Les parents y envoient leurs enfants pour qu'ils soient éduqués dans un environnement religieux. Un juge de la Cour supérieure du Québec a décidé que l'institution avait le droit de donner le cours d'éthique et de culture religieuse (ECR) dans une perspective catholique. Normal, non ? Pas au Québec. Le premier ministre Jean Charest, avec l'appui du PQ et de Québec solidaire, a annoncé que le gouvernement allait en appeler du jugement. Tout cela va sans doute se rendre en Cour suprême.

Il me semble que c'est là un accommodement raisonnable. Est-ce qu'au Québec c'est réservé aux juifs et aux musulmans ? On le dirait. Même si la pratique du catholicisme est en chute libre, il constitue encore la religion de l'immense majorité de la population. C'est sans doute pourquoi les pédagogues socio-constructivistes qui contrôlent le projet éducatif du ministère de l'Éducation ont le catholicisme dans leur mire. Les valeurs qu'il véhicule sont un des éléments centraux de l'identité québécoise que ces idéologues veulent détruire. Le cours d'ECR cible directement cette religion.

L'ancien ministre péquiste Jacques Brassard considère avec raison que ce cours est une horreur : « C'est une macédoine indescriptible qui oblige des enfants de six ans à fréquenter au moins six religions. Jésus, Allah, Bouddha, Vishnou, Ganesh, Jéhovah et le Grand Manitou. C'est toute une ribambelle de dieux qui vont se bousculer dans le cerveau des tout-petits. L'effet recherché de ce cafouillis divin, c'est de relativiser (cela s'appelle le relativisme éthique) l'héritage judéo-chrétien des Québécois. »

D'ailleurs, les auteurs du cours ne s'en cachent pas. Selon l'un de ses concepteurs et réviseur scientifique des manuels utilisés au primaire, Fernand Ouellet, le cours vise « à ébranler la suffisance identitaire trop massive de la culture dominante », et à « y introduire la divergence et la dissonance ».

Le texte des manuels est donc faussé en conséquence de façon insidieuse et perfide. Dans une analyse des manuels d'accompagnement, le critique Patrick Andries souligne que les récits religieux consacrés aux religions non chrétiennes sont toujours à l'indicatif ou à l'impératif, donc avérés (« Dieu révéla à Muhammad le message divin »), alors que tout ce qui a trait à la révélation chrétienne, dont la résurrection de Jésus, est au conditionnel, donc dubitatif. On évoque la non-ordination des femmes chez les catholiques, mais on ne dit pas que c'est aussi le cas de l'islam, on affirme que la venue de Mahomet a amélioré le sort des femmes. Mais on reste pudiquement silencieux sur sa polygamie.

Assez curieusement, le Grand Manitou est partout dans le cours. Andries note que les manuels ECR du primaire accordent un vertigineux 20 % de leurs pages à la spiritualité autochtone qui est pratiquée par moins de un Québécois sur mille. Ahurissant, non ? Les autochtones au Québec, dans leur immense majorité, sont chrétiens.

La sociologue Joëlle Quérin, dans son analyse du cours, a très bien démontré comment cette soi-disant ouverture à l'autre, cette ouverture au dialogue, vise la « transformation sociale » — autre nom du « socioconstructivisme ». La méthode par excellence de régimes totalitaires de gauche de Staline à Mao en passant par Pol Pot. L'objectif du cours est de détruire la culture identitaire chrétienne dominante du Québec pour reconstruire un homme nouveau, multiculturel et politiquement correct.

Ces pédagogues néo-maoïstes ont imposé leur idéologie socioconstructiviste délirante avec la complicité des deux principaux partis politiques québécois. Les libéraux comme les péquistes sont directement responsables du lessivage de cerveaux qu'on impose depuis 2008 à toute une génération d'enfants québécois.

Ce cours est un produit du multiculturalisme trudeauiste et *canadian* vomi par une majorité de Québécois. Plutôt que le défendre jusqu'en Cour suprême, le gouvernement du Québec devrait tout simplement le retirer du programme.

Les États-Unis, l'échec afghan et la spirale du déclin

25 juin 2010

Les États-Unis restent déterminés dans leur mission en Afghanistan, nous dit le secrétaire à la Défense, Robert Gates, après la démission du général McChrystal comme chef de la coalition internationale qui combat les talibans.

Déterminés à faire quoi? Déterminés à sauver la face. C'est tout ce qu'il reste à sauver du désastre afghan. Les Américains ne veulent pas sortir de Kaboul la queue entre les pattes comme ils ont fui Saïgon en 1975.

La guerre est perdue. Le général McChrystal l'a compris et il s'est arrangé pour se faire virer. Sinon, comment expliquer son comportement? Il se soûle avec ses principaux adjoints en présence d'un journaliste du *Rolling Stone*, sans lui signifier que ce qui serait dit pendant la beuverie serait *off the record*. Mieux, il confirme les propos méprisants envers les conseillers du président Obama lorsque le magazine le contacte pour s'assurer que lui et son entourage ont été bien cités par le journaliste.

McChrystal ne portera donc pas le chapeau de la défaite. Il laisse la place à son supérieur, le général David Petraeus, qui va assumer la direction des opérations en Afghanistan. C'est comme prendre le commandement du Titanic après sa collision avec l'iceberg. Rien de ce que les Américains ont tenté de faire dans le pays n'a fonctionné.

Les États-Unis ne savent plus très bien eux-mêmes ce qu'ils font dans ce pays. Ils disent qu'ils sont en Afghanistan pour vaincre al-Qaida. Or, il n'y a plus de membres de cette organisation terroriste dans ce pays. Depuis 2002, al-Qaida est basée au Pakistan.

À l'origine, ils ont envahi le pays pour chasser les talibans dirigés par le mollah Omar du pouvoir et le remplacer par un gouvernement démocratique et favorable à Washington. Le gouvernement fantoche d'Hamid Karzai qu'ils ont mis en place est complètement corrompu. Pour être réélu, l'année dernière, il a eu recours à la fraude électorale à grande échelle. Le frère du président est un trafiquant de drogue notoire. Karzai affirme qu'il ne fait plus confiance aux Américains, au point où il a déclaré il y a quelques mois qu'il était lui-même disposé à se joindre aux talibans si l'aviation américaine ne cessait pas de massacrer des civils.

Malgré neuf ans de guerre, les talibans sont plus forts que jamais. Pourquoi? Parce qu'ils ont l'appui de la population au sein de laquelle ils se déplacent comme des poissons dans l'eau, pour reprendre l'expression de Mao. Mais aussi parce qu'ils peuvent compter sur les services secrets militaires pakistanais pour leur entraînement, leur équipement, leur ravitaillement et leur financement. Le Pakistan, le principal allié des États-Unis dans la région, est derrière la guérilla talibane. Et c'est sur son territoire que se préparent les principaux attentats terroristes commis dans le monde. Malgré tout ça, Washington considère l'Iran, qui est aussi l'ennemi des talibans, comme son principal ennemi dans la région.

Les Américains sont engagés dans une spirale de désastres diplomatiques et militaires. Ils sont en train de perdre la Turquie à cause de leur appui inconditionnel aux Israéliens dans l'affaire de la flottille humanitaire de Gaza. Leur alignement avec Israël va leur coûter plusieurs autres pays musulmans dont les opinions publiques sont un tsunami refoulé de haine et de ressentiment qui ne pourra pas être contenu encore longtemps. Le Pakistan risque d'être le prochain barrage à céder. Un très gros morceau cette fois : 170 millions d'habitants et l'arme nucléaire. Et il y a les menaces de guerre en Corée. Les États-Unis n'ont pas les capacités militaires et encore moins les moyens économiques pour faire face à de telles situations.

De revers en revers, la population américaine se radicalise à droite. Le Parti républicain et le mouvement populiste *Tea Party* ont perdu tout contact avec la réalité. Cette droite confuse, idiote, et sans doute majoritaire dans le pays, favorise des politiques belliqueuses sur le plan international, tout en réclamant des réductions draconiennes d'impôts et le dépérissement de l'État fédéral américain. Comprenne qui pourra. Nous allons assister au cours des années qui viennent à l'accélération du déclin de l'empire américain.

Les hommes de 15 à 30 ans sont très proches des grands singes

28 juin 2010

Les forces de l'ordre ont procédé à plus de 700 arrestations lors des troubles qui ont entouré la réunion du G-20 à Toronto. Le phénomène est récurrent. Dès que des chefs d'État se réunissent, où que ce soit dans le monde, toute une faune hétéroclite et bizarroïde de mésadaptés socioaffectifs y trouve une justification pour s'adonner à des actes de violence, de vandalisme et de pillage. Bien sûr, des prétextes politiques sont toujours invoqués.

Aujourd'hui, les adeptes de la violence pour le plaisir de la violence se retrouvent surtout dans les franges de la gauche. Dans la mesure où l'on peut considérer l'anarchie comme une idéologie de gauche. Dans les années 1930, les casseurs auraient été assez également répartis entre l'extrême droite et l'extrême gauche. Mais au fil des époques et des idéologies, le dénominateur commun de ces *hooligans* est d'être de jeunes hommes âgés entre 15 et 30 ans (JH 15-30). Ce groupe constitue généralement plus de 90 % des personnes arrêtées pour violence et vandalisme lors de manifestations. On retrouve rarement parmi les casseurs des femmes ou des hommes d'autres catégories d'âge.

En fait, les jeunes hommes de 15 à 30 ans, comme leurs cousins les grands singes anthropoïdes, sont des animaux violents et dangereux pour eux-mêmes et pour les autres membres de leur société. Dès qu'ils atteignent l'âge de la puberté, les petits chimpanzés, inoffensifs et charmants, se transforment en brutes agressives gonflées à la testostérone. C'est exactement ce qui arrive aux JH 15-30.

Regardez partout autour de vous, dans les journaux, à la télé ou sur le Net. Qui sont les principaux responsables d'accidents d'automobile mortels ? Des JH 15-30 souvent en état d'ébriété, généralement accompagnés de jeunes femmes qu'ils veulent impressionner. Les assureurs exercent une discrimination en faveur des jeunes conductrices qui sont génétiquement immunisées contre la surdose de testostérone.

La plupart des actes de rage destructrice, des meurtres et des crimes violents perpétrés dans toutes les sociétés humaines sont le fait des JH 15-30. Qui sont les créateurs et les adeptes des sports extrêmes souvent aussi absurdes que violents? Les JH 15-30. Ils sont également les principaux acquéreurs de jeux vidéo violents. Plus la violence est gratuite, plus elle est répulsive, plus les JH 15-30 vont se précipiter pour acheter la simulation.

Les leaders politiques depuis toujours ont su utiliser à leurs fins le besoin de violences destructrices des jeunes hommes. Sinon, qui ferait leurs sales boulots? Ce sont eux qui sont recrutés ou qui se portent volontaires pour faire la guerre, pour tuer, exterminer, détruire les ennemis qui sont composés également, en première ligne, de jeunes hommes.

Les JH 15-30 sont de la chair à canon idéale à cause d'une autre caractéristique du groupe: ils sont téméraires parce qu'ils se croient invulnérables. C'est ce qui explique pourquoi ils prennent tant de risques au volant d'une voiture ou d'un avion de combat. La mort, c'est pour les autres, les vieux, les femmes, pas pour eux. Ils sont immortels!

Les services de sécurité connaissent bien le potentiel de violence particulier des JH 15-30. En Israël par exemple, lorsque des troubles sont à redouter sur l'esplanade des Mosquées de la vieille ville de Jérusalem, la police y interdit tout simplement la présence d'hommes de moins de 40 ans. Si l'on avait pu interdire le centre-ville de Toronto aux JH 15-30, je parie que la fin de semaine se serait passée dans le calme.

Bons baisers de Moscou. Espions russes et cimetières montréalais

30 juin 2010

Après la prostitution, l'espionnage est la deuxième plus ancienne profession, selon l'Ancien Testament. Le démantèlement par le FBI d'un réseau d'agents «illégaux» russes aux États-Unis montre que la profession est toujours florissante. Les illégaux sont des espions qui agissent sans statut diplomatique et qui ont pour objectif d'infiltrer jusqu'au plus haut niveau le pays cible. C'est un travail de longue haleine. Ces taupes peuvent prendre des décennies pour pénétrer les institutions politiques, diplomatiques, militaires ou scientifiques et avoir accès aux informations secrètes recherchées par le «Centre de Moscou».

Quatre des onze personnes arrêtées par le FBI se prétendent d'origine canadienne, dont l'espion portant le nom de Donald Heathfield. En réalité, il usurpe le nom d'un enfant enterré dans un cimetière de Montréal.

Il va être intéressant de voir si les États-Unis vont traduire ces «illégaux» devant les tribunaux pour les faire condamner et emprisonner, ou s'ils vont faire comme le Canada qui se contente de les expulser, comme l'indiquent quelques cas récents*.

Paul W. Hampel s'apprêtait à prendre l'avion à l'aéroport Trudeau de Montréal en novembre 2006 lorsqu'il a été arrêté. Il avait en sa possession des devises et des cellulaires de cinq pays différents et un émetteur à ondes courtes. Il a commencé par nier être un espion russe, mais devant le juge Simon Noël de la Cour fédérale, il l'a finalement admis.

Curieusement, le juge a décidé de protéger sa véritable identité russe, connue du Service canadien du renseignement de sécurité, et a ordonné son expulsion vers la Russie. Il avait pourtant commis des actes criminels, dont l'utilisation de faux documents canadiens. Hampel, qui vivait à Montréal depuis plusieurs années, se présentait comme un photographe professionnel. Il n'espionnait pas au Canada, mais accomplissait des missions d'espionnage dans les Balkans pour le service secret russe SVR, successeur de

KGB. Hampel a sans doute été donné (ou vendu) par un transfuge.

En juin 1996, c'est un couple de Toronto en instance de divorce qui est accusé par la GRC et le SCRS d'être des agents illégaux russes opérant au Canada depuis 1990 sous de fausses identités. Ian Mackenzie Lambert et Laurie Brodie protestent de leur innocence puis, eux aussi, reconnaissent qu'ils sont des agents russes quand les services secrets canadiens révèlent leur véritable identité : Dmitriy Olshevsky et Yelena Olshevskaya. Ils sont expulsés vers la Russie sans faire de prison. Les deux espions utilisaient l'identité d'enfants morts en bas âge en 1963 et 1966, inhumés dans des cimetières de Verdun et de Toronto.

Dans un curieux retournement de situation, Yelena Olshevskaya a tenté de revenir au Canada en 2006 pour vivre avec un médecin canadien avec qui elle s'était mariée après son divorce avec Dmitriy. Elle prétendait avoir démissionné du SVR, mais refusait de parler de ses activités au service de son ex-employeur, affirmant qu'elle avait signé un engagement de confidentialité. Les autorités de l'immigration ont refusé sa demande, même si elle était mariée à un Canadien.

Ce qui m'amène à Gilles Brunet. Fils de Josaphat Brunet, un ancien directeur de la police provinciale du Québec, Brunet était considéré comme l'un des meilleurs agents de la section soviétique du Service de sécurité de la GRC. Il est renvoyé du service en 1973 parce qu'il fréquente des individus liés à la mafia. Ce n'est que 10 ans plus tard que la GRC découvre que Brunet était aussi une taupe du KGB en son sein. Brunet, entre-temps, était décédé de ce qui semblait être une crise cardiaque.

Devinez ce qu'il était devenu après avoir été viré de la GRC ? Il s'était recyclé en gérant de cimetières.

*Mise à jour : les États-Unis se sont contentés de les expulser.

**L'assassinat
d'Agostino Cuntrera :**
2 juillet 2010 **vendetta, omerta et mafia**

Plus de 30 ans après sa participation au meurtre du Calabrais Paolo Violi, alors patron *de facto* du clan Cotroni, le Sicilien Agostino Cuntrera tombe à son tour sous les balles des Calabrais.

À l'époque, j'ai couvert la commission d'enquête sur le crime organisé (CECO), présidée par le juge Dutil, qui avait exposé dans le détail les activités tentaculaires de la mafia et en particulier son influence sur la politique. Rien ne semble avoir vraiment changé. Aujourd'hui, les mafiosi sont plus riches, plus vieux, plus infiltrés dans des activités légitimes, restauration-alimentation, construction, etc. et tout aussi influents politiquement.

Durant ses audiences, la CECO avait fait jouer des rubans d'écoutes électroniques enregistrés par la police pendant deux ans dans le repaire de Violi, sa *gelateria* de la rue Jean-Talon, dévoilant les grands et les petits secrets de la mafia. La CECO avait signé son arrêt de mort. Par négligence, il avait permis que la règle de l'omerta soit violée. Ce fut le prétexte utilisé par les Siciliens pour prendre le contrôle de la mafia montréalaise après une série d'assassinats dont le sien et celui de ses deux frères.

Par un étrange retournement de situation, c'est exactement ce qui se passe aujourd'hui alors que les chefs du clan sicilien tombent, les uns après les autres, sous les balles. Une source policière de haut niveau me dit que le prétexte pour lancer la campagne d'extermination contre les membres du clan Rizzuto est le même que celui utilisé il y a 30 ans : la violation de l'omerta. Au cours des procès des mafieux arrêtés dans l'Opération Colisée en 2006, les policiers ont fait entendre des heures de conversations enregistrées au Club social Consenza de la rue Jarry, le siège du clan Rizzuto. Mieux : la police avait même réussi à y installer une caméra vidéo. Les Siciliens se sont donc révélés aussi nuls que les Calabrais d'il y a 30 ans pour protéger les secrets de l'organisation.

Cette guerre d'extermination n'est pas finie. Que d'autres crapules tombent sous une grêle de balles (ou disparaissent sans laisser de trace) ne devrait empêcher personne de dormir. Souhaitons simplement que toutes les balles atteignent les cibles visées et qu'aucun innocent ne soit victime d'une balle perdue. Qui dit que la peine de mort n'est plus appliquée au Canada ?

Vous avez vu les réactions de l'« homme de la rue » de Saint-Léonard à la suite de l'exécution d'Agostino Cuntrera ? On déplorait la mort du « Seigneur de Saint-Léonard » comme on l'appelait, semble-t-il, dans le quartier : un gentil monsieur, un homme bon pour sa famille. Cet individu était un criminel endurci, impliqué dans le trafic de drogue, déjà condamné à la prison pour avoir participé à un meurtre.

La communauté italienne est souvent indignée qu'on l'associe à la mafia. Je pratique le métier de journaliste depuis plus de 40 ans. Peut-être n'y ai-je pas porté attention, mais je n'ai jamais entendu ses dirigeants dénoncer formellement la mafia et déclarer que ce groupe de gangsters est une honte pour la communauté. Ce silence est malheureusement révélateur de l'influence de la sinistre organisation sur les Italiens.

Il serait de circonstance que l'ancien ministre libéral Alfonso Gagliano assiste aux funérailles d'Agostino Cuntrera. Gagliano a déjà été le comptable de plusieurs de ses entreprises et l'a fréquenté à l'Association de Siculiana de Montréal qu'il a fondée. Cuntrera a d'ailleurs succédé à Gagliano comme président de l'association qui regroupe les personnes nées dans ce village de Sicile.

Gagliano n'avait pu devenir ministre dans le premier cabinet de Jean Chrétien en 1993 parce que la GRC trouvait ses accointances avec Agostino Cuntrera difficilement acceptables pour un ministre de la Couronne. Gagliano affirme qu'il ne connaissait absolument rien des activités criminelles de son client lié par le sang au clan Cuntrera-Caruana, le principal réseau de trafiquants de drogue de la planète. La presse italienne présente les Cuntrera-Caruana comme les banquiers de la mafia internationale. Encore une preuve que Gagliano, qui n'a rien vu, rien su, rien entendu du scandale des commandites, n'était pas un homme très perspicace.

Jean Chrétien a dû se résoudre à nommer Gagliano ministre en 1996 parce qu'il ne pouvait plus refuser la présence dans son cabinet à un membre aussi éminent et respecté de la communauté italienne de Montréal, qui fournit un si grand nombre de militants, d'organisateurs et qui est constituée de généreux donateurs au Parti libéral.

L'attentat de Trois-Rivières : on a sans doute affaire à un *unabomber*

5 juillet 2010

L'attentat à la bombe qui a visé le centre de recrutement des Forces armées canadiennes à Trois-Rivières n'est pas le fait d'un groupe organisé, mais probablement d'un homme seul qui s'inspire du fameux *unabomber* américain, lequel a terrorisé les États-Unis pendant des décennies avec des attentats occasionnels. Notre terroriste solitaire défend une idéologie assez semblable, amalgame de toutes les sornettes altermondialistes, écologistes, antimilitaristes et anticapitalistes. Adepte de théories conspirationnistes de gauche, notre *unabomber* national régurgite dans son communiqué des informations et une vision du monde qu'il a glanées sur des sites anarchistes canado-américains. Tous les lieux communs et les poncifs préférés de la gauche antimondialisation y passent dans de longues phrases ronflantes qui ne veulent rien dire :

> Résistance internationaliste sort à nouveau de l'ombre pour joindre l'historique opposition populaire aux pratiques et aux idéaux militaristes de l'État canadien et pour s'assurer que les pouvoirs politique, économique et militaire ne poursuivent impunément l'entreprise d'endoctrinement justifiant leur aventure impérialiste.

Notre *unabomber* resurgit de temps à autre et pose une bombe lorsqu'un événement l'irrite particulièrement. C'est un écolo-environnementaliste de stricte observance. En 2004, lors de la visite du président Bush au Canada, il endommage la ligne de transport d'Hydro-Québec vers la Nouvelle-Angleterre. En 2006, il place une bombe sous la voiture du vice-président aux communications de l'Institut canadien des produits pétroliers alors que les pétrolières font l'actualité à cause de plusieurs hausses spectaculaires du prix du pétrole. Cette fois, c'est de toute évidence le G-20 et le G-8 qui l'ont allumé.

Le justicier masqué se voit comme un Christ rédempteur. Il veut sauver le monde entier, des pauvres esclaves canadiens aux femmes afghanes, en passant par les Mohawks d'Oka et les Haïtiens. Il semble en avoir particulièrement contre l'armée canadienne (un ancien militaire ?) : il y revient tout au long de son communiqué-manifeste.

En bon petit anarchiste, il annonce bravement qu'il est opposé aux « diktats du marché et à la soumission fiscale. »

« Être les otages dociles des sinistres pétrolières... », « demeurer les lucratifs cobayes des machinations de l'industrie pharmaceutique... », et ça continue à n'en plus finir. Contre les banques et les multinationales et en faveur des travailleurs et des travailleuses, des ménages mal logés, des vieux appauvris et des enfants mal nourris. Vraiment, tous les clichés misérabilistes à la sauce marxiste y sont. Caricatural. Tellement qu'on dirait un communiqué de la Convergence des luttes anticapitalistes (CLAC). Résistance internationaliste rime avec la CLAC. Même vocabulaire. Même idéologie. Ne vous attendez pas à un communiqué de la CLAC pour dénoncer l'attentat de Trois-Rivières.

Notre défenseur de la veuve et de l'orphelin veut faire peur sans faire de mal à personne. Il prend bien soin que sa bombe éclate à trois heures du matin et il avertit même la police à l'avance pour s'assurer que personne ne soit blessé. Le mobilier urbain, les vitrines, les édifices, on les casse, mais en bon petit bourgeois, on respecte la vie humaine. C'est la CLAC tout crachée. Le justicier masqué n'est pas le genre à se faire détoner avec une ceinture d'explosifs dans un endroit achalandé. C'est un idéologue à la petite semaine. Un fanatique à temps partiel.

L'attentat de Trois-Rivières est un geste idiot, qui va avoir toute une série de conséquences négatives pour les libertés démocratiques. Le Service canadien du renseignement de sécurité, la sécurité militaire et les forces de police vont obtenir des mandats pour accroître les mesures de surveillance intrusives des individus et des organisations opposés à la guerre en Afghanistan. Par extension, tous les mouvements patriotiques québécois sur lesquels lui et les autres boursins (pas des fromages, des bourgeois internationalistes) de son genre lèvent le nez, vont aussi être visés.

Un agent provocateur n'aurait pas fait mieux.

Influences étrangères : Harper doit mettre à la porte le patron du SCRS

7 juillet 2010

Tout indique que le gouvernement Harper ne montrera pas la porte au patron des services secrets fédéraux, Richard Fadden, comme l'ont demandé le Bloc québécois et le NPD. C'est une erreur.

On s'attend d'un chef des services secrets qu'il soit un homme circonspect, pas une commère de village. À deux reprises, d'abord devant l'Institut militaire royal canadien et ensuite à la CBC, il a révélé que des hauts fonctionnaires fédéraux, des ministres de deux provinces et des élus municipaux en Colombie-Britannique étaient sous *influence étrangère*, indiquant clairement que la Chine était l'un des pays impliqués. Le bavardage de Fadden était d'autant plus surprenant qu'il s'est produit peu avant la visite officielle au Canada du président chinois. Comme maladresse, difficile de faire pire.

En commission parlementaire cette semaine, Fadden a admis qu'il aurait mieux fait de se taire et a promis de préparer un rapport sur les influences étrangères pour le ministre de la Sécurité publique. Comment un haut fonctionnaire qui a été sous-ministre à quatre reprises et qui a travaillé pour la cellule de renseignement du Conseil privé, peut-il manquer autant de jugement et de discrétion ?

En faisant de telles déclarations intempestives, il crie aux personnes impliquées : « Attention, on sait ce que vous faites. On vous a à l'œil ! » Il rend ainsi plus difficile le travail de ses services. Quoi qu'il dise, il a, par ses paroles, donné un avantage aux puissances étrangères qui espionnent le Canada et a donc porté atteinte à la sécurité nationale.

L'autre problème est l'expression même, « influences étrangères ». Il ne s'agit pas de trahison ou d'espionnage, sinon les personnes impliquées auraient dû être arrêtées. Fadden et le gouvernement Harper doivent nous dire si le comportement observé est punissable en vertu du Code criminel canadien.

Pour moi, il ne fait aucun doute que plusieurs gouvernements étrangers tentent d'influencer par des moyens occultes le gouvernement du Canada. La Chine, bien sûr, mais aussi les États-Unis, l'Inde, le Pakistan et Israël, pour ne nommer que les plus évidents. Ces pays ont tous au Canada d'importantes communautés qui leur sont acquises par les liens du sang ou de la citoyenneté.

Dans le cas des Chinois, c'est surtout le patriotisme qui les motive à aider leur pays d'origine. Mais dans ce cas comme dans d'autres, on peut penser que des gouvernements étrangers utilisent le chantage, les menaces ou l'appât du gain pour motiver leurs sources.

Pendant des décennies, les services de sécurité fédéraux soupçonnaient la France d'exercer des influences indues sur le gouvernement du Québec. Il est ironique qu'avec Sarkozy au pouvoir en France et son amitié avec la famille Desmarais, on puisse se demander si cette dernière exerce une influence indue sur le gouvernement français, en particulier dans ses relations avec le Québec et le Canada.

Les services de sécurité français ont-ils les Desmarais à l'œil à cause de leur influence sur le président de la République ?

Climatisation et politique : rester *cool* réchauffe la planète !

9 juillet 2010

Il suffit de quelques jours de canicule pour que les Québécois vident les grandes surfaces de tous leurs climatiseurs. La majorité d'êtres humains qui vit des températures semblables pendant des mois chaque année va bientôt pouvoir faire la même chose. Après avoir profondément transformé la société américaine, la climatisation, inventée en 1902 par Willis Carrier, est en train de bouleverser la planète en ces temps de réchauffement climatique.

C'est la constatation que fait Stan Cox, un scientifique au Land Institute de Salina au Kansas dans un livre sur la climatisation on ne peut plus d'actualité: *Losing Our Cool: Uncomfortable Truths About Our Air-Conditioned World*.

J'avais lu alors que j'étais correspondant à Washington dans les années 1970 que la climatisation avait assuré le développement du gouvernement en permettant à des centaines de milliers de fonctionnaires d'y travailler durant les mois de juillet et août pendant qu'il fait une chaleur insupportable dans la capitale américaine. La température et l'humidité y sont tellement suffocantes qu'au XIXe siècle, l'ambassade britannique déménageait au Maine durant l'été. Cox explique que la climatisation, qui a rendu possible la vaste bureaucratie fédérale, a aussi accru la productivité industrielle américaine.

La climatisation résidentielle, introduite dans les années 1950, a eu des répercussions politiques déterminantes. Selon Cox, sans la climatisation, George W. Bush n'aurait jamais été élu président des États-Unis en 2000. Le déplacement vers la droite de l'électorat américain s'explique, d'après lui, parce que la climatisation a permis un mouvement de population vers les États conservateurs du Sun Belt.

La climatisation favorise le Parti républicain. Les États démocrates du Nord-Est se dépeuplent au profit des États conservateurs du Sud, comme l'Arizona, le Nevada, le Texas et la Floride qui n'aurait pas 18,5 millions d'habitants sans l'air climatisé. Ce n'est pas sans conséquence climatique. La climatisation résidentielle généralisée de Phoenix en Arizona, en permettant l'accroissement de la population, a augmenté la température moyenne de la ville de sept degrés Fahrenheit en un demi-siècle.

Cox estime que le conditionnement de l'air contribue actuellement pour 20 % des dépenses d'énergie aux États-Unis. La climatisation est une arme décisive de l'arsenal américain. Les 6/7e du diesel que les forces américaines consomment en Irak et en Afghanistan sont utilisés pour faire fonctionner les climatiseurs. Il note que les Américains utilisent à la seule fin de la climatisation autant d'électricité que la consommation totale de l'Afrique. Au Canada, la quantité d'énergie consommée pour la climatisation des résidences a triplé depuis 1990.

Vous avez vu comment les rues et les terrasses du Québec se sont vidées depuis le début de la canicule ? Le phénomène est généralisé dans les États du sud des États-Unis. Cox constate que la banalisation de l'air climatisé résidentiel amène les gens à s'enfermer dans leur maison. Elle favorise l'obésité et d'autres maladies comme les allergies et l'asthme.

Maintenant d'autres pays chauds et pauvres suivent l'Amérique sur la voie de la climatisation et du développement. La montée en puissance de pays comme le Brésil, l'Inde et la Chine s'explique, au moins en partie, par la hausse de productivité rendue possible par la climatisation. Quarante pour cent de la consommation électrique de la ville de Mumbai est consacrée à la climatisation.

En dégageant d'énormes quantités de CO_2, la climatisation amplifie le réchauffement planétaire. Cox ne croit pas qu'on puisse retourner en arrière. Selon lui, il faut développer des sources d'énergie non polluante (géothermie, énergie solaire, etc.), climatiser les individus plutôt que les édifices et lutter contre la « surclimatisation ». Vaste programme.

Oka, 20 ans après : qui dit que le crime ne paie pas ?

12 juillet 2010

Tout le monde y est allé de son petit commentaire sur la crise d'Oka de 1990. Tout le monde a dit à peu près la même chose sur les revendications territoriales autochtones et sur les carences des autorités dans la gestion de la crise. Dans *Le Devoir*, l'anthropologue Pierre Trudel, toujours rongé par le syndrome de Stockholm, a tenté d'excuser la violence criminelle des *Warriors* et l'assassinat du caporal Lemay en rejetant la faute sur les autorités.

J'ai couvert la crise d'Oka pour la télévision de Radio-Canada. J'ai été témoin de ce qui s'est passé. Une puissante organisation criminelle autochtone alors en conflit avec les autorités américaines et canadiennes sur la réserve d'Akwesasne a saisi le prétexte de l'extension du golf d'Oka pour faire diversion en y déployant son bras armé, les *Warriors*.

La manœuvre a si bien réussi qu'elle lui a permis d'assurer sa dominance sur les Mohawks. Ce contrôle criminel des réserves d'Akwesasne, de Kanesatake et de Kahnawake existe toujours aujourd'hui. La mafia mohawk est la seule organisation criminelle en Amérique du Nord à jouir d'enclaves souveraines interdites aux forces policières. C'est comme si l'on avait donné à la mafia italienne le contrôle souverain de Saint-Léonard.

Comme on l'a vu avec le renversement du chef Gabriel de Kanesatake, les autorités politiques québécoises et canadiennes acceptent la domination que les criminels autochtones exercent sur les réserves mohawks. Aujourd'hui comme hier, elle est assurée par les *Warriors*. Durant la crise d'Oka, cette racaille, constituée d'anciens *Marines* américains, faisait figure de héros au Canada anglais, qui la voyait comme un auxiliaire efficace pour mater les Québécois.

Les *Warriors* ont tué un agent de la Sûreté du Québec, occasionné au Québec et à Ottawa des dépenses de plus de 200 millions de dollars et perturbé la vie de millions de personnes de la région de Montréal pendant 57 jours.

Les criminels mohawks ont gagné il y a 20 ans. Les autorités ont cédé sur toute la ligne et, depuis, les bandits à plumes peuvent s'adonner en toute tranquillité à leurs lucratives activités criminelles qui leur ont fait réaliser des dizaines sinon des centaines de millions de dollars de profits.

Des dizaines de fabriques et de points de vente de cigarettes de contrebande fonctionnent impunément dans les réserves. Les criminels mohawks, en vendant leur poison à des prix imbattables, propagent, chez les jeunes en particulier, les maladies du tabac. Kahnawake est devenue un des plus importants centres de jeux de hasard de la planète sur Internet sans que les autorités osent intervenir. Les réserves servent aussi de lieux de stockage pour des biens volés partout sur le territoire québécois et de centres de distribution d'armes à feu provenant des États-Unis pour le crime organisé et les gangs de rue de Montréal et de Toronto.

Les crimes commis durant la crise d'Oka ont été extrêmement payants et continuent de l'être 20 ans après. Lorsque vous entendrez des politiciens dire que nous vivons au Québec dans un État de droit où le crime ne paie pas, criez-leur : « Et les criminels mohawks, alors ? »

La Suisse et la France protègent le violeur d'enfants Roman Polanski

14 juillet 2010

Roman Polanski, arrêté en septembre 2009 alors qu'il se rendait à un festival de cinéma à Zurich, s'est évanoui dans la nature après avoir été relâché par la justice suisse. La ministre suisse de la Justice, Éveline Widmer-Schlumpf, a affirmé que la requête américaine d'extradition n'était pas assez détaillée. Il n'y est pas précisé qu'il n'a pas purgé sa peine au complet. Quarante jours de prison pour un viol!

La Suisse s'est lâchement cachée derrière ce prétexte pour se laver les mains d'une affaire embêtante. Scandaleusement, les autorités françaises au plus haut niveau, le président Sarkozy et le ministre des Affaires étrangères Bernard Kouchner, avaient demandé des explications à la Suisse au sujet de la détention de leur illustre citoyen.

Polanski s'est reconnu coupable en 1977 d'avoir soûlé et drogué une fillette de 13 ans pour ensuite la violer avant de prendre la fuite et de se réfugier en France dont il possède la citoyenneté. La France n'extrade pas ses citoyens pour des relations sexuelles illégales avec des mineurs. Est-ce à dire que les prédateurs sexuels et les pédophiles français peuvent impunément commettre des crimes sexuels sur des mineurs à l'étranger et revenir au pays, sûrs qu'ils ne seront jamais inquiétés?

L'actuel ministre français de la Culture, la vieille *tantouze* Frédéric Mitterrand (neveu de l'ancien président), s'est vanté dans un roman autobiographique il y a quelques années d'avoir eu des relations avec des garçons lors de séjours de tourisme sexuel en Thaïlande. Il s'était d'ailleurs porté à la défense de Polanski lors de son arrestation en Suisse.

Polanski n'a aucun remords. Dans une entrevue en 1979, il s'est même demandé pourquoi il était tellement harcelé puisque «tout le monde veut coucher avec des fillettes.»

Si le réalisateur de *Rosemar's Baby* et *Chinatown* avait été un inconnu ou, pire, un auteur méprisé de l'intelligentsia, il aurait été extradé aux États-Unis et personne ne serait venu à sa défense. Mais, étant membre en règle de l'internationale des gens riches et célèbres, Hollywood, Paris et la Côte d'Azur se sont mobilisées pour le soutenir en lui trouvant des excuses : « une vieille affaire », « des peccadilles » et, surtout, « sa victime elle-même lui pardonne et veut tourner la page ».

La victime a reçu une somme substantielle d'argent de Polanski pour faciliter son pardon. Si l'on pouvait acheter ainsi l'impunité pour des crimes graves, le mot justice n'aurait plus de sens. Seuls les pauvres auraient à subir les conséquences pénales de leurs turpitudes.

Heureusement pour la justice et l'équité, les États-Unis ont annoncé qu'ils maintenaient leur avis de recherche contre le réalisateur. Il demeure donc sur la liste rouge d'Interpol, ce qui le rend passible d'arrestation dans 188 pays de la planète.

Honte à la Suisse et à la France qui minimisent la gravité d'un crime abject, le viol d'une fillette, et ignorent le principe de l'égalité de tous devant la loi, fondement de toute société civilisée !

Procréation assistée : le ministre de la Santé Bolduc est un irresponsable fafouin

16 juillet 2010

On attend d'un État moderne qu'il utilise rationnellement les ressources que les citoyens mettent à sa disposition par leurs impôts. Qu'il établisse une liste de priorités pour s'assurer qu'il va d'abord faire face aux problèmes les plus pressants qui touchent le bien-être ou la sécurité du plus grand nombre de citoyens.

Où devrait se situer la procréation assistée gratuite dans la liste des priorités du gouvernement du Québec ? Elle ne devrait pas être dans les 100 priorités du système de santé. Pas même dans les 500 priorités du gouvernent. Pourtant, c'est là que le ministre de la Santé, Yves Bolduc, choisit de dépenser de l'argent. Tout ce qu'il va réussir à faire, c'est de créer une nouvelle file d'attente. Celle-là pour la création de bébés *in vitro*.

Le Québec a accumulé une dette publique astronomique. La santé, l'un des domaines prioritaires du gouvernement, manque de ressources financières, humaines et matérielles. Par manque d'argent et de ressources en cardiologie, en cancérologie et dans d'autres domaines, des personnes souffrant de maladies mortelles doivent attendre des mois avant de subir des interventions chirurgicales critiques. Les urgences sont débordées, les temps d'attente avant d'obtenir des soins sont hors normes. Et Bolduc privilégie le problème de l'infertilité des couples! Il devrait être accusé de non-assistance à personnes en danger, si le crime existait ici comme en France.

Il estime que son programme de procréation assistée va coûter 63 millions de dollars. Avez-vous déjà vu un programme gouvernemental québécois qui ne connaît pas de dépassements de coûts? Rappelez-vous le programme de gratuité des médicaments. Le programme des garderies. Ouvrons les paris. Les dépassements de coûts pour la procréation assistée vont être de combien? 100 millions? 150 millions? Le secrétaire du Collège des médecins, le docteur Yves Robert, mise sur 200 millions de dépassement.

Bolduc nous assure qu'on va réussir à baisser de 30 % à 5 % le nombre de grossesses multiples provoquées par l'insémination artificielle. Ça n'a jamais été réussi par personne dans le monde. Mais Bolduc, lui, va y arriver.

On se lance dans la procréation assistée payée par l'État, alors que l'un des pays les plus socialement avancés de la planète, le Danemark, se retire d'un tel programme parce qu'il coûte trop cher. Comme l'État n'a pas les ressources pour faire fonctionner son programme, Bolduc compte sur le privé. Un traitement en clinique privée coûte jusqu'à 20 000 dollars.

Cela va permettre aux propriétaires de cliniques de fertilité de s'enrichir et de contribuer à la caisse du Parti libéral, s'ils ne le font pas déjà.

Bolduc était le gars qui allait régler le problème des urgences en y appliquant une gestion à la Toyota. Le désastre a frappé Toyota et la situation a continué à se détériorer dans les urgences où les temps d'attente sont plus longs que jamais. Qu'est-ce qu'on a fait à la Providence pour être affligés d'un irresponsable fafouin comme Yves Bolduc au ministère de la Santé ?

Adam et Ève étaient des singes incestueux

19 juillet 2010

Le Devoir de vendredi rapportait un sondage Angus Reid qui révélait que 66 % des Québécois étaient partisans de la théorie de l'évolution contre 35 % des Américains. Seulement 17 % des Québécois interrogés ont dit croire à Adam et Ève, le pourcentage le plus bas du Canada où l'on compte 24 % de créationnistes. Il est quand même surprenant que des pourcentages aussi élevés de personnes rejettent l'évolution, malgré les progrès extraordinaires des connaissances scientifiques et de la génétique en particulier depuis 100 ans.

La question de l'origine de l'humanité m'a toujours passionné. Adolescent, j'ai été tenté par l'anthropologie avant d'opter pour le journalisme. Mes recherches sur l'origine de l'espèce humaine m'ont servi pour écrire, avec Corinne De Vailly, *Chimères*, un thriller scientifique dont l'intrigue porte sur la spécificité de la nature humaine.

Parmi les hypothèses qui expliquent le passage de l'animal à l'humain, la théorie dite *adamique* de l'évolution du généticien

Jérôme Lejeune est l'une des plus captivantes. Elle fait de nous les descendants d'un couple unique de grands singes. L'évolution rejoint en quelque sorte la Genèse avec des Adam et Ève simiesques.

Ce qui nous distingue des singes, c'est d'avoir 46 chromosomes, alors que les grands singes en ont 48. Comment a-t-on perdu ces deux chromosomes ?

Voici l'explication adamique de l'hominisation. Un singe est né en Afrique, il y a quelque six millions d'années, avec une aberration génétique : ses cellules ne comptaient que 47 chromosomes. Deux petits chromosomes étaient fusionnés. Heureusement, la mutation était viable. Le singe mutant avait tous les gènes nécessaires, même si certains d'entre eux étaient contenus dans un seul chromosome au lieu de deux.

Pour passer du singe à l'homme, et arriver aux 46 chromosomes humains, il fallut ensuite que ce singe mutant à 47 chromosomes s'accouple avec une guenon portant la même déficience génétique que lui. Il peut sembler statistiquement improbable que deux individus d'une même espèce, vivant au même moment en un même lieu, présentent la même mutation chromosomique. Pas s'il s'agit d'une relation incestueuse. Ces deux singes mutants devaient donc être père et fille ou encore frère et sœur. Ce type d'inceste est courant chez les deux espèces de grands singes anthropoïdes qui sont les plus proches de nous : les bonobos et les chimpanzés.

L'humanité aurait bien eu un père et une mère uniques : un couple de singes incestueux à 47 chromosomes qui vécut assez longtemps pour donner naissance à une progéniture.

Les lois de la génétique nous indiquent que de tels parents vont engendrer, parmi de nombreux rejetons non viables, un individu semblable à eux-mêmes, mais aussi un individu à 46 chromosomes qui, en propageant à son tour

84

son anomalie génétique, va créer l'espèce humaine. Cette mutation pourrait être à l'origine de la bipédie qui est apparue à la même époque que le passage à 46 chromosomes et donc s'être imposée rapidement en donnant au porteur un avantage sélectif important.

Le Canada ne devrait pas accueillir le renégat et fraudeur Conrad Black

21 juillet 2010

J'avoue avoir été déçu lorsque j'ai appris que Conrad Black allait être libéré sous condition après avoir purgé moins de trois ans d'une peine de six ans et demi de prison. Black est un personnage que j'aime détester.

Doué d'une intelligence vive, d'une grande culture et d'un talent d'écriture, Black est un personnage fat, suffisant, hautain, arrogant, totalement imbu de lui-même. Il est intimement convaincu de faire partie de la «race des Seigneurs». Sa seconde femme, la journaliste britannique Barbara Amiel, partage tous ses défauts. Le couple a l'impression que tout lui est dû. Parmi les nombreuses irrégularités commises par Black alors qu'il était président de Hollinger International, il a emmené sa femme en avion à Tahiti pour son anniversaire et aux frais de l'entreprise. Il a été condamné pour avoir fraudé les actionnaires de Hollinger.

Originaire de Westmount, Black a vécu toute sa vie dans l'opulence. Ses relations difficiles avec l'éthique ne datent pas d'hier. À 14 ans, il a été chassé du Upper Canada College de Toronto, l'école de l'élite canadienne-anglaise. Son sens précoce des affaires l'avait amené à vendre à ses petits camarades les réponses à un examen, qui avaient été volées. Après avoir échoué sa première année d'études à l'Université de York, il a fini son droit à Laval pour ensuite faire à McGill une thèse de maîtrise qui réhabilite Maurice Duplessis. Plus tard il fera de même pour Richard Nixon dans sa biographie du pire président des États-Unis, à l'exception de George W. Bush.

À partir d'un petit journal des Cantons-de-l'Est, acquis alors qu'il était dans la vingtaine, Black va construire le troisième groupe de presse de la planète. Comme beaucoup d'Anglo-Québécois, il manifeste une agressivité maladive à l'égard de toute affirmation nationale des francophones, allant même jusqu'à associer le nationalisme québécois avec le nazisme. Le *National Post*, qu'il a fondé, est le journal canadien le plus haineux et le plus méprisant envers le Québec. Diane Francis, qui dirige les pages financières du *Post*, a déjà suggéré que le Canada anglais traite les Franco-Québécois comme les Israéliens traitent les Palestiniens...

Après le jugement de la Cour suprême des États-Unis qui invalide des arguments sur lesquels le tribunal s'est fondé pour le condamner, Black va probablement devoir subir un nouveau procès pour fraude. Sa condamnation pour entrave à la justice pourrait aussi être infirmée.

En attendant un nouveau procès, Black demande une libération conditionnelle. Il voudrait, semble-t-il, revenir au Canada. Le problème est que Black n'est plus citoyen canadien. Il a renoncé à sa citoyenneté pour s'asseoir dans la Chambre des Lords. Black a convaincu Tony Blair de faire de lui un pair du Royaume, « Baron Black of Crossharbour ».

Il serait surprenant qu'il puisse quitter le territoire américain tant qu'il n'aura pas réglé ses comptes avec la justice. Et quand ce sera fait, si ses condamnations tiennent, l'aigrefin devrait être expulsé vers la Grande-Bretagne dont il est lord. Le Canada n'a pas besoin de filous de son espèce. L'interdiction de revenir dans son pays de naissance n'ébranlerait sans doute

pas la superbe de Black. Mais cela apporterait quelques satis-
factions à ses nombreux ennemis.

Pour les États-Unis, l'obésité est plus menaçante que le terrorisme

23 juillet 2010

Les Américains sont un peuple belliqueux. Quand ils ont
un problème grave, ils lui font la guerre. En plus d'un certain
nombre de vraies guerres ces dernières décennies, ils ont
fait « la guerre à la pauvreté » et « la guerre à la drogue. »
Dans les deux cas, ils ont lamentablement échoué. Depuis
le 11 septembre 2001, ils font « la guerre au terrorisme. »
Le pronostic est tout aussi sombre. On ne peut pas faire la
guerre au terrorisme (une technique, un concept), pas plus
qu'à la pauvreté ou à la drogue.

Le *Washington Post* a publié une enquête qui révèle que
des centaines de milliards de dollars ont été consacrés depuis
le 11 septembre 2001 à la « guerre contre le terrorisme » et
qu'après neuf ans de dépenses sans précédent, le système mis
en place pour assurer la sécurité des États-Unis est inefficace
et ingérable.

L'ancien directeur national du renseignement, l'amiral
Dennis Blair, a bien vu ce qui n'allait pas. Il affirme que l'attitude depuis l'attentat de 2001 est que « si ça vaut la peine de le
faire, il faut le faire à outrance ». C'est l'approche typiquement
américaine. *The more the better.*

Les services de renseignement ont reçu plus d'argent
qu'ils étaient capables d'en dépenser. Dans l'action antiterroriste, à partir d'un certain niveau, il n'y a pas de relation
entre les sommes investies et les résultats escomptés. La
plupart des véritables attentats déjoués aux États-Unis

depuis le 11 septembre l'ont été à cause de l'incompétence des terroristes eux-mêmes et non à cause de la perspicacité des services antiterroristes. Il y a probablement moins de 1 000 terroristes sur la planète entière à avoir, à la fois, la détermination et les connaissances pour réaliser de tels attentats. Leur très petit nombre fait qu'ils sont impossibles à détecter et leurs cellules, à infiltrer, quel que soit l'argent dépensé.

Les États-Unis investissent des centaines de milliards de dollars pour les trouver et les éliminer, alors que les terroristes n'engagent que quelques milliers de dollars pour acquérir le matériel nécessaire afin de commettre un attentat et pour payer leurs déplacements. La disproportion des moyens engagés, au détriment des États-Unis, est vertigineuse.

L'industrie de la sécurité et du renseignement, filiale du complexe militaro-industriel, empoche les milliards tout en étant incapable de réduire la menace ou de rassurer les Américains. Pourtant, cette hantise du terrorisme est largement irrationnelle. Depuis 2001, il a fait plus de peur que de mal. Des phénomènes comme les accidents de la route, les assassinats en série, les noyades, pour ne mentionner que ceux-là, ont fait beaucoup plus de morts que le terrorisme.

L'obésité constitue une bien plus grande menace pour les États-Unis que le terrorisme. Le tiers des Américains souffre d'obésité et dix pour cent d'entre eux sont diabétiques. Les *Centers for Disease Control and Prevention* d'Atlanta évaluent le coût social annuel de l'obésité à près de 80 milliards de dollars.

Comme toute guerre, la «guerre au terrorisme» a engendré un extraordinaire gaspillage. Elle n'a réussi qu'à affaiblir financièrement les États-Unis qui restent tout aussi vulnérables malgré ces dépenses gigantesques. En dilapidant ainsi leurs ressources, les États-Unis font le jeu d'al-Qaida et d'Oussama ben Laden.

26 juillet 2010

Le Kosovo n'est pas le Québec, non, mais...

Le gouvernement serbe croyait avoir remporté une victoire sur les indépendantistes kosovars, lorsqu'il a obtenu de l'ONU en 2008 que la Cour internationale de justice se prononce sur la légalité de la proclamation unilatérale d'indépendance du Kosovo.

La semaine dernière, il a déchanté. Dans un avis consultatif, la Cour de La Haye a conclu que l'adoption de la déclaration d'indépendance du Kosovo «n'a violé aucune règle applicable du droit international.» Le président du tribunal, Hisashi Owada, précisait cependant que «la Cour n'est pas chargée de dire si le Kosovo a accédé à la qualité d'État.»

Il ne fait aucun doute que l'avis de la CIJ est un précédent important pour le Québec. Depuis la première campagne référendaire, les adversaires de l'indépendance n'ont cessé d'affirmer que sa proclamation unilatérale ferait face à une multitude d'obstacles sur le plan du droit international. Cet argument est maintenant sérieusement affaibli.

Comme il fallait s'y attendre, le Canada anglais et ses hommes de main ont minimisé l'importance de la décision pour l'avenir du Québec. Le ministre des Affaires étrangères, Lawrence Cannon, a proclamé que le Kosovo n'était pas le Québec et que ça n'avait rien à voir. *La Presse canadienne* rapporte que la position du ministre est soutenue par André Donneur, professeur à la retraite de l'UQAM. Le contraire aurait été surprenant venant de Donneur : la PC ne semble pas savoir qu'il est consultant auprès du ministère des Affaires étrangères depuis au moins 25 ans !   .

Intervenant dans *La Presse*, Stéphane Dion, le père de la Loi sur la clarté, affirme que l'avis de la CIJ montre la difficulté extrême que rencontrerait une sécession unilatérale à se faire reconnaître. Il oublie que 69 pays, dont le Canada et les États-Unis, et 22 des 27 membres de l'Union européenne, ont jusqu'ici reconnu l'indépendance du Kosovo. Dion revient avec un point sur lequel tout le monde est d'accord : le vote doit être clair et les négociations, de bonne foi.

Le président du Conseil de la souveraineté, Gérald Larose, souligne lui aussi que c'est la qualité démocratique du processus de consultation qui importe. La question doit être claire comme elle l'était lors du dernier référendum avant que Dion n'intervienne. Il a raison de dire que les dispositions de la prétendue Loi sur la clarté adoptée après le référendum de 1995 sont rendues désuètes par l'avis de la Cour de La Haye.

Ce qui n'était pas net du tout lors du référendum de 1995, c'était la victoire du non avec un avantage de moins de un pour cent de votes favorables. Cette microscopique majorité a été volée en fabriquant des participants au référendum qui n'auraient pas dû avoir le droit de vote au Québec : anciens résidents anglos qui prétendaient encore demeurer ici, immigrants proclamés d'urgence canadiens, alors qu'ils n'avaient pas fait la durée de résidence requise, etc.

Et il y avait aussi les sommes dépensées illégalement par le camp du non, pour ne mentionner qu'une des illégalités que Robin Philpot et moi avons répertoriées dans nos livres, *Le référendum volé* (Philpot) et *Les secrets d'Option Canada* (Lester/Philpot).

Jusqu'ici dans les référendums, le camp du non ne s'est illustré ni par sa bonne foi ni par son respect des lois du Québec.

Mais, en dernière analyse, l'indépendance nationale, c'est avant tout une question de volonté politique manifestement exprimée par la majorité des Québécois. Le droit international suivra bien.

Le Canada et les documents secrets de WikiLeaks

28 juillet 2010

Lorsque le site Internet spécialisé dans les fuites a publié 92 000 pages de dépêches secrètes de l'armée américaine en Afghanistan, le ministre des Affaires étrangères, Lawrence Cannon, a réagi promptement en disant que ces documents n'avaient rien à voir avec le Canada. Il était dans l'erreur : au moins 200 dépêches le mentionnent. Et certaines contiennent des informations qui contredisent des déclarations faites par le gouvernement canadien.

Un document daté du 3 septembre 2006 indique que quatre soldats canadiens dont on avait attribué la mort aux talibans ont été plutôt tués par une bombe guidée américaine. Le texte laconique est précis et ne laisse aucune place à l'erreur d'interprétation. Pourtant, Ottawa maintient que la mort des quatre soldats est attribuable aux talibans. Comme l'état-major des Forces canadiennes a déjà menti dans le passé, on doit exiger des explications. Des journalistes doivent pouvoir consulter les rapports d'autopsie.

Autre mensonge. On apprend dans les documents de WikiLeaks qu'un hélicoptère abattu en 2007, avec à son bord un soldat canadien et six autres soldats d'Oran, n'a pas été atteint pas un simple tir de roquette des insurgés, comme l'affirmaient les communiqués canadiens et américains. L'appareil a été détruit par un missile sol-air portatif, genre Stinger, beaucoup plus sophistiqué. Pourquoi les Américains et les Canadiens cachent-ils le fait que les talibans possèdent des missiles sol-air ? Ont-ils été volés récemment aux Américains ou à une autre armée occidentale ? Il est difficile de croire qu'ils auraient pu provenir de stocks fournis aux combattants afghans par la CIA dans les années 1980 pour abattre des hélicoptères soviétiques.

Alors que les forces armées vantaient l'efficacité des drones canadiens utilisés en Afghanistan, on apprend dans les dépêches secrètes américaines que les avions sans pilote en question s'écrasaient à répétition. C'est pour cela qu'Ottawa a loué des drones israéliens.

Une question qui mérite des éclaircissements. Les documents de WikiLeaks révèlent que les assassinats sélectifs perpétrés par les forces spéciales américaines contre des dirigeants talibans et d'al-Qaida entraînent souvent des « bavures » où des innocents sont tués plutôt que les ennemis ciblés. Des militaires canadiens, membres de l'unité spéciale JTF-2, sont intégrés aux forces spéciales américaines en Afghanistan. Ont-ils été impliqués dans de telles « bavures » ?

Le Comité international de la Croix-Rouge a signalé en 2007 que trois talibans capturés par les forces spéciales canadiennes ont disparu, semble-t-il, après avoir été remis aux autorités afghanes. Une commission d'enquête parlementaire doit bientôt se pencher sur le sort des prisonniers afghans remis par les Forces canadiennes aux autorités afghanes. Elle doit aussi établir ce que les ministres et les généraux canadiens savaient de ces transferts de prisonniers. Les libéraux et les bloquistes (le NPD refuse de participer à la commission) veulent déterminer si des crimes de guerre ont été commis par les Forces canadiennes. La commission va pouvoir comparer les documents en sa possession avec ceux rendus publics par WikiLeaks.

Certains politiciens à Ottawa envisagent de prolonger la participation canadienne au conflit afghan au-delà de la date limite du 1er juillet 2011 fixée par le Parlement.

Espérons que ces nouvelles révélations vont rendre encore plus difficile toute tentative en ce sens. Vouloir rester pour entraîner la police et l'armée afghanes serait peine perdue. Les documents de WikiLeaks montrent que les Américains les considèrent comme un ramassis de criminels et de brutes.

Nous sommes en Afghanistan depuis 2002. Nous y avons subi des pertes importantes, plus de 150 morts, des centaines de blessés physiques graves, des milliers de blessés psychologiques inguérissables. Cette aventure désastreuse nous a coûté plus de dix milliards de dollars. Assez, c'est assez!

Comme la guerre du Viêt Nam, la guerre d'Afghanistan est impossible à gagner et comme la guerre du Viêt Nam, elle va se prolonger parce que les présidents américains ne peuvent pas admettre la défaite. Pour sauver la face, ils préfèrent prolonger la guerre jusqu'à la fin de leur mandat.

L'extraordinaire jardin secret de Pierre Bourque en Chine*

30 juillet 2010

Vous vous demandez ce qu'est devenu Pierre Bourque, l'ancien maire de Montréal surnommé Géranium 1er? Cela ne vous surprendra pas d'apprendre qu'un vieux sinophile comme lui passe une bonne partie de son temps en Chine et qu'il est revenu à ses premières amours: les fleurs et les plantes. Mais il n'a pas installé ses pénates à Shanghai, la métropole côtière qu'il a jumelée avec Montréal. Il travaille à un extraordinaire projet à 1 900 km de là, à Qujing, une ville-préfecture de cinq millions d'habitants de la province du Yunnan aux confins de la Birmanie, du Laos et du Viêt Nam, au cœur de la Chine traditionnelle.

Pierre Bourque demande la plus grande discrétion à ses collaborateurs. Il espère annoncer lui-même le projet dans les prochains mois. Voici, sous toutes réserves, ce que j'ai pu apprendre de personnes qui se sont rendues sur place et qui ont requis l'anonymat.

L'ancien directeur du Jardin botanique de Montréal s'est vu confier par les autorités chinoises la responsabilité d'un parc-exposition de six kilomètres carrés appelé *Agrifood Technopark*. L'inauguration est prévue pour août 2011. Bourque planche sur le projet depuis quatre ans. Des gens qui l'ont rencontré récemment me disent qu'il vit une seconde jeunesse, qu'il a le dynamisme d'un homme de 30 ans.

Un consultant québécois qui rentre du Yunnan et qui a visité le site parle d'un hybride du Jardin botanique de Montréal et de l'Exposition universelle de 1967, qui serait la plus grande exposition agricole permanente du XXIe siècle. Sur cet immense chantier, on s'affaire actuellement sous la direction de Pierre Bourque à planter des millions de fleurs et un million d'arbres, dont des arbres fruitiers importés du Québec.

Mais cette exposition agricole, aussi vaste soit-elle, n'est pour Bourque et pour les autorités du Yunnan que le tremplin pour un projet beaucoup plus ambitieux : faire fleurir une province chinoise depuis toujours affligée par la sécheresse et reconstruire le volet agroalimentaire de l'économie du Yunnan. Il faut notamment procéder à la reconversion de la production de tabac qui contribue de façon significative à l'économie de la région, alors que le gouvernement central a entrepris une campagne pour éradiquer le tabagisme.

Il ne s'agit pas seulement de planter des arbres et des fleurs. Bourque et ses collaborateurs, des Québécois, des Français et des Belges, ont importé 900 bœufs et des milliers de porcs du Québec. L'ancien maire de Montréal s'est assuré de la collaboration de plusieurs institutions québécoises, dont la Coopérative fédérée de Québec. Une personne au fait des activités de Pierre Bourque en Chine me dit qu'il est actuellement le Canadien le plus influent dans ce pays à la possible exception des Desmarais, père et fils. Si quelque chose bloque pour des raisons bureaucratiques, il n'a qu'à téléphoner à Pékin pour aplanir la difficulté. Il a ses entrées chez les plus hauts dirigeants et beaucoup d'amis au sénat chinois.

Soyons discrets. Laissons à Pierre Bourque le plaisir de révéler lui-même les splendeurs de son jardin secret chinois.

*Mise à jour : un mois après cette primeur sur les activités de Pierre Bourque en Chine, *L'actualité* du 31 août publie un long article sur le même sujet.

Afghanistan : l'adieu aux armes des Hollandais

2 août 2010

Durant le week-end, les derniers militaires hollandais qui se battaient à nos côtés depuis quatre ans en Afghanistan ont jeté l'éponge et sont rentrés chez eux. L'OTAN avait demandé aux Pays-Bas de retarder leur retrait. L'affaire a fait éclater la coalition qui dirigeait le pays et a provoqué la chute du gouvernement.

En principe, le Canada est le prochain sur la liste des départs en juillet 2011. Mais l'OTAN craint que le retrait des Hollandais donne le signal à plusieurs des membres de l'alliance, qui n'attendent qu'un prétexte pour se précipiter vers la sortie.

Les militaires hollandais se sont bien acquittés de leur mission dans la mesure du possible. Leur façon de fonctionner a été copiée par d'autres pays. Ils privilégiaient l'approche dite

« 3D », développement, diplomatie et défense, que le Canada a tenté d'appliquer avec peu de succès à Kandahar. Comme nous, les Hollandais ont été incapables de réduire de façon significative la production de pavot et n'ont pas vraiment réussi à étendre leur zone de contrôle au-delà du périmètre de leur base principale. Parmi les approches non orthodoxes des Hollandais, signalons qu'ils patrouillaient souvent sur les routes de leur secteur à bicyclette, alors qu'Américains, Anglais et Canadiens ne circulent qu'en véhicules blindés.

Les Hollandais avaient la responsabilité de la province d'Uruzgan, une région montagneuse pauvre située au nord de celle de Kandahar. Avec les 2/3 de nos effectifs (1 950 soldats contre 2 800), ils ont réussi à ne subir que le cinquième de nos pertes (24 contre 130 environ, pour la période 2006-2010). Comment expliquer un ratio aussi défavorable aux Canadiens ? Le secteur d'opération y a été pour quelque chose, mais aussi le fait que les généraux hollandais, contrairement aux nôtres, ont eu la prévoyance et l'intelligence d'assurer leur propre soutien aérien en opérant en Afghanistan quatre chasseurs F-16, trois hélicoptères de transport Chinook et cinq hélicoptères d'attaque Apache.

Le Canada a préféré demander aux Américains d'assurer son appui aérien avec les résultats désastreux que l'on sait. Dans au moins trois incidents, les cowboys de la *US Air Force* ont bombardé des soldats canadiens, en tuant au moins quatre et en blessant des dizaines. N'ayant plus d'hélicoptères lourds depuis le début des années 1990, le Canada devait aussi ravitailler ses avant-postes par convois routiers, qui étaient régulièrement la cible d'explosifs improvisés. Ces engins artisanaux ont causé plus de la moitié des pertes canadiennes.

Actuellement 143 000 soldats sont à la disposition des Américains et de l'OTAN pour faire la guerre en Afghanistan, auxquels il faut ajouter au moins 10 000 mercenaires. Ce corps expéditionnaire se bat sans espoir de succès contre les talibans qui étendent leur emprise sur le pays. Pour les Afghans, ce sont des patriotes qui luttent contre des armées étrangères et un gouvernement fantoche installé par les États-Unis.

Les Afghans se rendent bien compte que miser sur les États-Unis et leurs alliés, c'est miser sur le côté perdant et il va être de plus en plus difficile pour l'OTAN de recruter des collabos. Des milliers d'entre eux ont été identifiés dans les documents secrets rendus publics par WikiLeaks, mettant ainsi leur vie en danger. À l'avenir, seuls des Afghans suicidaires vont travailler avec les forces de l'OTAN.

Il ne faut pas laisser le gouvernement Harper changer d'idée. Il faut suivre l'exemple des Hollandais et quitter définitivement l'Afghanistan l'année prochaine. Cette guerre se poursuit parce que les Américains ne peuvent accepter un nouveau revers militaire. Aucun autre jeune soldat québécois ou canadien ne doit mourir pour permettre à Obama de sauver la face.

La Chine est en train de reprendre la place qui est la sienne

4 août 2010

La nouvelle est presque passée inaperçue* : la Chine est maintenant la deuxième économie mondiale, devançant ainsi son rival de toujours, le Japon. La crise qui frappe le système financier international depuis deux ans lui a donné un sérieux coup de pouce. La Banque mondiale projette qu'elle va dépasser les États-Unis en 2025 avec une économie qui va maintenir un taux de croissance entre 7 % et 8 % d'ici là.

La Chine est en train de reprendre la place qui a toujours été la sienne. Des travaux récents d'histoire économique révèlent qu'elle a été la plus importante économie de la planète durant 18 des 20 derniers millénaires. Jusqu'au XVe siècle, l'empire du Milieu avait le revenu par personne le plus élevé et était le chef de file technologique du monde entier. Pensez au papier, à l'imprimerie, à la boussole, à la poudre à canon, au boulier, etc.

De 1700 à 1825, les trois plus grandes économies mondiales étaient la Chine, l'Inde et la France, surtout à cause de leur production agricole. En 1820, la Chine représentait encore 33 % du PIB mondial. Cent ans plus tard, le PIB chinois était tombé à 9 %. La Révolution industrielle avait permis à l'Occident de la dépasser. Temporairement.

La Chine est une aberration politico-économique qui fonctionne. C'est un pays hypercapitaliste dirigé par un parti communiste qui se réclame encore officiellement de l'ultracommuniste Mao Tsé-Toung. Le maoïsme a permis deux réalisations qui assurent le développement économique actuel : la destruction des structures féodales et surtout l'élimination de l'analphabétisme. Aujourd'hui en Chine, il y a moins de 10 % d'analphabètes chez les adultes. En Inde, c'est 40 %. Impossible d'avoir une économie moderne avec un tel niveau d'analphabétisme.

L'Agence internationale de l'énergie estime que la Chine a déjà dépassé les États-Unis pour ce qui est de la consommation d'énergie. Là se trouve le problème, non seulement pour la Chine, mais pour la planète entière. Un milliard trois cents millions de personnes, ça demande beaucoup d'électricité et 75 % de l'électricité consommée en Chine est générée par le charbon dont la Chine est le premier consommateur mondial. Selon la Banque mondiale, 16 des 20 villes les plus polluées de la planète sont chinoises.

On estime qu'il y a plus de 300 millions de Chinois qui vont accéder à la classe moyenne dans les prochaines décennies.

Pouvez-vous imaginer les dégâts écologiques que vont causer ces centaines de millions de Chinois lorsqu'ils vont se mettre à vivre comme nous ? Ils vont manger de la viande, conduire des automobiles et s'acheter toutes sortes d'appareils électriques, alors que la planète manque de pétrole, de terres arables pour augmenter la production de nourriture et se réchauffe rapidement à cause de la pollution.

Et, circonstance aggravante, pour maintenir son niveau de développement, la Chine va devoir dans les années qui viennent transformer son modèle de croissance. Passer d'une croissance basée sur l'investissement et les exportations à une croissance assurée par la consommation intérieure avec l'impact écologique que cela signifie.

L'avantage de la Chine est d'avoir un gouvernement autoritaire compétent qui n'a pas à constamment justifier ses décisions et qui peut planifier à long terme sans craindre d'être renversé aux prochaines élections générales.

Espérons que les ingénieurs et les fonctionnaires discrets qui gouvernent actuellement l'empire du Milieu pourront assurer le développement fulgurant de leur pays sans polluer la terre entière.

*Mise à jour : la semaine suivante, le *New York Times* et le *Wall Street Journal* ont consacré des articles à cette question.

L'art de vivre des orangistes fait-il partie des valeurs canadiennes ?

6 août 2010

Comme chaque année depuis des siècles, l'Irlande du Nord a connu le mois dernier ses émeutes du mois de juillet. Elles sont provoquées par les défilés orangistes pour commémorer la victoire du roi protestant Guillaume d'Orange sur son rival catholique au trône du Royaume-Uni, Jacques II, à la bataille de la Boyne du 12 juillet 1690. Par pure provocation, ces fanatiques protestants insistent pour défiler à travers des quartiers catholiques d'Irlande du Nord afin de faire un bras d'honneur à leurs habitants. Ils paradent sous la protection de la police. Cette année, c'est le quartier catholique d'Ardoyne du nord de Belfast qui a été la scène de l'émeute la plus sanglante. Bilan : 82 policiers blessés.

L'ordre d'Orange, qui compte 100 000 membres en Ulster, a été au cœur des violences politiques qui ont secoué l'Irlande du Nord pendant 30 ans, faisant plus de 3 500 morts. Tout cela parce que les protestants d'Ulster refusent de vivre sous le gouvernement majoritairement catholique d'Irlande, tout comme nos partitionnistes et défusionnistes anglos. En principe, le conflit armé a pris fin avec l'accord dit du Vendredi saint d'avril 1998. Malgré l'accord de paix, les orangistes persistent à entretenir un climat de tension avec les catholiques. Leur milice, l'*Ulster Defense Association*, est toujours classée comme organisation terroriste par la Grande-Bretagne.

La *Grand Orange Lodge of Ireland* affirme sur son site Internet que le Canada est le meilleur exemple, à l'extérieur des îles britanniques, de la façon dont l'orangisme est devenu une façon de vivre et que la structure du gouvernement canadien est basée sur le modèle orangiste.

L'ordre d'Orange est en effet très présent au Canada anglais où, depuis toujours, il a été le fer de lance de la lutte contre les francophones. Au début du XXe siècle, le tiers des Canadiens anglais était orangiste. Trois premiers ministres canadiens étaient membres de l'ordre : le père de la Confédération, John A. Macdonald, John Abbott et John Diefenbaker. À part l'Irlande du Nord, Terre-Neuve est le seul endroit sur la planète où le 12 juillet est une fête légale pour commémorer la victoire de la Boyne.

Ces protestants sectaires antifrancophones et anticatholiques possèdent des loges au Québec dans Pontiac et dans quelques localités des Cantons-de-l'Est. Rappelons que cette région a été à l'origine concédée aux anglo-protestants qui répugnaient à vivre parmi les franco-catholiques. Cette année, les *Grand Orange Lodge of Quebec Sessions* se sont déroulées les 7 et 8 mai derniers à Kinnear's Mills dans le comté de Mégantic.

Le site Internet de la *Grand Orange Lodge of Canada* proclame que son objectif est la défense des valeurs protestantes, de la langue anglaise (comme si elle était menacée), de la monarchie et de l'unité canadienne. Les orangistes sont fiers de rappeler sur leur site Internet qu'ils ont participé à la répression des troubles de 1837 et à l'écrasement de la rébellion de Louis Riel.

Durant les troubles de 1837-1838, les orangistes anglo-québécois sont les plus fanatiques des supplétifs qui assistent l'armée britannique, souvent volontaires pour les sales besognes, comme l'incendie de fermes. Les orangistes du comté de Huntingdon participeront à la bataille de Odelltown, tandis que ceux du comté d'Argenteuil se chargeront du saccage et de la répression à Saint-Eustache et à Saint-Benoît.

Le futur Grand Maître des loges de l'Est de l'Ontario, John Hughes, commande la compagnie qui engage l'assaut final contre le village de Batoche où plusieurs vieux Métis, qui avaient déjà déposé les armes, furent purement et simplement assassinés. Hughes fut décoré de la *General Service Medal* avec agrafe par le gouvernement canadien pour son action valeureuse.

On comprend qu'avec cette tradition, la violence fanatique de leurs confrères d'Ulster ne trouble pas outre mesure les orangistes canadiens. Des liens menant à toutes les loges d'Irlande du Nord sont disponibles sur leur site Internet.

Si les orangistes étaient des musulmans plutôt que des protestants, on peut penser que la Grande Loge du Canada serait interdite depuis longtemps comme organisation qui apporte son soutien à un mouvement terroriste étranger. Mais l'art de vivre qu'elle représente fait partie des valeurs canadiennes... anglaises.

La mafia mohawk ne veut pas qu'une crise à Oka perturbe ses activités

9 août 2010

La question des terres ancestrales mohawks à Kahnawake est de retour dans l'actualité. D'abord une mise au point. La vérité est que la «Première Nation» mohawk n'est autochtone ni du Québec ni du Canada. Lorsque les Européens arrivent en Amérique du Nord, cette tribu de chasseurs-cueilleurs vit dans la région de Mohawk River près d'Albany dans l'État de New York.

Devenus majoritairement protestants, les Mohawks prennent fait et cause pour les Anglais dans les guerres coloniales. Un petit nombre d'entre eux, convertis au catholicisme par des missionnaires français et ostracisés par leur propre tribu, se réfugie dans la région de Montréal avec la permission des autorités de la Nouvelle-France. Terres ancestrales, mon œil!

Les sulpiciens obtiennent à Oka une concession seigneuriale pour sédentariser des convertis indiens en faisant d'eux des cultivateurs. Les indiens se révèlent réfractaires à l'agriculture. Sous le régime anglais, ils revendiquent les terres seigneuriales des sulpiciens. Depuis 150 ans, le litige s'est retrouvé à plusieurs reprises devant les tribunaux et, systématiquement, les cours ont refusé de reconnaître la validité des revendications des Mohawks. L'enseignement de la crise d'Oka est qu'au Canada, on peut obtenir par les armes ce que la justice nous refuse. Ottawa a accepté, à la suite de la crise d'Oka, de racheter aux propriétaires blancs des terrains afin de reconstituer une réserve qui n'a jamais existé !

Maintenant les dessous de la crise. Au moment où est érigée la première barricade mohawk à Oka, en 1990, une véritable guerre civile fait rage dans la réserve d'Akwesasne, assise sur la frontière entre le Québec, l'Ontario et l'État de New York. Elle oppose la mafia à plumes qui contrôle les bingos et les casinos situés du côté américain de la réserve à un grand nombre de Mohawks qui refusent que leur réserve soit un centre de jeux de hasard et d'activités criminelles. Les *Silk Shirts*, les parrains de la mafia mohawk, possèdent une milice, les *Warriors*, souvent d'anciens *Marines* américains. Ottawa envisage d'intervenir dans la réserve pour mettre fin aux affrontements armés qui opposent les deux camps et rétablir la loi et l'ordre. La stratégie des *Silk Shirts* consiste à exacerber le conflit du golf d'Oka afin d'obtenir des gouvernements une tolérance pour leurs activités illicites à Akwesasne.

Comme le conflit d'Oka oppose des Québécois francophones aux Mohawks anglophones, ces derniers bénéficient du soutien des médias et des leaders d'opinion du Canada anglais, qui vient de refuser au Québec les conditions minimales de son adhésion à la Constitution de 1982. L'obstruction du député néodémocrate amérindien Elijah Harper, de l'Assemblée législative du Manitoba, a tué, quelques mois avant Oka, l'accord du lac Meech et en a fait le héros du Canada anglais.

À Oka, les *Warriors* et les *Silk Shirts* remportent une victoire applaudie par le Canada anglais. Par la violence et l'intimidation, les criminels mohawks ont obtenu plus qu'ils ne pouvaient espérer : la souveraineté *de facto* sur les trois territoires mohawks où ils s'adonnent dorénavant à leurs activités criminelles sans être autrement inquiétés par la SQ ou la GRC : trafic de drogue, de cigarettes, d'armes à feu et d'immigrants clandestins, casinos et centres de jeux de hasard sur Internet. Ces activités criminelles ont rapporté depuis 20 ans des centaines de millions de dollars hors taxes aux mafieux à plumes qui dominent la nation mohawk. Les bandits indiens vont y penser à deux fois avant d'autoriser une nouvelle crise qui mettrait en danger leurs activités criminelles. Stephen Harper et Jean Charest peuvent dormir en paix.

Encore une fois la semaine dernière, la police a eu peur d'appliquer la loi à Oka. Utiliser la violence ou la menace de violence pour réaliser des objectifs politiques constitue la définition même du terrorisme. Des Mohawks seront-ils un jour poursuivis en vertu des lois antiterroristes? Jamais. Le Canada anglais a besoin d'eux comme force de réserve contre le Québec.

Outremont, majoritairement hassidique dans 20 ans?

11 août 2010

Le site Internet «Accommodements Outremont» qui, au jour le jour, recense les lâchetés de nos politiciens qui craignent de faire respecter les lois et les règlements par les sectes intégristes juives d'Outremont, révèle qu'il n'y pas moins de 22 lieux de culte intégristes juifs sur moins d'un kilomètre carré à Outremont et au Mile End. Il faut, semble-t-il, aller à Jérusalem pour retrouver une telle concentration de synagogues ultra-orthodoxes. Le site note qu'avec autant de lieux de culte intégristes sur moins d'un kilomètre carré, les juifs outremontais peuvent ambitionner de battre le record Guinness des lieux de culte détenu par la ville de Djedda en Arabie saoudite. On y dénombre 36 mosquées au kilomètre carré. Outremont se placerait donc actuellement en troisième place, derrière Jérusalem. Merci aux juifs ultraorthodoxes d'Outremont de nous mettre sur la *map* du fanatisme religieux. Qui dit que les minorités religieuses, sexuelles, alimentaires et vestimentaires, dont s'amourache l'intelligentsia, n'apportent rien au Québec ?

D'ailleurs, Outremont a de bonnes chances de devenir une ville majoritairement juive ultraorthodoxe. Ce ne serait qu'une question de temps. Une vingtaine d'années. Vous pensez que je délire ?

« Accomodements Outremont » met en ligne une étude intitulée « Évaluation des besoins et projections de la population des communautés hassidiques et ultraorthodoxes du grand Montréal », préparée pour la « Coalition d'organisations hassidiques d'Outremont », qui indique que, compte tenu du taux de natalité extrêmement élevé des juifs intégristes et de l'importante immigration de coreligionnaires en provenance de New York, les juifs ultraorthodoxes vont être, dans 20 ans, 12 750 dans la zone postale « H2V ». Or, le « H2V » correspond à peu près aux limites d'Outremont. La population de l'arrondissement, qui stagne à un peu plus de 20 000 depuis des années, est actuellement en légère régression et rien ne laisse prévoir un renversement de situation. Si la tendance se maintient, les ultraorthodoxes vont constituer la population dominante du secteur en 2030. Les auteurs de l'étude se fondent sur l'évolution démographique de la communauté hassidique entre 1996 et 2010.

Parlant de lieux de culte, leur multiplication n'est pas un phénomène uniquement outremontais. Dans notre société de plus en plus laïque, les sectes minoritaires et les cultes, ésotériques ou pas, se métastasent. Alors que les églises catholiques se transforment en condos, les autres lieux de culte prolifèrent. Et ça coûte cher aux contribuables montréalais. Une récente enquête de David Gentile au télé-journal de Radio-Canada révèle que sur l'Île-de-Montréal, les exemptions de taxes municipales pour les lieux de culte se sont accrues de 41 % pour atteindre 1 169 entre 2004 et 2009.

Les exemptions pour les lieux de culte de protestants de toutes allégeances, de musulmans, sunnites, chiites de tout acabit, de juifs de toutes inclinations, d'hindouistes, de sikhs, d'adventistes de tous les jours, de témoins, oculaires ou pas, de Jéhovah, de scientologues créationnistes, de millénaristes sceptiques, de raëliens dissidents, de satanistes de stricte observance et autres vaudouistes réformés, engendrent un manque à gagner annuel de 69 millions de dollars à Montréal.

Je comprends pourquoi le maire Tremblay laisse faire. Il craint que tout ce beau monde se mette à lui jeter des sorts ou à enfoncer des aiguilles dans des poupées à son effigie.

Le bateau tamoul est-il le premier d'une vaste flotte d'invasion ?

13 août 2010

Un bateau plein de Tamouls a accosté en Colombie-Britannique et les quelque 500 individus à bord demandent le statut de réfugié politique. En attendant que le tribunal de l'immigration décide, cela peut prendre jusqu'à quatre ans et demi et ils vont s'installer au Canada. Le temps pour les couples de faire des enfants canadiens et pour les célibataires de se marier avec des citoyens canadiens. Il y a déjà près de 300 000 Tamouls au Canada. L'industrie de l'immigration avec ses avocats véreux, ses conseillers en immigration crapuleux se mobilise pour le bateau tamoul. Déjà, des avocats sont partis de Toronto pour prêter assistance aux nouveaux arrivants. Et comptez sur l'opposition libérale pour se porter à leur défense.

La destination originale du bateau était l'Australie. Mais ce pays, après avoir été envahi par une centaine de navires contenant des milliers de Tamouls, a interdit son territoire aux demandeurs du statut de réfugié. On les parque maintenant sur une île éloignée pendant qu'on décide de leur sort. C'est la raison pour laquelle les réseaux criminels de passeurs se retournent maintenant vers le Canada. Les clients ne sont pas contents.

Nous avons les lois les plus laxistes de la planète pour les réfugiés politiques et les trafiquants d'êtres humains le savent. Ils demandent des dizaines de milliers de dollars et garantissent littéralement une citoyenneté canadienne. Le Canada a le taux d'acceptation le plus élevé du monde de demandeurs de statut de réfugié. On accueille 85 % des Tamouls qui en font la demande.

En général, les demandeurs tamouls sont des membres de la petite bourgeoisie commerçante qui veulent s'établir dans un pays plus prospère et plus calme pour faire du *business*. Ils font appel à des passeurs parce que, pour une raison ou pour une autre, ils ne satisfont pas aux critères de l'immigration canadienne.

J'ai fait une enquête il y a une dizaine d'années sur un réseau criminel lié à l'organisation terroriste des Tigres Tamouls qui organisait l'entrée au Québec de milliers de personnes en utilisant le poste-frontière de Saint-Bernard-de-Lacolle.

Invraisemblable mais vrai : 1 750 Tamouls se sont présentés en 1999 aux douanes à Lacolle pour demander l'asile politique. Après avoir payé jusqu'à 15 000 dollars au Sri Lanka, ils étaient munis de passeports trafiqués appartenant à des Canadiens tamouls de connivence avec les passeurs. Ils arrivaient à l'aéroport JFK de New York en déclarant qu'ils rentraient au pays. Une fois passée la douane américaine, le réseau criminel récupérait les vrais-faux passeports pour leurs clients suivants et mettait les demandeurs dans un autocar en direction de Lacolle. Là, ils se présentaient à la douane et récitaient la phrase magique : « *I am a political refugee* ». La loi obligeait les douaniers à les laisser entrer.

Après de brèves formalités, un véhicule appartenant aux passeurs les attendait dans le stationnement pour les transporter à Montréal avec accès à l'aide sociale et à l'assurance-maladie. « *Canada is paradise for us* », me disait un petit commençant qui avait tout vendu pour venir au paradis avec sa famille. L'organisation terroriste des Tigres Tamouls extorquait par la suite à ses clients des sommes pouvant aller jusqu'à 50 dollars par mois.

Le Parti libéral du Canada est en grande partie responsable de cette situation : c'est sous sa gouverne qu'ont été adoptées les lois actuelles sur l'immigration. Le laxisme criminel de ce parti a été récompensé au cours des années par le vote massif qu'il obtient des faux réfugiés devenus citoyens canadiens et des immigrants. Ainsi, le PLC est assuré d'être élu dans une cinquantaine de circonscriptions de la région de Toronto où les immigrants constituent une part significative de l'électorat.

Il a fallu attendre que les conservateurs prennent le pouvoir en 2006 pour que le Canada, après les États-Unis, la Grande-Bretagne, la France et l'Allemagne, mette les Tigres Tamouls sur sa liste des organisations terroristes. Les libéraux refusaient de le faire parce que les Tamouls canadiens appuyaient massivement leur parti.

Les Tigres Tamouls ont été vaincus militairement l'année dernière au Sri Lanka. Mais leurs réseaux à l'étranger sont intacts. Ils sont très présents au Canada. Un agent de renseignements me confie qu'il y a des indications voulant que le Canada ait été choisi par l'organisation terroriste comme base de repli, pour reconstituer ses cadres et ses réseaux de collectes de fonds avant de reprendre la lutte au Sri Lanka. Vu la faiblesse de nos lois et la complaisance du Parti libéral, un tel choix comme base d'opérations serait avisé.

Gilles Duceppe et le Bloc, 20 ans déjà : jouent-ils trop bien le jeu du fédéralisme ?

Jusqu'à tout récemment, lors d'élections fédérales, les analystes politiques des médias du Canada anglais et leurs supplétifs canadiens-français entonnaient la même rengaine. Le Bloc québécois est fini. Il n'a plus sa raison d'être. Cette fois, les Québécois vont voter utile, pour un parti fédéraliste. Et chaque fois ils se trompaient lamentablement. Les Québécois ont compris que le Bloc est le seul parti à vraiment représenter leurs intérêts à Ottawa.

Deux événements ont rompu à jamais tout lien que la majorité francophone pouvait avoir avec les partis anglo-canadiens et, en particulier, avec le Parti libéral du Canada. L'échec de l'accord du lac Meech et le rapatriement unilatéral de la Constitution en 1982 : les 74 députés libéraux des 75 élus du Québec se sont vendus au Canada anglais et ont défié la volonté unanime de l'Assemblée nationale du Québec. Les Québécois s'en souviennent.

Je me délecte de l'humiliation des libéraux qui sont condamnés, à chaque élection, à n'avoir au Québec que les votes des Anglais et des communautés ethniques. Leur parti est vomi par la majorité francophone du Québec. Ils sont tellement détestés du Québec français que les candidats-vedettes qu'ils recrutent exigent des comtés non francophones de crainte d'être battus. Et ils ont le culot de prétendre représenter le Québec à Ottawa.

On doit à Gilles Duceppe et au Bloc d'avoir clarifié la situation en démontrant les dysfonctionnements du système fédéral canadien. Sans la participation politique du Québec, le Canada est un pays condamné à des gouvernements minoritaires en chaîne. Aucun parti à Ottawa n'est vraiment national. Comme le Bloc, ils sont tous maintenant des partis régionaux.

Le Bloc est à Ottawa pour représenter tous les Québécois. Gilles Duceppe doit accepter qu'une majorité de son électorat se situe à sa droite. Il dirige un « rassemblement pour l'indépendance nationale ». Pas un NPD-Québec. Difficile sans doute pour un ancien militant d'extrême gauche et un ancien organisateur de la Confédération des syndicats nationaux. Le BQ doit être autre chose que le sénat de la CSN. Il doit diversifier le recrutement de ses députés.

Lorsque le Bloc a été créé au début des années 1990, il s'est donné pour mission de défendre les intérêts du Québec à la Chambre des communes et de créer les conditions nécessaires à l'avènement de l'indépendance du Québec.

« Créer les conditions nécessaires... », ça veut dire pour le BQ d'être un empêcheur de danser en rond. Le Bloc fait chorus avec les autres partis fédéralistes à propos de toutes sortes de questions sur lesquelles il devrait plutôt se taire. Le BQ ne branle pas souvent la cage. Peut-être parce qu'il y a eu peu d'occasions véritables de le faire ces dernières années.

J'ai tiqué lorsque j'ai entendu Stéphane Dion vanter le sens de l'État qui animait Gilles Duceppe comme s'il le proposait à l'Ordre du Canada. On a quelquefois l'impression que le Bloc joue trop bien son rôle de parti responsable, sérieux, sage et respectueux des règles du fédéralisme, qu'il est en train de devenir un bon parti canadien.

Espérons que cette impression sera vite dissipée une fois que le Parti québécois sera au pouvoir à Québec, et que la stratégie actuelle de collaboration pour obtenir des avantages pour le Québec se transforme en stratégie de rupture avec le fédéralisme. C'est alors qu'on verra si Gilles Duceppe et le Bloc sont fidèles à leurs origines et à leur mission.

Big Brother ne surveille pas seulement votre *Blackberry*

18 août 2010

Le *Blackberry* est devenu un outil de travail indispensable pour beaucoup de gens riches et puissants. Et, aussi, pour beaucoup de gens malveillants. C'est pourquoi des pays comme l'Arabie saoudite, les Émirats du Golfe et l'Inde veulent pouvoir surveiller les communications vocales et textuelles qui y transitent, mais qui sont cryptées par le fabricant ontarien *Research In Motion* (RIM).

De son côté, la Commission européenne a décidé de ne pas doter ses 32 000 fonctionnaires de *Blackberry* parce qu'elle estime qu'ils sont vulnérables à la surveillance électronique. Elle suit en cela l'exemple de la France dont les services de sécurité avaient en 2007 avisé le gouvernement et les grandes entreprises que le *Blackberry* présentait des risques sur le plan de l'espionnage industriel et commercial.

Ce qui déplaît à tout ce beau monde, c'est que RIM a développé son propre système de cryptage et fait transiter toutes les données de ses clients dans le monde par son serveur installé au Canada.

Les spécialistes en sécurité informatique sont convaincus que RIM a la capacité de décrypter toutes les communications qui passent par ses *Blackberry*. La compagnie ontarienne a en effet développé son *Blackberry Enterprise Server* avec la collaboration du Centre de la sécurité des télécommunications (CST) canadien et de la *National Security Agency* (NSA) des États-Unis, les organismes d'espionnage électronique des deux pays.

En clair, les Saoudiens, et les autres pays qui en sont privés, demandent à RIM de leur donner la clef d'encryptage du système, alors que les Européens ne veulent pas être soumis à l'espionnage électronique du Canada et des États-Unis. Il y a quelques années, le Parlement européen avait publié un rapport qui révélait que les pays européens étaient l'objet d'écoutes électroniques du système d'interception mondial portant le nom de code Échelon. Dirigé par les États-Unis, il regroupe les pays anglo-saxons de la planète dont, bien sûr, le Canada.

D'ailleurs, méfiez-vous de votre téléphone cellulaire qui est beaucoup plus avancé que vous le pensez. Les cellulaires sont devenus d'extraordinaires «mouchards électroniques». Discrètement, le ministère de la Sécurité publique impose depuis 1996 des normes aux télécoms canadiennes pour faciliter l'accès aux communications numériques privées même avant d'avoir obtenu un mandat judiciaire d'écoute. Ces mesures ont été renforcées après le 11 septembre 2001. Par simples directives ministérielles, les télécoms, sous peine de perdre leur licence, ont été forcées de modifier leurs réseaux et de les relier à ceux de la police.

Ces normes ont été conçues à l'instigation du FBI dans des rencontres secrètes régulières entre les forces de police et de sécurité d'une vingtaine de pays connus sous l'acronyme ILETS : *International Law Enforcement Telecommunications Seminar*. En 1998, le Service canadien du renseignement de sécurité a été l'hôte de la conférence qui s'est réunie à son nouveau siège de la banlieue d'Ottawa.

Des sources familières avec ces questions m'affirment que les cellulaires de dernière génération peuvent être soumis à l'écoute électronique ou être géolocalisés, même s'ils ne paraissent pas allumés. Sur demande d'un service policier mandaté par la cour, les compagnies de télécommunications doivent divulguer à la police où se trouve leur client muni d'un téléphone mobile. Même si elles offrent un service de communications sécuritaire à leur client, elles doivent fournir à la police les conversations en clair. Elles transmettent aussi à la police tous les courriels, les télécopies, les SMS et aussi le contenu numérique des communications vocales, comme les numéros des comptes bancaires, des cartes d'appel ou des cartes de crédit.

Les télécoms en profitent en exigeant des coûts exorbitants aux forces policières. Les plus importants services de police du pays estiment que l'accroissement des coûts des interceptions facturées par les télécoms nuit aux enquêtes.

Si les interceptions de communications effectuées par les forces policières sont soumises aux règles du droit, ce n'est pas le cas de celles effectuées par le CST au nom de la sécurité nationale. Il n'est pas soumis aux lois et ses capacités d'écoute ont été augmentées depuis l'attentat du *World Trade Center*.

La guerre en Irak : Obama se révèle aussi menteur que Bush

20 août 2010

Tous les journaux télévisés de la planète ou presque ont diffusé ces derniers jours les images de la « dernière brigade de combat » de l'armée américaine en Irak qui franchissait la frontière du Koweït, mettant ainsi fin à sept années d'occupation. « Promesse tenue ! » disait l'administration Obama. C'était une grossière opération de propagande et un épouvantable mensonge. Non, les États-Unis n'ont pas mis fin à leur intervention militaire en Irak. Obama est aussi menteur que George Bush lorsqu'il a déclaré le 1er mai 2003 : « Mission accomplie » sur le porte-avions Abraham Lincoln.

La guerre d'Irak n'est pas plus finie en 2010 qu'elle ne l'était il y a sept ans. Mais des élections mi-termes sont prévues dans sept semaines et la Maison Blanche doit prétendre que le président, dont la popularité est en chute dans les sondages, tient au moins une de ses promesses électorales.

S'il ne s'agissait que de maintenir en Irak une mission d'entraînement pour compléter l'instruction de l'armée irakienne, les États-Unis n'auraient pas besoin de maintenir sur le territoire irakien 56 000 soldats et quelque 30 000 mercenaires, mais simplement 1 500 à 2 000 formateurs.

L'armée irakienne de 200 000 hommes organisée en 185 bataillons à qui les Américains prétendent avoir remis la responsabilité militaire du pays, n'existe pas. Elle n'a pas d'avions, pas d'hélicoptères de combat, pas de blindés, pas d'artillerie et dépend entièrement de l'armée américaine pour sa logistique et son approvisionnement. Des officiers américains sont intégrés dans les unités jusqu'au niveau du bataillon. C'est une armée indigène commandée par des officiers américains comme les Français et les Anglais en ont créé à l'époque coloniale, une force de gendarmerie et de maintien de l'ordre capable d'opérations de pacification intérieure limitée, mais totalement incapable de défendre le territoire irakien contre toute menace extérieure.

Les Américains limitent leurs capacités opérationnelles autonomes de crainte que cette armée, pour l'essentiel recrutée chez la majorité chiite, soit utilisée contre les sunnites ou les Kurdes.

Sous tous les prétextes et par tous les subterfuges, le Pentagone va vouloir rester en Irak le plus longtemps possible parce qu'il sait que son départ va être suivi à brève échéance par l'arrivée sur place de conseillers militaires iraniens. Quoi que fasse, quoi que dise Washington, le gouvernement chiite majoritaire de Bagdad va inévitablement finir par s'aligner militairement et diplomatiquement sur l'Iran chiite. La seule façon pour les États-Unis de retarder cette échéance inéluctable est de maintenir une armée d'occupation en Irak quel que soit le nom qu'ils lui donnent : force de stabilisation, force d'instruction, force de transition. La ruse est vieille comme le monde. Quand on ne peut changer la réalité, on lui donne un nouveau nom.

La guerre se poursuit en Irak, le nombre de victimes et le nombre d'incidents sont en augmentation. Tous les ennemis des États-Unis y sont toujours actifs : al-Qaida en Irak, les sunnites fidèles à Saddam Hussein, les divers groupes chiites proches des Iraniens et les nationalistes irakiens qui ne pardonnent pas aux États-Unis d'avoir détruit leur pays et d'y avoir tué plus d'un demi-million de civils. Au moins, l'administration Obama a eu la décence de ne pas crier victoire.

Les Tamouls, des réfugiés douteux, mais des vrais profiteurs

23 août 2010

Le *Journal de Montréal* et le *Toronto Sun* révèlent le contenu d'un rapport fédéral qui indique que 70 % des Tamouls qui sont acceptés au Canada comme réfugiés politiques retournent tranquillement dans leur pays, en vacances, pour brasser des affaires ou pour aider des membres de leur famille à venir s'établir au Canada. Ce sont ces mêmes individus qui ont affirmé sous serment qu'ils étaient en danger de mort s'ils restaient dans leur pays.

Cela démontre ce que tous ceux qui se sont penchés sur la question des réfugiés politiques, Tamouls ou autres, savent déjà. L'immense majorité des personnes qui demandent l'asile politique au Canada trichent, mentent. Elles inventent des histoires avec l'aide de leurs conseillers canadiens pour convaincre des commissaires à l'immigration de les accepter. Elles font cela parce qu'elles ne veulent pas attendre des années comme les immigrants normaux avant de s'établir ici. Elles font cela également parce qu'elles ne correspondent pas aux critères d'admission de l'immigration, soit parce qu'elles ont des maladies comme la tuberculose, soit parce qu'elles ont des dossiers criminels ou pour diverses autres raisons.

C'est vrai pour les Tamouls, mais aussi pour l'ensemble des demandeurs d'asile. Des études estiment qu'entre 80 et 90 % d'entre eux sont en réalité des réfugiés économiques. Ils ne viennent pas au Canada parce qu'ils sont menacés de mort dans leur pays, mais parce qu'ils veulent participer à la prospérité économique du Canada. La plupart préféreraient aller aux États-Unis, mais les États-Unis ont des règles extrêmement sévères pour le traitement des demandeurs d'asile. Ils les détiennent dans des camps tant que leur demande n'a pas été traitée. Au Canada, ils sont rapidement remis en liberté en attendant que la Commission de l'immigration statue sur la question et si leur demande est rejetée, ils disparaissent tout simplement. La vérificatrice générale du Canada, Sheila Frazer, a noté, dans son rapport de 2008, qu'il y avait plus de 41 000 soi-disant réfugiés politiques qui s'étaient évanouis dans la nature après qu'on eut refusé leur demande.

Un sondage récent indique que la majorité des Canadiens n'est pas dupe de l'opération actuelle en faveur des demandeurs tamouls. Seuls les Canadiens d'allégeance libérale leur sont favorables. La raison est évidente : l'immense majorité des Tamouls, comme la plupart des immigrés, vote libéral une fois obtenue la citoyenneté canadienne.

La Commission de l'immigration et du statut de réfugié du Canada est un nid de favoritisme politique. Elle a longtemps été une succursale du Parti libéral du Canada où étaient tablettés des amis, des conjoints, des ex-candidats défaits et des organisateurs libéraux sans emploi. La plupart des commissaires nommés par les libéraux n'avaient pas les compétences requises pour siéger à la commission. Nommés pour des périodes de un à sept ans renouvelables, ils sont inamovibles et reçoivent plus de 100 000 $ par année. *The Gazette* a publié en 2001 un article qui montrait qu'au moins 32 des 58 commissaires étaient liés au Parti libéral du Canada.

J'ai personnellement enquêté sur le cas d'Yves Bourbonnais. Nommé en 1998 et reconduit en 2000, organisateur libéral important en Montérégie, il a été désigné commissaire par la ministre Lucienne Robillard, même s'il avait des antécédents judiciaires. Alors qu'il était commissaire, Bourbonnais a été trouvé coupable d'abus de confiance et de pouvoir pour avoir soutiré des sommes d'argent à des demandeurs du statut de réfugié en échange de décisions favorables. Des agents de la GRC ont témoigné que certains de ces individus étaient sous le coup d'une expulsion pour avoir commis des actes criminels ou étaient considérés comme des menaces pour la sécurité nationale du Canada. Une quinzaine de ces faux réfugiés ont versé à Bourbonnais jusqu'à 15 000 $ pour ne pas être expulsés du Canada. Condamné à six ans de prison, il a été rapidement remis en liberté par la Commission nationale des libérations conditionnelles où les nominations partisanes libérales sont également nombreuses. Les faux réfugiés, complices de l'acte criminel de Bourbonnais, sont restés au Canada «par compassion»!

Certains de ces Tamouls ont versé jusqu'à 60 000 $ aux passeurs criminels pour leur place à bord du bateau qui les a transportés au Canada. Je me demande maintenant combien ils vont devoir verser à des commissaires à l'immigration corrompus pour réussir leur intégration à la grande famille libérale... oups! pardon, canadienne!

La politisation de la justice, c'est encore pire à Ottawa

25 août 2010

Marc Bellemare a commencé hier à déballer son sac devant la commission Bastarache, détaillant les magouilles entourant la nomination de trois juges proches du Parti libéral et impliquant directement Jean Charest. Dire que ce dernier pensait que ce faux-semblant de commission lui éviterait le scandale qu'aurait provoqué une commission sur l'industrie de la construction et le financement du PLQ. J'y reviendrai en temps et lieu.

Si une commission sur la nomination des juges n'était pas vraiment nécessaire à Québec, elle l'est à Ottawa où le choix des juges se fait essentiellement sur une base partisane. Et comme le Parti libéral est plus souvent et plus longtemps au pouvoir, on se retrouve avec une magistrature d'un rouge éblouissant. Un très bon avocat sans affiliation politique qui a gagné des causes importantes peut être nommé juge au Canada, mais la priorité va à ses confrères libéraux.

La plupart des avocats sont au Parti libéral parce que c'est la voie royale pour devenir juge et aussi parce que c'est très payant. Il n'est guère surprenant que des membres d'une profession aussi opportuniste et dépourvue de conviction comprennent qu'il est dans leur intérêt de s'associer intimement au parti qui domine sur la scène fédérale.

Le droit au Canada est massivement politisé et massivement faussé en faveur du Parti libéral. Je suis convaincu que si l'on analysait les décisions judiciaires des 50 dernières années, on découvrirait qu'elles suivent en général la ligne du programme politique du PLC, que ce soit dans les questions constitutionnelles, sociales ou familiales.

Le favoritisme juridique érigé en système à Ottawa va plus loin que la nomination des juges. L'État canadien donne chaque année à des avocats des dizaines de milliers de lucratifs mandats, dont l'attribution est discrétionnaire. Les amis du parti au pouvoir — et du premier ministre — ont la priorité absolue.

J'ai découvert le fonctionnement du système lorsque j'étais correspondant parlementaire à Ottawa dans les années 1980 et que les conservateurs étaient «aux affaires». Lorsqu'un parti arrive au pouvoir, des listes de cabinets juridiques et d'avocats amis sont envoyées dans toutes les sociétés de la Couronne, dans tous les organismes relevant du gouvernement du Canada : Énergie atomique du Canada, Société des ports nationaux, Radio-Canada, Agence spatiale, etc. Sur ces listes sont indiqués les dix cabinets d'avocats dont les services doivent prioritairement être retenus sur le plan national. Des listes semblables sont envoyées à tous les sièges régionaux de ces organismes fédéraux. Ainsi, pour Radio-Canada, le siège à Ottawa recevait une liste des cabinets nationaux avec lesquels la SRC devait faire affaire à Ottawa et des listes régionales d'avocats dont les services devaient être retenus dans les différentes villes où la SRC est présente : Montréal, Québec, Toronto, Vancouver, etc. Quand les libéraux reprennent le pouvoir qu'ils ont, temporairement et brièvement, cédé aux conservateurs, ils agissent de la même façon.

Ce qui est vrai pour les avocats l'est aussi pour les comptables, les relationnistes et d'autres professions.

Les grandes firmes de comptabilité obtiennent des contrats valant des centaines de millions de dollars du gouvernement du Canada pour une multitude de services dont, en premier lieu, la vérification de livres. Les firmes associées au parti au pouvoir sont favorisées. Pour les comptables comme pour les avocats, il n'y a pas d'appels d'offres.

Si l'on décidait vraiment au Canada de nettoyer les écuries d'Augias fédérales, il faudrait multiplier les commissions d'enquête fédérales avec scandales à l'avenant. On mettrait à jour les liens tissés serré entre l'élite « légalo-financière canadienne » et le Parti libéral.

La réalité est qu'un *spoiler system* existe au Canada comme aux États-Unis. Ça favorise surtout le « parti gouvernemental institutionnel » mieux connu sous le nom de Parti libéral du Canada. Ici, ça se fait hypocritement, en dessous de la table. Normal : l'hypocrisie dans ce pays fait partie de la culture nationale anglo-saxonne de bonne conscience.

La commission Bastarache-Bellemare : circulez, il n'y a plus rien à voir

30 août 2010

Bellemare a fait ses révélations devant la commission Bastarache et, comme il l'a dit lui-même, ça ne méritait pas une commission d'enquête sur le processus de nomination des juges. Dans trois cas seulement lorsqu'il était ministre y a-t-il eu des pressions pour faire nommer des gens compétents, certes, mais dont l'avantage déterminant était d'avoir des amis et des parents influents membres du Parti libéral du Québec. Ce n'est pas un crime contre l'humanité. Ce n'est même pas un acte criminel. C'est contraire à l'éthique. Un point, c'est tout.

Il reste maintenant à entendre les libéraux qui vont systématiquement nier, contredire et minimiser les affirmations de Bellemare et miner sa crédibilité en trouvant des erreurs et des contradictions dans sa chronologie et ses souvenirs.

Bellemare admet ne pas avoir de preuves de ce qu'il avance. Cela va donc être sa parole et celle de proches collaborateurs contre la parole du premier ministre et de ses amis. À moins que de nouvelles révélations sensationnelles soient faites par les autres témoins, ça va finir en queue de poisson. Mais le mal est fait pour Charest et le PLQ. Je ne vois pas comment ils pourraient rétablir leur crédibilité auprès de l'opinion publique. Bellemare a réglé ses comptes avec Jean Charest.

Rappelons qui est le personnage. L'ancien ministre de la Justice est un homme déçu et malheureux. Au début des années 2000, il décide de faire de la politique parce qu'il veut changer des choses, particulièrement la loi québécoise sur la non-responsabilité des chauffards contre laquelle il fait croisade depuis des années. Il veut que les fous du volant solvables soient obligés d'indemniser leurs victimes. La loi de Lise Payette de 1978 fait en sorte que, même s'ils sont reconnus coupables de négligence criminelle, les chauffards ne peuvent être l'objet d'aucune poursuite en dommages et intérêts. Il approche d'abord le PQ qu'il tente sans succès de convaincre de la nécessité de modifier la loi Payette. Il va à l'ADQ. Mario Dumont n'est pas plus intéressé de l'avoir comme candidat. Il cogne ensuite à la porte du Parti libéral où Charest, qui cherche désespérément des candidats-vedettes, l'accueille à bras ouverts en lui promettant qu'il pourra abolir le *no fault*, son grand projet. C'est, bien sûr, un mensonge. Une fois élus, les libéraux lui disent d'oublier cela. Déçu après un an, il démissionne de son poste de ministre de la Justice avec la conviction de s'être fait avoir. Il pose ensuite deux fois sa candidature à la mairie de Québec avec des résultats humiliants. Depuis il rongeait son frein. Quand l'affaire du financement du PLQ par l'industrie de la construction éclate, il se rappelle de Franco Fava et se dit que c'est l'occasion de se venger de Charest et de son ancien parti.

Mission accomplie. Circulez, il n'y a plus rien à voir.

La commission Bastarache-Bellemare est un gaspillage de temps et d'argent. Comme tout le monde le sait au Québec, ce qui est plus nécessaire que jamais, c'est une commission d'enquête sur les liens entre le PLQ, les grandes compagnies de l'industrie de la construction, la mafia et la Fédération des travailleurs du Québec. Voilà où sont les vrais scandales : des magouilles de centaines de millions de dollars qui pourraient amener hommes d'affaires, politiciens, syndicalistes et mafiosi en prison.

Ce n'est qu'une question de temps avant que la vérité soit connue puisque le Parti québécois s'est engagé à créer une commission d'enquête sur l'industrie de la construction et le financement des partis politiques s'il est élu.

Au Rwanda, les Hutu ont été victimes d'un génocide orchestré par le Tutsi Kagamé

1ᵉʳ septembre 2010

Paul Kagamé, le dictateur sanguinaire du Rwanda, n'est pas content. Il menace de retirer ses troupes des opérations de maintien de la paix de l'ONU si elle publie un rapport accusant l'armée rwandaise d'avoir commis un « génocide » au Congo dans les années 1990. Le journal *Le Monde* a publié une ébauche du rapport, fin août 2010. Le document qualifie de crimes de guerre ou de crimes contre l'humanité plus de 600 tueries survenues dans l'est du Congo entre 1993 et 2003. Ces massacres ont coûté la vie à des dizaines de milliers de Hutu. Le président du Rwanda, Paul Kagamé, son armée et ses auxiliaires congolais sont identifiés comme directement responsables de ces exactions. Le rapport réclame qu'un tribunal soit constitué pour déterminer s'il s'agit d'un génocide.

Après avoir fait tuer ou emprisonner ses opposants, Kagamé vient d'être réélu président du Rwanda avec un score stalinien de 95 % des suffrages. Les ineffables Bill Clinton et Tony Blair agissent comme ses conseillers personnels. Soulignons que le dictateur a l'appui inconditionnel des États-Unis, de la Grande-Bretagne et du Canada. Il demande l'admission de son régime au Commonwealth après s'être retiré de la Francophonie.

Les crimes de Kagamé ont longtemps été occultés par les grands médias internationaux, qui préféraient voir en lui le héros qui a mis fin au génocide rwandais anti-Tutsi de 1994. La réalité est que dans les années suivantes, il a lui-même dirigé un génocide anti-Hutu.

Carla Del Ponte, la procureure du Tribunal pénal international pour le Rwanda, avait voulu enquêter au début des années 2000 sur les crimes commis par le régime Kagamé. Déjà, elle réclamait que le président Kagamé et ses chefs militaires soient poursuivis pour des massacres impliquant des milliers de victimes. Elle a été remplacée parce qu'elle refusait de céder aux pressions américaines en faveur du régime rwandais.

Son prédécesseur, la Canadienne Louise Arbour, s'était faite la complice des Américains pour couvrir les crimes de Kagamé. Michael Hourigan, qui fut enquêteur principal du Tribunal pénal international pour le Rwanda, l'accuse d'avoir mis fin à son enquête en 1997 sur la destruction en vol de l'avion transportant le président Juvénal Habyarimana alors qu'il allait se poser à l'aéroport de Kigali. Ce crime, longtemps attribué aux Hutu, a déclenché le génocide de 1994.

Après avoir encouragé Hourigan et son équipe, Louise Arbour lui a ordonné d'arrêter ses investigations qui pointaient en direction de Kagamé. Hourigan remontait une piste qui indiquait que c'était un groupe spécial au sein du Front patriotique rwandais dépendant de Kagamé lui-même qui avait abattu l'avion. Le *cover-up* de Louise Arbour n'a fait que retarder l'éclatement de la vérité.

En 2007, le juge antiterroriste français Jean-Louis Bruguière a formellement inculpé Kagamé dans l'assassinat du président Habyarimana et a recommandé au secrétaire général de l'ONU, Kofi Annan, que Kagamé soit poursuivi par le TPIR. L'année suivante, le juge espagnol Fernando Andreu Merelles a, de son côté, inculpé Kagamé de génocide, de crimes de guerre et de crime contre l'humanité, y compris le massacre de 300 000 civils.

L'acte d'accusation espagnol met personnellement en cause Kagamé dans les meurtres des missionnaires québécois Claude Simard et Guy Pinard survenus au Rwanda en 1994 et 1997. Le Canada n'a jamais levé le petit doigt pour tenter de découvrir la vérité sur l'assassinat de ses deux ressortissants au Rwanda ou pour donner suite à l'acte d'accusation espagnol.

Il faut maintenant que l'ONU publie dans son intégralité le rapport accablant de son Haut-Commissariat aux droits de l'homme et demande au TPIR d'agir contre Kagamé.

Le principal relais de propagande du régime de Kigali au sein de l'intelligentsia québécoise est l'anthropologue Pierre Trudel de l'Université de Montréal. J'ai hâte de voir s'il va commettre un long texte dans la page « Idées » du *Devoir* pour défendre le dictateur Kagamé et son régime contre les accusations de l'ONU.

Le rapport de l'ONU confirme aujourd'hui ce que disait mon ami Robin Philpot dans ses livres *Ça ne s'est pas passé comme ça à Kigali* et *Rwanda. Crimes, mensonges et étouffement de la vérité*. *La Presse* et Radio-Canada, servant de caisse de résonance à Pierre Trudel, avaient mené une campagne contre lui, l'accusant injustement de nier le génocide rwandais.

Ronald Reagan, le père du terrorisme islamique

3 septembre 2010

Depuis le 11 septembre 2001, les Américains ont déclaré la guerre au terrorisme islamique. Pourtant, dans les années 1980, c'est eux qui l'ont mis au monde.

En mars 1984, une voiture piégée explose à 50 mètres de la maison du cheik Mohammad Hussein Fadlallah, le chef spirituel des chiites libanais, dans le quartier de Bir El-Abed du sud de Beyrouth. Le cheik s'en tire, mais 80 personnes du voisinage sont tuées et 200 autres, blessées. La formation politico-militaire du cheik, le Hezbollah, sait très bien d'où vient le coup. Elle étend rapidement sur les décombres une immense banderole : *Made in USA*.

Dans son livre *Veil*, le journaliste d'enquête Bob Woodward explique comment cet attentat fut autorisé par le directeur de la CIA, William Casey, pour se venger de l'attaque du Hezbollah contre les *Marines* américains à Beyrouth en 1982 qui fit plus de 200 morts et força les Américains à se retirer du Liban.

William Casey, un intime du président Ronald Reagan, considérait que le terrorisme urbain était une méthode efficace pour faire avancer les intérêts américains dans le monde, particulièrement contre les Soviétiques et leurs alliés en Afghanistan.

Steve Coll, dans *Ghost War*, rapporte qu'un an après le massacre de Bir El-Abed, le président Ronald Reagan approuva la directive secrète NSDD-166, qui autorisait la CIA à fournir aux militants islamistes en Afghanistan du matériel américain pour fabriquer des bombes artisanales et à intensifier l'entraînement des combattants islamistes dans l'utilisation des explosifs et les techniques de sabotage. L'objectif n'était pas seulement de cibler les forces d'occupation soviétiques, mais aussi les intellectuels et les élites afghans laïques qui appuyaient la modernisation imposée par l'Armée rouge.

Ce sont des membres des forces spéciales américaines qui entraînèrent aux États-Unis des officiers des services de renseignements pakistanais, l'*Inter-Services Intelligence* (ISI), dans les techniques de sabotage, dont l'utilisation des voitures piégées. Ces diplômés de la CIA allaient ensuite initier aux attentats à l'explosif des milliers de moudjahidins afghans et d'islamistes étrangers, dont ceux qui créeront par la suite al-Qaida, dans des camps de l'ISI au Pakistan.

À travers l'ISI, les islamistes fanatiques étaient les récipiendaires d'immenses quantités de «plastique», de milliers de mines de fabrication italienne TC-6 et de détonateurs avancés fournis par les Américains. Le programme terroriste Reagan-Casey se révéla un franc succès. Kaboul connut une série d'attentats meurtriers à la voiture piégée. Les terroristes, entraînés et financés par la CIA et l'Arabie saoudite, s'en prirent à l'Université de Kaboul, mais aussi à des cinémas et à des événements culturels jugés sacrilèges. Les moudjahidins, tout en luttant contre les communistes et les Soviétiques, procédèrent aussi à l'extermination des autres opposants laïques ou royalistes à l'occupation soviétique. Après le départ des Russes, le soutien financier et militaire de l'ISI permettra aux talibans de prendre le pouvoir en Afghanistan.

Bill Casey et Ronald Reagan ont autorisé le plus important transfert de technologie terroriste de l'histoire. L'Islam radical, et en particulier al-Qaida, doit son infrastructure terroriste à la directive NSDD-166 de Reagan. Parmi les diplômés connus des camps de terrorisme urbain opéré par l'ISI au nom de la CIA figure Ramzi Yousef, qui planifia le premier attentat en 1993 contre le *World Trade Center* et son oncle Khalid Sheikh Mohammed, qui conçut celui de septembre 2001.

Selon le service du Pentagone chargé de combattre les attentats aux engins explosifs improvisés en Afghanistan, le *Joint Improvised Explosive Device Defeat Organization* (JIEDDO), la plupart de ces engins sont construits autour de la mine antichar italienne TC-6 fournie par la CIA aux djihadistes dans les années 1980. Ces mines, d'une charge explosive de 7 kg, sont assemblées en série de deux ou trois par les talibans pour leur assurer une efficacité maximum contre les véhicules de l'OTAN.

Les Forces canadiennes sont parmi celles qui ont le plus à souffrir de ces attaques. Quatre-vingt-quinze des cent cinquante-deux militaires canadiens tués en Afghanistan l'ont été par des explosifs improvisés placés le long des routes utilisées par des convois canadiens.

Le Canada est devenu un allié militaire d'Israël. Merci, Stephen Harper!

6 septembre 2010

Le ministre d'État des Affaires étrangères du Canada, Peter Kent, est en Israël jusqu'au 8 septembre pour des discussions au sujet de l'Amérique latine. Qu'est-ce qu'on a à discuter avec Israël de cette question, vous demandez-vous? C'est qu'Ottawa est devenu un partenaire diplomatique d'Israël dans cette région du monde. Vous ne savez sans doute pas que le Canada représente les intérêts israéliens au Venezuela et à Cuba, des pays qui n'entretiennent pas de relations diplomatiques avec l'État juif*.

Pendant des décennies, tout en se considérant comme un ami d'Israël, le Canada, dans les forums internationaux, votait selon certains principes et dans un souci d'équilibre et de justice dans le conflit israélo-arabe. Depuis l'arrivée au pouvoir de Stephen Harper, le Canada a abandonné sa réserve pour devenir un allié aussi inconditionnel d'Israël que les États-Unis, qui le défendent comme s'il était le 51e État de l'Union.

Quelques mois après leur prise du pouvoir, des conservateurs se sont portés à la défense d'Israël lors de son incursion au Liban à l'été 2006. Le premier ministre Harper est même allé jusqu'à affirmer que l'attaque israélienne constituait une «riposte mesurée», alors que le reste de la planète dénonçait comme crimes de guerre la mort de plus de mille civils et la destruction des infrastructures libanaises. L'intervention de Harper lui a cependant valu l'éloge du *B'nai Brith* et, en guise de remerciement pour services rendus, la Conférence des présidents de grandes organisations juives américaines lui a décerné la toute première édition de son prix de leadership international.

Quand, l'année dernière, l'assemblée générale de l'ONU a accepté par 114 voix contre 18 le rapport du juge Richard Goldstone condamnant sévèrement Israël pour avoir commis des «actes assimilables à des crimes de guerre et peut-être, dans certaines circonstances, à des crimes contre l'humanité», le Canada a voté pour Israël avec les États-Unis et une série de pseudo-États téléguidés par Washington, comme les îles Marshall, la Micronésie, la Nauru, Palau, le Panamá et la Macédoine. La France et la Grande-Bretagne, qui ne sont pourtant pas hostiles à Israël, se sont abstenues.

En février dernier, sans que cela fasse les manchettes, un membre important du gouvernement Harper, le ministre d'État des Affaires étrangères Peter Kent, est allé encore plus loin dans le soutien inconditionnel à Israël en évoquant dans la publication *Shalom Life* un éventuel soutien militaire canadien à Israël : « Le premier ministre Harper dit cela très clairement depuis un certain temps, il déclare régulièrement qu'une attaque contre Israël serait considérée comme une attaque contre le Canada ».

Dans une entrevue au *Globe and Mail*, Kent en a rajouté, soulignant que même si le Canada n'avait pas de traité formel avec Israël comme le pacte de l'OTAN, il fallait prendre cette déclaration au sérieux, affirmant que nous sommes un allié de l'État juif.

Disons que ce n'est pas par pur hasard que Peter Kent est l'homme de pointe d'Israël au sein du gouvernement. Il représente Thornhill en banlieue de Toronto, une circonscription à 50 % juive qu'il a prise aux libéraux. L'un des objectifs stratégiques de Harper pour maintenir les conservateurs au pouvoir est de ravir au PLC le soutien de l'influente communauté juive canadienne.

Seul l'intérêt politique des conservateurs explique cet engagement envers un État qui est considéré par l'immense majorité des membres de l'ONU comme un pays qui bafoue le droit international et qui commet des crimes de guerre et des crimes contre l'humanité. Faire de ce pays impliqué dans des guerres sans fin un allié militaire relève de la folie.

Le soutien inconditionnel que nous apportons à Israël va nous placer plus haut sur la liste des cibles prioritaires du terrorisme islamique en général et d'al-Qaida en particulier et nuire à nos relations commerciales avec le monde arabo-musulman. Merci, Stephen Harper!

*Mise à jour : le 15 octobre, *La Presse* présente en première page l'information « exclusive » selon laquelle le Canada assure la représentation diplomatique d'Israël au Venezuela. Le quotidien ignore que le Canada représente aussi Israël à Cuba.

Du voile islamique aux lois linguistiques : les reniements de Christine Saint-Pierre

8 septembre 2010

Quand j'ai entendu la rumeur que Christine Saint-Pierre, mon ancienne collègue de Radio-Canada, allait se lancer en politique en 2007, je me suis dit que le PQ avait recruté une excellente candidate. Quelle ne fut pas ma surprise d'apprendre qu'elle se présentait pour le Parti libéral. Était-elle à ce point écœurée des patrons de Radio-Canada ? Comment cette femme « bien » avait-elle pu rejoindre cette bande de magouilleurs opportunistes au service des Anglais et de leurs auxiliaires ethniques? La réponse était simple. Les libéraux lui avaient garanti un comté sûr et un portefeuille de ministre. Ils l'ont parachutée dans l'Acadie, une circonscription où plus de la moitié des électeurs sont « ethniques ». Aucun danger d'être battue comme elle l'aurait sans doute été si elle avait eu le courage de se présenter dans un comté francophone.

Devenue ministre de la Condition féminine, cette féministe s'est portée à la défense du voile islamique, symbole de la soumission de la femme à l'homme, dans la fonction publique. Son opportunisme électoral avait eu raison de ses convictions profondes.

Une proportion significative de ses électeurs de l'Acadie est musulmane et dans cette communauté, les hommes disent à leurs femmes comment voter. Elle n'était pas pour trahir les fidèles électeurs musulmans du Parti libéral. C'est la même Christine Saint-Pierre qui demandait, dans une lettre émouvante à *La Presse*, à l'armée canadienne de rester en Afghanistan pour le bien des femmes afghanes. Je cite son appel passionné aux soldats canadiens en Afghanistan : « Des voix s'élèvent pour réclamer votre retour au pays. Moi je dis de grâce non. [...] Au péril de votre vie, vous êtes là pour empêcher que le régime de terreur des Talibans ne reprenne le contrôle. Nous ne devons pas oublier [...] les viols, les petites filles bannies de l'école, les femmes condamnées à porter l'horrible burqa. »

Il est plus facile de prendre des positions théâtrales en faveur des femmes afghanes que de défendre la dignité et l'égalité des femmes musulmanes au Québec. L'auteure d'origine algérienne Djemila Benhabib (*Ma vie à contre-Coran*, VLB éditeur), n'a pas été tendre envers elle : « Lorsque la ministre de la Condition féminine, Christine Saint-Pierre, se cache derrière des mots creux pour défendre le port du voile islamique dans la fonction publique, c'est une gifle qu'elle donne à toutes les femmes du Québec. »

Après avoir abandonné les musulmanes du Québec, Christine Saint-Pierre, portant cette fois son chapeau de ministre responsable de la Charte de la langue française, va maintenant abandonner la défense du français. À compter de ce matin en commission parlementaire, elle va faire la promotion de son projet de loi 103 qui va permettre aux riches « d'acheter » pour leurs enfants le droit constitutionnel d'aller à l'école anglaise. Ce débat inutile nous est imposé par la Cour suprême qui a invalidé la loi 104, adoptée en 2002 par le PQ, qui mettait fin au phénomène des écoles-passerelles vers le réseau public anglais.

Ce qu'il faut faire, c'est simplement appliquer la loi 101 aux écoles privées non subventionnées. C'est pour cela que la fameuse clause dérogatoire existe dans la Constitution. Quand Robert Bourassa s'en est prévalu, il a provoqué la colère des Anglais et la démission de ministres du West Island de son cabinet. Christine et les libéraux s'en souviennent.

Saint-Pierre s'y refuse parce que, selon elle, ça va entacher l'image du Québec à l'étranger. C'est de la foutaise. Entre vous et moi, l'étranger se fout comme de l'an quarante des règlements linguistiques québécois, sauf, peut-être, lorsque l'émoi est suscité et attisé par la minorité anglophone du Québec. Vous, les lois linguistiques du Mexique, de la Géorgie, d'Ukraine ou du Monténégro, ça vous passionne ?

La réalité est que Saint-Pierre, dans ce cas comme dans celui du voile islamique, défend les intérêts de l'électorat anglo-ethnique du Parti libéral du Québec. Elle a honte de le dire et préfère débiter la sornette de l'image internationale du Québec.

À bien y penser, Christine Saint-Pierre est à sa place dans le PLQ. Elle incarne parfaitement ce qu'est le Parti libéral du Québec.

Le 11 septembre et la fureur antimusulmane des Américains

IIIIIIIIIIIIIIIIIIIIIIII

10 septembre 2010

Un pasteur évangéliste menace de brûler le Coran en Floride pendant qu'à New York une majorité de la population ne veut pas voir de centre islamique dans le quarter de *Ground Zero*. Neuf ans après l'attentat du *World Trade Center*, une fureur antimusulmane se répand en Amérique.

Divers sondages l'indiquent : la haine est dirigée contre l'Islam en général. Les Américains rêvent d'en découdre avec l'ensemble du monde musulman, collectivement coupable à leurs yeux de l'attentat du 11 septembre 2001. Pas les élites politiques, religieuses et intellectuelles, mais le monde ordinaire. Les Américains moyens, chauvins et bornés, veulent faire la guerre à l'Islam. Et s'ils continuent comme cela, ils vont y réussir, malgré les appels à l'apaisement de la Maison Blanche, du Pentagone, du Département d'État et de la petite faction encore lucide du Parti républicain.

La fureur anti-islamique actuelle est fièrement portée par des centaines de millions d'Américains contaminés par les exhortations démagogiques de charlatans radiotélévisés, comme Glenn Beck et Rush Limbaugh.

Et lorsqu'on leur rappelle qu'ils ont été les artisans de leurs propres malheurs en intervenant depuis 60 ans au Moyen-Orient, en s'alliant à Israël et en y soutenant des dictatures et des rois despotiques, ils se mettent en colère. Ils considèrent que c'est leur droit de faire régner la *Pax Americana*, que cela fait partie de la mission sacrée que Dieu lui-même leur a confiée, celle de diriger la planète. D'ailleurs, la droite religieuse croit qu'un conflit mondial engendré par une grande guerre au Moyen-Orient sera le prélude à la fin des temps et au retour sur terre de Jésus-Christ. Alléluia !

Demain, pour le neuvième anniversaire des attentats du 11 septembre, tous les regards seront tournés vers la Floride, où Terry Jones, pasteur d'un groupuscule d'évangélistes bizarres, le *Dove World Outreach Center*, veut brûler quelques centaines de corans pour « envoyer un avertissement à l'Islam radical ». Encore qu'il est incapable d'expliquer exactement quel message il veut envoyer. À New York, les esprits s'échauffent, parce qu'un groupe musulman veut transformer un édifice en centre islamique à deux rues de *Ground Zero* dans un secteur proclamé « Terre sacrée », mais où l'on trouve des bars, des clubs de danseuses, des *sexshops* et des salles de vidéo pornos.

Si les imbéciles de Floride font leur feu de joie, les images vont être transmises instantanément, via Internet et les réseaux d'informations continues, sur toute la planète. Les conséquences vont être catastrophiques non seulement pour les États-Unis engagés dans des guerres contre des insurrections islamiques en Afghanistan, en Irak et au Pakistan, mais pour l'ensemble de l'Occident encore considéré comme chrétien.

Rappelez-vous le soulèvement mondial musulman qui a suivi la publication de caricatures de Mahomet au Danemark en 2005. La destruction publique par des chrétiens du livre sacré considéré comme la parole même d'Allah risque de provoquer des troubles encore plus graves. Interpol a lancé une alerte globale à ses 188 pays membres au sujet de possibles « attaques violentes » et « menaces terroristes » si l'autodafé a lieu.

Même s'il n'a pas lieu, le mal est fait. Jones et ses colombes cinglées auront renforcé l'image d'une Amérique gagnée par un fanatisme antimusulman. Plus grave encore, il va, par effet d'imitation, inciter d'autres groupuscules religieux ou militaro-millénaristes à chercher la gloire en outrageant le monde islamique. Terry Jones voulait attirer l'attention. Mission accomplie, dirait George W. Bush.

Où se trouve Oussama ben Laden?

13 septembre 2010

L'homme le plus recherché de toute l'histoire échappe depuis neuf ans aux services de sécurité de la planète mobilisés contre lui. Les Américains offrent une récompense de 50 millions de dollars pour sa tête. On rapporte régulièrement sa mort, mais il réussit, tout aussi régulièrement, à diffuser des messages sonores ou visuels qui sont authentifiés par les spécialistes de la CIA. À la question « mais où donc se trouve ben Laden? » la réponse des spécialistes est presque invariable. Sans doute au Pakistan sur la frontière avec l'Afghanistan, dans les montagnes de l'Hindu Kush, un des endroits les plus isolés de la planète.

Les États-Unis auraient pu tuer ou capturer ben Laden en décembre 2001 lors de la bataille de Tora Bora, dans l'est de l'Afghanistan, mais le Pentagone a refusé d'y engager les forces terrestres nécessaires et a ainsi permis sa fuite au Pakistan.

Ben Laden serait-il assez imprudent ou téméraire pour rester dans cette région où les Américains déploient d'énormes moyens techniques et humains pour le retracer? Je ne le pense pas. Selon moi, il a trouvé refuge ailleurs depuis l'automne 2004.

Regardez ses premiers messages vidéo du début de la décennie. On le voit en tenue camouflée avec en toile de fond des rochers et une Kalachnikov appuyée sur une pierre. Son décor change à partir de son message du 29 octobre 2004 sur les élections américaines. Il est à l'intérieur d'un édifice, derrière un podium. Coiffé d'un turban blanc, il porte la *thaub* arabe traditionnelle — une chemise à manches longues — sous un *bisht* couleur crème — un manteau porté par les cheikhs respectés. Pourquoi ben Laden, qui se trouverait au Pakistan, porterait-il des vêtements typiques de la péninsule arabique? Curieux, non?

Dans son message, il cite des livres récemment publiés et commente l'actualité américaine et internationale comme s'il avait un accès quotidien à CNN et à d'autres chaînes d'informations continues. Ce n'est plus le fugitif en cavale de ses premiers messages qui ne pouvait dormir deux nuits dans la même grotte et qui devait se déplacer constamment de crainte d'être capturé par les forces spéciales américaines à ses trousses. C'est un homme qui a le loisir de se tenir au courant de l'actualité internationale, de regarder la télévision et de lire des livres dans un environnement sécuritaire. Son message vidéo suivant, le dernier diffusé, le 7 septembre 2007, le présente de la même façon et, cette fois, il pousse même la coquetterie jusqu'à s'être teint la barbe qui n'a plus aucune trace de poils gris.

Certains analystes expliquent ces changements par le fait qu'il a probablement trouvé refuge dans une grande ville du Pakistan. C'est peut-être le cas.

Mais à mon avis, il n'y a qu'un endroit au monde où Oussama ben Laden peut vivre dans le confort et en toute sécurité. Cet endroit est la ville sainte de La Mecque en Arabie saoudite.

Il jouit dans son pays d'origine d'une grande popularité, même s'il a été déchu de sa nationalité et est officiellement recherché par les autorités saoudiennes. Il bénéficie aussi de la sympathie d'une partie significative de l'élite sociale et religieuse du pays. Même si le gouvernement savait qu'il se cache à La Mecque, il lui serait impossible d'aller l'arrêter pour le remettre aux Américains. L'État gardien des lieux saints de l'Islam ne pourrait se permettre de violer le caractère sacré de la ville pour remettre un croyant illustre aux infidèles.

Les Américains savent probablement qu'il s'y trouve, mais ils comprennent que jamais le gouvernement saoudien ne pourrait l'arrêter ou leur permettre d'aller le capturer.

Nos forces spéciales en Afghanistan : des tueurs au service des *USA* ?

15 septembre 2010

Le QG de la Défense nationale à Ottawa enquête sur des opérations des forces spéciales canadiennes sous commandement américain en Afghanistan entre 2005 et 2008. L'enquête secrète, qui à l'origine portait sur l'assassinat de prisonniers capturés par les Forces canadiennes, aurait été élargie et remonterait maintenant la chaîne de commandement. Les accusations auraient été portées par un membre des forces spéciales canadiennes qui aurait dénoncé un de ses compagnons d'armes.

Le ministère de la Défense ne révèle absolument rien des activités en Afghanistan des membres de la Force opérationnelle interarmées, mieux connue sous le sigle JTF-2, sauf pour dire qu'ils participent à des missions qui ciblent des dirigeants de l'insurrection. Contrairement aux 2 800 militaires canadiens qui opèrent dans le cadre de l'OTAN à Kandahar, les quelque 150 commandos canadiens sont intégrés au Commandement des forces spéciales américaines qui fonctionne indépendamment de l'OTAN et avec des règles d'engagement particulières.

Selon le site *Spiegel Online*, un général responsable des forces spéciales américaines s'est récemment vanté à des diplomates de pays alliés à Kaboul qu'elles avaient assassiné 365 dirigeants talibans depuis le début de l'été 2010. Une des missions de nos commandos est donc d'assassiner des personnes qui sont identifiées comme faisant partie de la direction politico-militaire des talibans. Le problème est qu'on ne tue pas seulement des chefs insurgés.

Ces missions « assassinat/capture » entraînent de nombreuses bavures à cause de renseignements erronés, de l'ignorance complète des Américains de l'environnement dans lequel ils combattent et, surtout, de l'utilisation disproportionné de leur puissance de feu. Pour tuer un homme soupçonné d'être un dirigeant taliban, on aplatit le village. Regrettable dommage collatéral.

Dans des dizaines d'opérations, ce ne sont pas des chefs talibans qui sont tués, mais des civils dont des enfants et des femmes enceintes, des policiers et des fonctionnaires du gouvernement afghan. Plutôt que de décapiter l'insurrection, on multiple ainsi le nombre de volontaires disposés à la rejoindre pour venger leurs proches.

Cette stratégie américaine est contestée par plusieurs pays de l'OTAN qui estiment qu'elle va à l'encontre des objectifs de l'organisation en Afghanistan, définis dans plusieurs conférences internationales. Comment, en effet, peut-on en arriver à une solution négociée si l'on assassine systématiquement ceux avec qui on espère engager des négociations ?

Il est donc très probable que les commandos JTF-2 aient de nombreux squelettes dans leurs placards. Je doute que le gouvernement Harper veuille les découvrir. Il va tout faire pour éviter une nouvelle affaire comme celle de la Somalie qualifiée à l'époque de « honte nationale canadienne ».

En 1993, l'armée a tenté de dissimuler le fait que des membres du régiment aéroporté canadien en mission « humanitaire » dans ce pays avaient torturé des Somaliens et en avaient tué un. Les militaires assassins, qui étaient aussi des idiots, s'étaient photographiés en train de torturer le Somalien à mort.

Un médecin militaire dégoûté avait révélé l'affaire aux médias malgré les directives de ses supérieurs. Une commission d'enquête civile avait été créée pour tenter de découvrir jusqu'à quel niveau de la hiérarchie allait la complicité pour dissimuler les faits. Quand l'enquête a mis en cause le QG de la Défense nationale à Ottawa, Jean Chrétien y a abruptement mis fin pour éviter que des généraux aillent en prison. Pour montrer sa détermination, le gouvernement libéral a dissous le régiment aéroporté canadien, un cas unique dans l'histoire militaire canadienne.

Le gouvernement fédéral est très réticent à châtier des hauts responsables militaires ou policiers. Au Canada, l'uniforme vert kaki ou écarlate, s'il est garni d'épaulettes à dorures, donne souvent l'immunité à des criminels ou leur permet de s'en tirer à bon compte.

Les Roms, la France et l'Europe des hypocrites

17 septembre 2010

Gitans, manouches, tsiganes, romanichels, gens du voyage, *Gypsies* : les noms pour désigner les Roms abondent. Ils sont entre sept et huit millions en Roumanie, Hongrie, Bulgarie, Slovaquie, République tchèque et ex-Yougoslavie. Soixante pour cent des adultes sont analphabètes, 80 % sont sans emploi, 90 % vivent sous le seuil de pauvreté.

Évidemment, de telles statistiques ont une incidence sur leur taux de criminalité. La discrimination dont ils sont l'objet et leur nouvelle liberté de circulation dans toute l'Europe les incitent à «passer à l'Ouest», qui offre de meilleures conditions de vie.

Des dizaines de milliers de Roms roumains et bulgares ont afflué en France. Peu ont trouvé du travail. Les lois autorisent les pays de l'Union européenne à expulser des ressortissants européens vers leur pays d'origine s'ils n'ont pas réussi à se trouver un emploi stable dans les trois mois après leur arrivée. Les Roms ainsi expulsés ont un mois pour quitter la France ou une offre d'un vol de retour gratuit avec une somme de 300 euros. Les deux tiers des Roms renvoyés avec des incitations financières reviennent en France. Depuis le 1er septembre, la France conserve les empreintes digitales des gens soumis à «l'aide au retour» pour les empêcher d'en percevoir à répétition.

L'Europe hypocrite fait le procès de la France qui est l'un des pays qui traitent le mieux ses Roms. Sur plus de 400 000 en France, 95 % sont citoyens français et les deux tiers sont sédentarisés. L'erreur de Sarkozy est d'avoir voulu exploiter politiquement leur expulsion pour remonter dans les sondages.

Les Français procédaient à ces expulsions depuis deux ans, sans que cela cause d'émoi au siège de l'UE à Bruxelles et fasse la manchette des médias internationaux. En 2008, 10 000 Roms ont été déportés sur 44 vols. En 2009, près de 11 000 ont été rapatriés.

Qu'en est-il de la situation des Roms dans des pays donneurs de leçons qui dénoncent actuellement la France pour racisme? Voici quelques cas.

Le pays le plus anti-Roms de la planète est la Roumanie. Un sondage de l'UNICEF en octobre 2004 indiquait que 93 % des Roumains refuseraient qu'un de leurs enfants marie un gitan. Quarante-six pour cent n'en veulent pas dans leur localité. Le ministre de l'Intérieur de Roumanie à l'époque, Ioan Rus, estimait que la majorité des criminels du pays était rom et il voulait que ce peuple disparaisse de Roumanie. En 2006, le parti politique bulgare Ataka a fait campagne sur le dos des Roms et a appelé à «transformer les tsiganes en savon».

En Hongrie, la presse a recensé au cours des deux dernières années six agressions mortelles contre eux, perpétrées au cours d'une cinquantaine d'expéditions punitives conduites contre leurs campements. Des sondages révèlent qu'environ 60 %

des Hongrois considèrent les Roms comme «génétiquement criminels».

En 2008, des camps de Roms près de Naples et de Rome ont été l'objet d'expéditions punitives. Un tract avait appelé la population à la chasse «aux animaux sauvages migrateurs comme les tsiganes». Des ministres italiens avaient dans les semaines précédentes tenu des propos agressifs liant les Roms à la criminalité et avaient demandé le démantèlement de leurs camps.

Les Allemands se préparent à expulser discrètement 12 000 Roms vers le Kosovo d'où ils sont originaires. Le journal berlinois *Der Freitag* révèle que le Kosovo a accepté sous pression de les reprendre. En juillet dernier, le maire social-démocrate de Copenhague a demandé l'aide du gouvernement danois pour expulser, « de gré ou de force », les 400 Roms qui y vivent.

Le Canada a réimposé récemment un visa aux Tchèques pour empêcher une nouvelle vague d'immigration de Roms tchèques. Ottawa a eu la subtilité de frapper les Tchèques en général plutôt que de viser directement les Roms, évitant ainsi des accusations de racisme, mais soulevant l'indignation du gouvernement de Prague.

Les Roms sont marginalisés, stigmatisés, victimes de préjugés tenaces, de violences et de discriminations dans la plupart des pays d'Europe. Que peut-on faire pour changer la situation?

La solution au problème rom est dans la sédentarisation, la scolarisation des enfants et la promotion du statut des femmes. Ce sont des mesures qui prennent des générations à être appliquées. Cela va être d'autant plus difficile qu'une partie de cette population considère le déplacement perpétuel en caravane et la vie en campement comme son mode de vie privilégié auquel elle ne veut pas renoncer.

Il n'y a pas d'Indiens à Terre-Neuve, et ne demandez pas pourquoi!

20 septembre 2010

La ville de St. John's à Terre-Neuve a inauguré en fin de semaine un monument pour commémorer l'injustice à laquelle étaient soumis les Chinois qui devaient payer 300 $ pour avoir la permission de s'établir sur l'île. Cette odieuse taxe d'entrée raciste, équivalant à deux ans de salaire, a été imposée jusqu'en 1949, l'année d'adhésion de Terre-Neuve à la Confédération. En 2006, Stephen Harper avait offert des excuses officielles aux Sino-Canadiens pour la même taxe d'entrée et leur exclusion du Canada de 1923 à 1947.

Le ministre fédéral de la Citoyenneté et de l'Immigration, Jason Kenney, qui a payé le monument, a affirmé que le Canada avait le devoir moral de reconnaître cette grave injustice. Les manuels scolaires de Terre-Neuve sont totalement muets à ce sujet comme sur un autre, encore plus effroyable, qui hante la conscience des Terre-Neuviens : le génocide des Béothuks.

Le ministère des Affaires indiennes à Ottawa devrait avoir le courage de financer un monument à la mémoire des autochtones de Terre-Neuve, qui ont été exterminés jusqu'au dernier par les colons blancs de l'île.

Voici l'épouvantable crime que les manuels scolaires de Terre-Neuve cachent aux écoliers de cette province.

Les Béothuks de Terre-Neuve sont parmi les premiers autochtones en contact avec les Européens. Ils se peignent le visage en rouge et sont à l'origine du terme *Peaux-Rouges* pour désigner les Amérindiens. Ils s'entendent bien avec les premiers Européens, Portugais et Français, qui fréquentent les bancs de Terre-Neuve avec qui ils commercent.

L'établissement des Anglais dans l'île va tout changer. À l'origine, les Béothuks vivent le long des côtes d'où ils sont férocement expulsés par les Anglais qui convoitent leurs zones de pêche. « Les Terre-Neuviens chassent les Indiens comme s'ils étaient des bêtes sauvages et les tuent à vue », écrit le grand écrivain canadien Stephen Leacock. Tuer des Béothuks devient un sport national. Pour les Terre-Neuviens, ce sont des bêtes nuisibles dont il faut débarrasser l'île.

Dans leur rage exterminatrice, les Terre-Neuviens vont commettre d'épouvantables exactions contre les Béothuks. Les meurtres collectifs d'Indiens prennent une telle ampleur que les autorités britanniques doivent publier une proclamation en 1769, faisant du meurtre d'un Béothuk un crime punissable de mort. Parce que les tueurs d'Indiens jouissent de la sympathie de l'ensemble de la population terre-neuvienne, il est difficile de recruter des jurés locaux impartiaux ou qui n'ont pas eux-mêmes participé au génocide. La proclamation stipule donc que les personnes accusées du meurtre d'un Béothuk seront transportées en Angleterre pour y subir leur procès.

Malgré la proclamation royale de 1769, le génocide des Indiens de Terre-Neuve va se poursuivre. Leur extinction sera complète en 1829 lorsque Shanawdithit, le dernier membre de cette nation, décède de tuberculose à St. John's. Elle avait été capturée en 1823 et réduite en esclavage. Elle était une servante esclave exactement comme les Noires dans le sud des États-Unis. James Howley rapporte, dans son livre *The Beothucks or Red Indians*, que de vieux Terre-Neuviens se vantaient encore à la fin du XIXe siècle d'avoir participé à l'extermination des Béothuks comme des chasseurs fiers de leurs exploits.

Contrairement à l'Allemagne qui a fait face à ses crimes durant l'Holocauste, Terre-Neuve refuse de confronter les démons de son passé. Sur la délicate question de la disparition de la nation Béothuk, on nie le génocide, comme les Turcs pour les Arméniens. On l'attribue à une multitude de facteurs complexes plutôt que d'accepter la vérité historique de l'extermination systématique de ce peuple par des colons haineux.

L'Angleterre, la fille aînée de l'Église ?

22 septembre 2010

Même pour l'Église catholique, l'une des plus vieilles institutions humaines existantes, 476 ans, c'est long. Aucun pape n'avait fait une visite d'État en Angleterre depuis 1534, l'année où Jacques Cartier a découvert le Canada. Le pape d'alors, Clément VII (bâtard de Julien de Médicis), avait refusé au concupiscent Henri VIII son divorce d'avec sa femme Catherine d'Aragon pour marier la belle Anne Boleyn* (il couchait déjà avec sa sœur). Le roi décida donc de créer sa propre Église pour obtenir son divorce. Curieux personnage. Même s'il a fait tuer deux de ses six femmes successives et saccagé tous les monastères du royaume, Henri VIII se considérait comme un bon catholique. Il récitait le rosaire et soumettait à la torture les luthériens qui tentaient de convertir les Anglais au protestantisme.

Cinq cents ans après avoir été chassée d'Angleterre, l'Église y connaît un retour en force. Le souverain pontife a rencontré Élisabeth II, lointaine successeure de Henri VIII à la tête de cette secte catholique dissidente qu'est l'Église anglicane. Le pape s'est adressé aux deux chambres réunies du Parlement. À Westminster Abbey, le pape Benoît XVI a prié avec l'archevêque de Canterbury, le leader ecclésiastique de l'Église anglicane, dans la grande salle où en 1535 Thomas More, le lord Chancelier d'Angleterre, a été condamné à mort parce qu'il refusait la rupture avec Rome décidée par son ami le roi.

Pendant plus de 300 ans, les catholiques n'ont pas eu la vie facile en Grande-Bretagne. Il leur était défendu de vivre à

Londres, d'être élus ou même de devenir médecins ou avocats. Il a fallu attendre le XIXe siècle pour que les catholiques anglais obtiennent le droit de vote. Jusqu'en 1876, ils ne pouvaient fréquenter les universités d'Oxford ou de Cambridge. Encore aujourd'hui, un catholique ne peut devenir roi. En 1978, le cousin de la reine, le prince Michael of Kent, a renoncé à sa place dans la ligne de succession au trône lorsqu'il s'est marié avec une baronne allemande catholique.

À la grande déconvenue des ennemis du pape, les retrouvailles se sont très bien passées. Des foules chaleureuses et enthousiastes ont accueilli le saint-père lors de toutes ses apparitions publiques. Elles dépassaient largement en nombre les participants au défilé hétéroclite de Londres qui protestaient contre sa visite.

C'est que l'Église catholique est en train de redevenir la première église du Royaume. Aux catholiques anglais d'origine se sont ajoutées depuis plus de 100 ans des vagues successives d'Irlandais catholiques. Et depuis une vingtaine d'années, l'Église fondée par Henri VIII est en déclin rapide. De nombreux anglicans, qui refusent l'ordination des femmes et des homosexuels pratiquants, reviennent à l'Église de Rome, parfois des paroisses entières. On estime qu'environ 15 % des anglicans du Royaume-Uni sont redevenus catholiques, l'ancien premier ministre Tony Blair étant le converti récent le plus illustre. À ces « anciens catholiques », il faut ajouter les immigrants catholiques venus d'Europe, en particulier les Polonais. L'immigration catholique dépasse l'immigration musulmane en Grande-Bretagne.

Le *Telegraph* de Londres titrait déjà le 23 décembre 2007 que la Grande-Bretagne était redevenue un pays catholique. L'article révélait que plus de personnes assistaient à la messe catholique chaque dimanche qu'aux services religieux de l'Église d'Angleterre, alors qu'il y a 25 millions d'anglicans et 5 millions de catholiques anglais. Les catholiques anglais étaient manifestement beaucoup plus pratiquants que les anglicans. Mais ce n'est qu'une question de temps avant que les catholiques soient plus nombreux que les anglicans en chiffres absolus. Les projections démographiques font de l'Église catholique romaine la première Église du Royaume-Uni d'ici quelques décennies.

L'Angleterre qui reprend à la France impie le titre de fille aînée de l'Église. Qui l'aurait cru?

*Voir l'excellent feuilleton télévisé *Les Tudors*, disponible sur DVD, qui en est à sa quatrième saison à la CBC.

Les cafés italiens ciblés par des incendiaires racistes?

24 septembre 2010

Imaginez l'épouvantable scandale si, depuis un an à Montréal, des dizaines de boucheries hallal ou cachères étaient la cible d'attaques au cocktail Molotov. Les organisations antiracistes seraient sur un pied de guerre. Des intellectuels signeraient des manifestes indignés dans *Le Devoir*. L'Assemblée nationale aurait adopté une motion unanime de dénonciation du crime abject. «Halte au racisme», crieraient des bannières déployées sur les édifices de l'UQAM. La CBC et CTV produiraient des émissions spéciales sur la vague d'attentats racistes à Montréal. Relayant la presse anglo-canadienne, les grands médias internationaux, CNN, la BBC, le *New York Times*, enverraient des équipes sur place et en parleraient comme d'une nouvelle irruption du racisme congénital des Québécois. Les ligues des droits de la personne se ligueraient dans le monde entier contre le Québec. Le Haut-Commissariat aux droits de l'homme de l'ONU adopterait résolution sur résolution: ce serait tout juste si l'affaire n'aboutirait pas au Conseil de sécurité de l'ONU.

Arrêtez le ruban et rembobinez la cassette!

Ce ne sont que des cafés italiens qui sont la cible des attentats. Sous-entendu par les bien-pensants et les anti-racistes: « Ce n'est pas grave ». Pas la peine de gueuler, de sonner l'alerte générale, ce n'est pas du racisme, ce ne sont que des Italiens qui s'allument entre eux. La mafia, vous savez...

Mais comment au juste ces belles âmes le savent-elles? Personne jusqu'ici n'a été condamné pour ces dizaines d'attentats. En refusant de se mobiliser, comme elles le feraient dans le cas où des entreprises juives ou musulmanes étaient visées, elles démontrent de sombres sentiments envers la communauté italienne. Absolument rien d'autre ne peut expliquer leur silence. C'est toute l'industrie de l'antiracisme professionnel qui est pris en flagrant délit. Ces mêmes individus, ces mêmes organisations qui sont actuellement muettes devant la vague d'attaques contre des cafés italiens à cause de leurs préjugés ethniques, accusent constamment la police de faire du profilage racial.

Faire du profilage dans le cas de la police, c'est se servir de son intelligence. Exactement comme le fait tout le bataclan antiraciste qui ne se mobilise pas pour dénoncer les incendies criminels dans les cafés italiens, parce qu'il juge, en se basant sur des préjugés, que ça n'a rien à voir avec la haine ethnique.

Dans les provinces des Prairies, les prisons abritent un pourcentage important d'autochtones, pas parce que les policiers sont racistes, mais parce qu'une bonne partie des crimes sont commis par des autochtones. À Montréal, une partie significative de la population carcérale est noire pour la même raison.

D'ailleurs, il serait plus juste de parler de profilage socioéconomique que de profilage racial. C'est une simple question de bon sens. Dans toutes les sociétés humaines, plus de crimes sont commis par des pauvres que par des riches, par des hommes que par des femmes et par des jeunes que par des vieux. Il est donc normal que dans une foule hétérogène dans une rue, lorsqu'un crime violent vient d'être commis, les policiers visent les jeunes hommes pauvres plutôt que les vieillards débonnaires et les matrones opulentes. Ce qu'on reproche aux policiers, c'est de ne pas être stupides. Et leur vie dépend souvent de leur bon jugement.

Il est d'ailleurs éloquent que les jeunes femmes noires soient rarement impliquées dans les affaires où le profilage racial est dénoncé. Pourquoi ? Parce que statistiquement elles ont un très faible taux de criminalité.

Si vous ne comprenez pas cela, vous êtes sans doute de ceux qui pensent que les cafés italiens sont la cible d'un groupe d'incendiaires haineux d'extrême droite.

MacLean's et le mépris haineux du Canada pour le Québec

27 septembre 2010

Le tirage de *MacLean's* est en baisse. Que fait le magazine le plus lu du Canada pour l'augmenter ? Il emploie une vieille recette qui donne toujours d'excellents résultats au Canada anglais : il insulte et avilit le Québec. Pas une fois, mais deux. Avant l'article venimeux du week-end, il avait publié le 9 novembre 2009 un texte semblable sur Montréal, qui affirmait que la ville était corrompue, en décrépitude et sous le joug de la pègre.

Le magazine s'adresse à un lectorat dont l'âge moyen est de 45 ans. Tout ce qui peut salir et humilier le Québec est vendeur. On en redemande. La situation est difficile pour la presse et le lectorat raciste du Canada anglais. On ne peut plus s'en prendre aux minorités visibles comme cela a été le cas pendant une bonne partie de son histoire. Dorénavant, attaquer les Noirs, les Chinois, les Japonais, risque de mener à des poursuites. Les Québécois sont maintenant la seule minorité sur qui on peut cracher sa hargne et son mépris.

L'article principal du magazine porte sur le scandale des commandites et les embarras actuels de Jean Charest et du Parti libéral du Québec. C'est une hypocrisie monstrueuse. Les commandites sont un scandale *canadian*, conçu par un gouvernement dirigé par Jean Chrétien, un politicien honni des Québécois, choisi par le Canada anglais pour mettre le Québec à sa place. La fraude s'est bien déroulée au Québec, mais ceux qui l'ont perpétrée étaient à Ottawa. Chrétien a dit à l'époque qu'un vol de quelques millions de dollars n'était qu'un faible prix à payer pour sauver le Canada.

Dans un article d'accompagnement, «*What lies beneath Quebec's scandals?*», un des journalistes les plus intellectuellement répugnants du Canada anglais, Andrew Coyne, postule une déficience congénitale des Québécois en ce qui a trait à la corruption. Quelqu'un qui utiliserait le même type d'analyse pour expliquer la corruption qui afflige actuellement Israël, un pays dont Coyne est un ardent apologiste, serait condamné pour antisémitisme. Les lois sur l'incitation à la haine ne s'appliquent pas aux Québécois : Coyne, un commentateur attitré de la CBC, peut donc continuer à impunément déféquer sur le Québec comme c'est sa manie depuis des années.

Parlant de scandale, il faut souligner que *MacLean's* est muet sur la série d'actions frauduleuses qui a entouré le référendum volé de 1995 : les millions de dollars dépensés illégalement durant la campagne référendaire, notamment sous le couvert d'Option Canada, en violation des lois du Québec ; les milliers d'immigrants assermentés Canadiens à la hâte pour qu'ils puissent voter non ; les militaires rapatriés en masse pour qu'ils participent au vote ; les Anglos qui avaient quitté le Québec, mais qui ont été inscrits sur les

148

listes électorales et qui sont revenus voter. La ministre qui a supervisé ces fraudes, Sheila Copps, a affirmé qu'elle n'avait rien à cirer des lois du Québec lorsqu'il s'agissait de sauver le Canada.

Le gouvernement libéral de Jean Charest est sans doute l'un des plus corrompus de notre histoire. Mais qui donc a assis Charest au pouvoir? C'est le Canada anglais qui l'a payé pour qu'il quitte le Parti conservateur fédéral et vienne se présenter contre Lucien Bouchard. Le Parti libéral gouverne parce qu'il jouit du soutien absolu de près de 90 % de l'électorat non francophone du Québec. Et si l'on regarde les plus importants scandales actuels, dans la construction et les garderies, on constate que la majorité des bénéficiaires identifiés dans les médias n'est pas francophone.

J'ai longuement étudié l'histoire de l'affrontement séculaire entre le Québec et le reste du Canada dans mes trois livres noirs et l'enseignement que j'en tire est que les Anglais ne respectent les règles que lorsqu'ils sont sûrs de gagner. Pour éviter la défaite, tous les moyens, même les plus abjects et les plus déloyaux, sont bons. Mais jamais je n'oserais insinuer qu'un tel comportement est congénital chez les peuples anglo-saxons.

L'évolution « naturelle » des humains sur Terre, c'est fini

1er octobre 2010

On a célébré l'année dernière le 150e anniversaire de la publication de *L'Origine des espèces* par Charles Darwin, le livre qui a créé la science de l'évolution. À part quelques attardés, personne ne doute plus de la réalité de l'évolution qui a mené des premiers êtres vivants unicellulaires à l'Homo sapiens sapiens. On sait que l'espèce humaine a divergé des autres grands singes, il y a environ sept millions d'années en Afrique, avant de se répandre sur la planète entière. L'évolution de l'humanité se poursuit-elle toujours ? Il semble que la réponse est non. De nombreux experts pensent que l'évolution « naturelle » des humains sur Terre est terminée.

Dans son livre *Future Evolution*, le paléontologue Peter Ward de l'Université de Washington estime très peu probable que l'humanité évolue vers une nouvelle espèce. Avec la mondialisation, les moyens de transport modernes permettent de grands mouvements de population. Les dernières populations isolées disparaissent actuellement. Or, les mutations génétiques ne peuvent s'effectuer dans une population que si elle est isolée pendant que ces mutations la différencient des autres groupes de même origine. Cela est dorénavant pratiquement impossible. L'anthropologue Ian Tattersall de l'*American Museum of Natural History* de New York est aussi d'avis que « dans ces conditions, toute évolution significative dans la population humaine est hautement improbable. »

C'est aussi l'analyse du Pr Steve Jones de la *University College* de Londres, qui affirme que la sélection naturelle et la mutation génétique n'opèrent plus chez l'homme actuel. Il prédit même que si l'homme vit encore un million d'années, il nous sera alors presque identique (*Mail online*, 7 octobre 2008). Les mutations génétiques qui sont apparues dans la longue évolution de l'espèce humaine étaient retenues parce qu'elles donnaient à des individus un avantage concurrentiel sur leurs rivaux.

Jusqu'au siècle dernier et depuis l'apparition de l'homme, la mortalité infantile était telle qu'un grand nombre d'enfants mouraient avant d'avoir atteint l'adolescence : « La moitié de nos enfants mouraient avant l'âge de 20 ans. Maintenant, dans le monde occidental, 98 % d'entre eux survivent », constate Jones. Ce ne sont plus seulement les individus les plus forts, les plus habiles qui survivent jusqu'à un âge avancé et qui peuvent donc se reproduire. Grâce aux progrès de la médecine, les plus faibles, physiquement et intellectuellement, qui, dans le passé, seraient morts en bas âge, survivent maintenant et transmettent leurs gènes. La sélection naturelle darwinienne du plus apte ne s'applique donc plus dans les pays développés et très bientôt sur l'ensemble de la planète.

Les mutations génétiques sont également moins nombreuses parce qu'il y a moins de pères plus âgés dont le sperme se détériore et contient plus d'«aberrations» génétiques. Pendant une bonne partie de l'histoire humaine, des vieillards à statut social élevé propageaient énormément leurs gènes. Jones cite notamment le cas du roi Moulay Ismail du Maroc, qui, au XVIIIᵉ siècle, a engendré 888 enfants. Maintenant cette sélection naturelle n'existe plus : tous les hommes peuvent transmettre leurs gènes quel que soit leur statut social.

On se dirige donc vers une population mondiale génétiquement de plus en plus homogène et invariable avec des capacités physiques et mentales en régression, les individus les moins aptes se reproduisant au moins autant que les autres. Une perspective décourageante. À moins que l'évolution humaine à l'avenir ne soit plus «naturelle», qu'elle procède de la fusion entre l'homme, la machine et l'informatique. On parle alors de «transhumanisme». C'est là une tout autre histoire.

La crise d'Octobre : un patron des services secrets se confie

4 octobre 2010

Dans les années 1990, pour écrire mon livre *Enquêtes sur les services secrets*, j'ai rencontré un des principaux responsables de la GRC durant la crise d'Octobre, le surintendant Joseph Ferraris. Il avait dirigé la fameuse section G du service de sécurité qui ciblait le mouvement indépendantiste québécois.

Ferraris, originaire de Québec, était à la retraite depuis plusieurs années lors de notre entretien. Cheveux gris coupés court, stature solide, démarche assurée, il incarnait parfaitement l'idée qu'on se fait du policier de la vieille école.

Durant la crise d'Octobre, il est appelé à Ottawa pour diriger l'équipe chargée de l'analyse et de l'évaluation de la menace posée par le Front de libération du Québec. Son prédécesseur, un unilingue anglophone de Terre-Neuve, vient de commettre une gaffe monumentale. Il a signé le rapport complètement farfelu dont s'est servi le ministre Jean Marchand pour affirmer dans un discours qu'il y avait 5 000 felquistes en armes avec assez d'explosifs pour faire sauter le centre-ville de Montréal. C'est pour éviter que des unilingues anglophones ne rédigent de tels rapports insensés qu'on a recours à lui. À cette époque, au QG d'Ottawa, peu d'officiers supérieurs sont bilingues et les rapports en français sont le plus souvent ignorés. À cette incompréhension linguistique s'ajoutent, selon Ferraris, des préjugés culturels.

Ce que me confie Ferraris sur la crise d'Octobre contredit les raisons avancées par les membres du gouvernement Trudeau pour justifier la Loi sur les mesures de guerre, l'abrogation des garanties constitutionnelles : il n'y a jamais eu, estime-t-il, d'insurrection appréhendée au Québec. Et le FLQ n'a jamais vraiment existé en tant qu'organisation structurée :

> Le FLQ, c'était une soixantaine de mésadaptés socioaffectifs et peut-être une centaine de sympathisants. Il n'avait rien d'une armée secrète, avec sa ligne de commandement, sa hiérarchie. Rien qui puisse faire craindre une insurrection… Mais ce qu'appréhendent

vraiment les libéraux, à l'époque, ce n'est pas le FLQ, c'est un mouvement populaire spontané. Ils ont peur des étudiants, des syndicats, de tous les mouvements sociaux du Québec qui sont pris de sympathie pour le FLQ après la lecture du *Manifeste* à la télé de Radio-Canada par Gaétan Montreuil. Ils n'en reviennent pas de voir comment la population se laisse facilement séduire par les slogans felquistes. Il fallait faire peur, rétablir l'autorité bafouée de Trudeau et du gouvernement.

Que savait la GRC des enlèvements? Selon Ferraris, quelques heures après la disparition de Cross, elle savait que le groupe de Longueuil en était l'auteur. Comme elle a su immédiatement que les frères Rose et leurs amis étaient impliqués dans l'enlèvement de Laporte.

Le vieux policier démolit aussi l'argument massue des apologistes de l'abolition des libertés durant la crise d'Octobre, à savoir qu'elle aurait grandement aidé la police à retrouver James Cross:

> La libération de Cross n'a rien eu à voir avec la Loi sur les mesures de guerre. Rien. Au contraire, même. L'application de cette loi a mobilisé beaucoup de nos effectifs qui, autrement, auraient participé aux enquêtes pour retrouver le diplomate. Ce qui se serait probablement produit plusieurs semaines plus tôt.

En 1980, le gouvernement Lévesque a mandaté l'avocat Jean-François Duchaîne pour faire enquête sur les événements d'octobre 1970. Dans son rapport Duchaîne conclut que «la Crise a fourni l'occasion de manipuler l'opinion publique à des fins politiques.» Il affirme que Trudeau, Bourassa et Drapeau ont agi comme si le FLQ possédait les moyens de renverser le gouvernement et que « cette perception, sans aucun rapport avec la réalité du FLQ, a conduit les autorités politiques à prendre des mesures radicales destinées à montrer à tous les citoyens qu'il était illusoire de vouloir attenter au pouvoir de l'État ».

Les conclusions de Duchaîne, qui a mené son enquête sans avoir la collaboration du gouvernement fédéral et de ses organes de sécurité, rejoignent l'analyse de Ferraris.

Des cyberterroristes attaquent les centrales nucléaires iraniennes

6 octobre 2010

Les installations de recherches nucléaires iraniennes ont récemment été la cible d'une mystérieuse attaque terroriste. L'arme utilisée, un ver informatique nommé Stuxnet, est décrit par la société de sécurité informatique *Kaspersky Labs* comme le « prototype redoutable d'une cyberarme qui mènera à la création d'une nouvelle course aux armements dans le monde. » La complexité et le coût de développement du ver amènent le spécialiste en sécurité du logiciel Symantec à soupçonner qu'il a été créé par un gouvernement.

Inoculé par des clés USB infectées, Stuxnet est capable de reprogrammer les systèmes de contrôle de procédés industriels Siemens qui fonctionnent sous Windows. L'Iran utilise un tel logiciel dans son programme nucléaire.

Environ 60 % des ordinateurs infectés par Stuxnet sont en Iran. Mais le ver s'est propagé sur toute la planète, frappant la Chine, l'Inde, le Pakistan, l'Indonésie, l'Europe et même les États-Unis. Il a infecté les logiciels de contrôle de centrales électriques, de raffineries, d'usines, d'hôpitaux et d'autres installations qui utilisent des systèmes industriels Siemens.

L'extraordinaire virus cherche parmi la centaine de milliers d'ordinateurs sur lesquels il s'est installé une cible spécifique pour s'activer (probablement la centrale nucléaire de Bushehr en Iran). Il a la capacité de faire ce qu'aucun programme malveillant n'a jamais fait : il peut prendre le contrôle du système et lui donner des instructions qui entraînent sa destruction physique. Aucun autre logiciel n'a jusqu'à maintenant réussi à passer du cyberespace au monde réel. Stuxnet n'est pas un outil d'espionnage industriel. C'est une arme de guerre.

Même s'il a été détecté dans une cinquantaine de systèmes Siemens aux États-Unis, le gouvernement américain ne paraît guère pressé de prendre des mesures défensives contre Stuxnet. Le site du *Cyber Emergency Response Team* du *Department of Homeland Security* se contente de diffuser des renseignements déjà rendus publics par des sociétés spécialisées dans la lutte contre les virus informatiques et des chercheurs universitaires.

La semaine dernière, Symantec a, une nouvelle fois, éclipsé les chercheurs du gouvernement en dévoilant un document de 49 pages sur la configuration de Stuxnet et sur la façon de le désamorcer. Les experts de Symantec ont aussi découvert que le ver informatique a une date de péremption. Le 24 juin 2012, Stuxnet va lui-même se désactiver sur tous les ordinateurs sur lesquels il s'est installé.

Le *Christian Science Monitor* a révélé que les chercheurs du gouvernement américain à l'*Idaho National Laboratory* en savaient beaucoup plus sur Stuxnet et la façon de le vaincre que les informations qu'ils ont publiées jusqu'ici le laissent croire.

L'explication serait que le gouvernement des États-Unis ne veut pas rendre publiques des contre-mesures pour une arme de cyberguerre qu'il a lui-même créée ou qui a été mise au point par son allié Israël pour attaquer l'Iran.

Quels que soient ses auteurs, le fait est que les installations nucléaires iraniennes ont subi la première attaque de terrorisme cybernétique de l'histoire. Heureusement, elle n'a causé aucune perte de vie et que des «dommages collatéraux» relativement mineurs en Iran et ailleurs dans le monde.

Il fallait un État scientifiquement avancé pour créer Stuxnet. Maintenant qu'il existe et que le code du logiciel est public, des organisations terroristes vont pouvoir l'adapter à leurs objectifs. Pour elles, c'est une arme de choix : elle vise les systèmes industriels de pays comme les États-Unis et Israël. S'ils sont à l'origine de Stuxnet, ces pays viennent de donner un instrument technologique de pointe à tous les *Mafiaboy* et tous les terroristes de la planète*.

*Mise à jour : dans son édition Internet du 17 novembre, le *Christian Science Monitor* rapporte que, selon un rapport d'experts au Sénat américain, Stuxnet peut être modifié pour s'attaquer aux États-Unis comme je le prévoyais dans cette chronique. Le 15 janvier 2011, le *New York Times* révèle que Stuxnet a été créé par Israël à son centre de recherche nucléaire de Dinoma avec la collaboration des États-Unis.

La question nationale : attention ! dépassement par la droite impossible !

8 octobre 2010

Ceux qui pensent pouvoir s'attaquer aux vrais problèmes du Québec en reléguant aux oubliettes la question nationale rêvent en couleur. On dit que c'est ce que rumine depuis un certain temps Lucien Bouchard, à qui on associe maintenant François Legault et même Joseph Facal.

Je ne vois vraiment pas ce que Joseph Facal irait faire dans cette galère. L'homme est un indépendantiste convaincu qui vient de le réaffirmer dans un livre publié il y a moins d'un an. Pourrait-on le prendre au sérieux s'il décidait tout à coup de mettre ses convictions entre parenthèses ? Je ne le pense pas.

Fonder un mouvement politique de droite pour prôner des réformes institutionnelles et économiques majeures, en faisant abstraction de l'indépendance nationale, est aussi irréalisable et incongru que la suggestion loufoque de Michael Fortier de faire des référendums tous les 15 ans.

D'abord, le mouvement existe déjà. Créé par Éric Duhaime et d'autres déçus de l'ADQ, il s'appelle du nom complètement idiot de Réseau Liberté-Québec. Tant qu'à faire, pourquoi pas les « Valeureux Combattants de la Liberté » ? Comme si le Québec était une dictature stalinienne !

Dans le conflit entre les solidaires et les lucides, je me situe du côté des lucides. C'est manquer totalement de lucidité que de croire qu'on puisse escamoter la donnée fondamentale de l'équation politique québécoise depuis 50 ans : la volonté des Québécois de se créer un État national. Cette réalité politique est indépassable tant qu'il y aura au Québec un pourcentage significatif de francophones. Et la régression va être lente. La ligne de fracture politique va donc continuer à être dans l'axe Canada-Québec pendant une bonne partie du siècle qui commence.

La seule façon de faire culbuter l'échiquier sur l'axe droite-gauche est de réaliser l'indépendance. Sinon, il faut attendre, au sein du Canada, que la démographie fasse son œuvre, au minimum deux ou trois générations.

D'ailleurs, pourquoi constituer un autre parti de droite prônant des réformes structurelles et des objectifs essentiellement économiques ? Si je ne m'abuse, il y a déjà deux partis qui correspondent à cette configuration à l'Assemblée nationale : le Parti libéral et l'Action démocratique du Québec. Un politicien aussi habile et charismatique que Mario Dumont a essayé de le faire avec le résultat que l'on sait. Ce pauvre Gérard Deltell est encore assis sur le tas de débris de l'ADQ sans trop savoir quoi faire avec ce qui reste du naufrage.

C'est qu'à droite, le Parti libéral du Québec est une formation singulière et bien encombrante. Son orthodoxie fédéraliste, qui a donné naissance par rejet à la fois au PQ et à l'ADQ, lui assure aussi un appui inconditionnel massif des Anglos et de leurs alliés ethniques. Lorsque le vote francophone est divisé, ça permet aux libéraux de prendre le pouvoir en associant à leur base anglo-ethnique, où grouille une clique mafieuse, un ramassis d'affairistes, d'opportunistes et de magouilleurs francophones.

Cette donnée fondamentale de l'appui massif des non-francophones pour le PLQ ne va pas changer, qu'un ou deux partis de droite s'ajoutent ou non à l'éventail politique.

Remarquez que je comprends parfaitement l'attitude des indépendantistes lucides envers le PQ, devenu l'instrument des syndicats de la fonction publique et des élites bureaucratisées qui dissimulent leur avidité accapareuse de deniers publics sous la belle bannière sociale-démocrate. Mais, fondamentalement, le parti de René Lévesque et de Jacques Parizeau demeure un parti indépendantiste à qui on doit une grande partie des réformes qui ont fait le Québec moderne.

Plutôt que d'inventer des mouvements et des partis sans lendemain, les lucides doivent s'atteler à la tâche urgente de changer l'orientation syndicalo-bureaucratique du PQ. Il faut ramener le parti au centre. Pauline Marois a commencé à le faire. Elle a un sérieux besoin d'appui.

Cela est peut-être impossible. Mais cela doit être tenté. Rapidement !

L'action des lucides au Parti québécois doit s'inspirer de celle de René Lévesque au Parti libéral en 1968. Dans le cas d'un échec, ça donnerait aux lucides la solution de rechange de créer un parti indépendantiste au centre qui pourrait attirer vers lui les péquistes déçus, ce qui reste de l'ADQ et, sans doute, une frange des francophones du PLQ. Si l'électorat francophone doit être divisé selon l'axe droite-gauche, il doit pouvoir choisir entre des partis indépendantistes qui pourraient, dans un référendum, s'allier dans une coalition gagnante.

La réalité est que tout nouveau parti politique «neutre» dans le conflit Canada-Québec ou fédéraliste n'a aucune chance de réussir à cause du soutien inconditionnel que le bloc anglo-allo-mafia accorde au PLQ. Veux, veux pas, c'est ça qui est ça.

Le Canada expulsé de sa base militaire « secrète » à Dubaï

10 octobre 2010

Le gouvernement des Émirats arabes unis vient de donner 30 jours au Canada pour retirer ses soldats du Camp Mirage, sa base secrète située dans le désert au sud-est de Dubaï sur l'aérodrome militaire émirati de Minhad.

Tous les journalistes canadiens qui se rendaient à Kandahar devaient s'engager à ne jamais dévoiler l'emplacement du Camp Mirage où ils arrivaient en Airbus A310 du Canada pour y prendre un Hercule C-130 qui les transportait en Afghanistan. Les communiqués du ministère de la Défense se contentaient de le situer «quelque part au Moyen-Orient.»

C'était un des secrets les moins bien gardés des Forces canadiennes. La première fois que j'en ai entendu parler, je l'ai trouvé en cherchant une quinzaine de minutes dans un programme de visualisation photographique de la Terre pour découvrir les deux Hercule C-130 canadiens sur le tarmac de l'aérodrome. Des images satellites récentes du Camp Mirage montrent que deux avions-cargos géants C-17 Globemaster se sont ajoutés aux C-130 pour l'évacuation du matériel lourd canadien de Kandahar, dont les blindés.

Depuis l'automne 2001, quelque 200 Canadiens sont stationnés à Camp Mirage pour assurer le soutien logistique de nos Forces en Afghanistan. Un policier militaire canadien y est mort par blessure d'arme à feu sans qu'on sache s'il s'agit d'un accident, d'un suicide ou d'un homicide. En 2006, des soldats du 22ᵉ régiment en permission ont été impliqués dans une bagarre qui a entraîné de sévères restrictions quant aux déplacements à l'extérieur de la base militaire. Le colonel Russel Williams, qui s'est reconnu coupable récemment du meurtre de deux femmes, a déjà été le commandant de la base.

Après deux années de négociations avec Ottawa, les Émirats ont suspendu le protocole d'entente permettant au Canada d'utiliser Camp Mirage. Les E.A.U. exigeaient que ses lignes aériennes triplent leurs vols quotidiens vers Toronto, pour en faire la plaque tournante de leurs activités au Canada. Les deux compagnies émiraties voulaient aussi desservir, par vols directs du golfe Persique, Calgary et Vancouver.

Depuis juin 2009, *Emirates Airline* opère des Airbus A380 avec 489 sièges sur sa ligne Toronto-Dubaï. Ils ont le plus grand nombre de A380 en commande. Pour rentabiliser ces avions, ils ont besoin de beaucoup plus de droits d'atterrissage. Selon Transports Canada, il n'y a pas de pénurie de places pour satisfaire la demande pour les vols entre les deux pays. L'accroissement des vols aurait grandement nui à Air Canada en siphonnant vers les lignes émiraties tous les vols du Sud asiatique vers le Canada.

Les Forces sont déjà engagées dans les préparatifs logistiques complexes pour se retirer de l'Afghanistan l'an prochain. La fermeture de Camp Mirage va accroître la complexité et les coûts de l'opération.

Le Camp Mirage devait déjà être fermé après la fin prévue de la participation militaire du Canada en Afghanistan en 2011. Jusque-là, les Forces canadiennes ont la possibilité d'utiliser comme points de transit les bases de l'OTAN en Europe ou en Turquie et des vols commerciaux via Chypre.

Pourquoi la base était-elle secrète? Une question d'hypocrisie. Les Émirats arabes unis ne voulaient pas nuire à leur image dans le monde arabo-musulman en autorisant publiquement un pays occidental à établir une base militaire sur son territoire pour soutenir son effort de guerre en Afghanistan.

L'humiliation du Canada à l'ONU : une rebuffade bien méritée

13 octobre 2010

Stephen Harper n'aimait pas les Nations Unies. Il ne ratait jamais une occasion pour afficher son mépris de l'organisation internationale. Hier l'ONU lui a rendu la monnaie de sa pièce. Les 192 membres de l'assemblée générale ont élu cinq nouveaux membres temporaires du Conseil de sécurité, l'organe exécutif de l'ONU. Dans une lutte à trois avec l'Allemagne et le Portugal pour deux sièges réservés à l'Occident, le Canada s'est fait moucher par le petit Portugal.

Le Canada a siégé au Conseil de sécurité tous les dix ans depuis 1948. C'est la première fois que sa candidature est refusée. Six fois dans le passé, nous avons demandé un siège, six fois nous avons été accueillis à bras ouverts. Cette fois, nous nous sommes retirés au troisième tour pour minimiser notre humiliante défaite.

Je trouvais assez amusante la lecture des journaux anglo-canadiens où, à l'unanimité, on était sûr que le Canada allait l'emporter. Le fraudeur Conrad Black s'est même fendu d'un article dans le *National Post*, affirmant que le Canada méritait un siège permanent au Conseil de sécurité (Lord

Black espère récupérer sa citoyenneté canadienne après son emprisonnement aux États-Unis).

J'étais convaincu que la candidature canadienne allait être refusée et que c'était bien mérité. Dans les circonstances actuelles, le Portugal est un meilleur choix que le Canada. Il va représenter au Conseil de sécurité les petits pays qui constituent environ le tiers des membres de l'ONU et qui sont souvent exclus du processus de décision.

La principale raison de la défaite du Canada est que l'immense majorité des membres de l'ONU ne voulait pas d'un autre suppôt d'Israël au Conseil de sécurité aux côtés des États-Unis. Le Canada a irrité les 57 pays arabo-musulmans et leurs nombreux sympathisants dans le monde en abandonnant sa politique de relative neutralité pour devenir un allié inconditionnel d'Israël. Et comme si Ottawa faisait exprès de narguer les pays arabo-musulmans, 24 heures avant le vote crucial, le ministre du Commerce international, Peter Van Loan, a signé à Tel-Aviv un accord de libre-échange et a annoncé un renforcement des liens avec Israël. Bravo! Mission accomplie.

L'attitude négationniste et immobiliste du gouvernement conservateur par rapport aux changements climatiques a aussi aliéné un bon nombre de pays sur tous les continents et les États insulaires qui risquent de se trouver sous l'eau d'ici quelques décennies.

Le retrait graduel du Canada des missions onusiennes de maintien de la paix pour privilégier notre engagement militaire proaméricain en Afghanistan en a déçu d'autres.

Enfin, le gouvernement Harper a fermé des ambassades et des consulats partout dans le monde et a réduit le budget d'autres missions, dont celle du Canada à l'ONU, rendant plus difficile la campagne des diplomates canadiens à New York pour obtenir le siège au Conseil de sécurité. Le gouvernement Harper était tellement sûr de sa victoire qu'il a attendu jusqu'à la dernière minute pour lancer sa campagne, alors que l'Allemagne et le Portugal avaient déjà entrepris la leur depuis longtemps.

Vous avez vu à la télévision le pathétique ministre des Affaires étrangères, Lawrence Cannon, avec son air de chien battu, accuser les libéraux d'être responsables du fiasco ? Quel minable ! Il s'était déplacé à New York pour pouvoir profiter des retombées médiatiques du choix du Canada.

La triste réalité est que la majorité des pays de la planète a regardé le Canada dirigé par le Parti conservateur et s'est dit que cette bande d'incapables, d'incompétents et de malhabiles n'était pas à la hauteur.

Radio-Canada annonce l'ouverture de la chasse aux humanoïdes

15 octobre 2010

Un fumiste affabulateur est venu dire à la télévision de Radio-Canada que si quelqu'un vient sonner à la maison avec un *look* étrange — un humanoïde —, il faut prendre son 12 et l'abattre. Et personne en studio n'a réagi. Je n'en reviens pas encore.

L'émission a accueilli un certain François Bourbeau, responsable du Réseau Ovni-Alerte, et on l'a laissé dire les pires insanités. L'hurluberlu assure que des humanoïdes venus du futur ou de mondes parallèles nous menacent et qu'il faut les tuer quand on les surprend. Finis donc les extraterrestres : voici le temps des humanoïdes spatiotemporels.

Bourbeau affirme que ces êtres fantastiques ont déjà tué huit personnes au Brésil. Tiens, tiens, ça se serait su. Ça vaut la peine d'être vérifié. Allez sur Internet, vous allez découvrir que de nombreux sites spécialisés dans les ovnis signalent l'histoire. Certains publient même des photos épouvantables d'un être humain qui aurait été torturé de façon hallucinante par des humanoïdes avec des armes futuristes.

Le problème, c'est qu'à part des sites « ovnipathes » dirigés par des individus du même acabit que Bourbeau, personne d'autre ne rapporte cette information. Si elle était vraie, on trouverait des références abondantes dans les médias brésiliens « normaux ». L'affaire aurait été rapportée par les agences internationales comme Reuters et AFP. Mais rien. Absolument rien. Ça prouve que c'est un attrape-nigaud. De la foutaise, comme 99 % de ce qui se trouve sur les sites consacrés aux ovnis.

Et les photos alors ? Tout ce qu'on nous dit, c'est qu'elles proviendraient d'un policier qui les aurait données à chose qui les a remises à untel qui les a glissées à un « ovnipathe » patenté qui les a publiées sur son site Internet. Pas besoin d'imputer ces meurtres monstrueux à de pauvres humanoïdes perdus dans le temps. Régulièrement, des crimes sadiques accompagnés de violences inouïes sont signalés en Amérique latine. Les cartels de la drogue brésiliens sont tout aussi brutaux que les cartels colombiens ou mexicains.

Mais ces blessures qui paraissent provenir d'armes inconnues ? Ce ne serait pas la première fois que des tortionnaires latinos utilisent des torches à acétylène sur des informateurs de police ou des concurrents. Et on n'arrête pas le progrès. Peut-être que des *bandidos* brésiliens ont décidé d'innover en utilisant des lasers sur leurs ennemis. Les yeux et les organes génitaux sont les cibles de prédilection des psychopathes, spatiotemporels ou pas.

Puis j'ai compris. Pourquoi n'y avais-je pas pensé avant ? Bourbeau lui-même est un dangereux humanoïde en cavale qui s'est inséré dans un corps humain avec mission de ridiculiser *Tout le monde en parle* et Radio-Canada. Il a ainsi réussi à oblitérer tout sens critique de l'équipe en répandant dans le studio un fluide neutronique qui s'est attaqué aux facultés intellectuelles. C'est ce qui explique l'absence de réaction de Dany Turcotte et de Guy A. Lepage.

Depuis les années 1950, le Brésil est l'un des pays où l'«ovnipathologie» fait le plus de victimes. Les cultes et les sectes OVNI y ont fait la fortune de mystificateurs régulièrement dénoncés par les médias locaux. Gardons-nous de rire des Brésiliens: nous avons nos raëliens et nos scientologues. *There's a sucker born every minute.*

En terminant, un conseil. Si vous avez une tronche un peu bizarre, n'allez surtout pas sonner chez Bourbeau. Vous risquez alors d'être zappé comme humanoïde anticipé. Pour l'instant, les seules victimes des humanoïdes échappés de l'avenir sont les «innocents» qui écoutent Radio-Canada et croient ce qu'ils y entendent.

La liberté va-t-elle infecter le Parti communiste chinois?

18 octobre 2010

Les dirigeants communistes chinois sont la proie d'une dangereuse contamination: la démocratie et la liberté d'expression semblent vouloir se propager en leur sein alors même qu'ils sont réunis à huis clos à Pékin pour discuter du développement économique du pays.

À l'origine de la contagion actuelle: le comité du Nobel de la paix qui a attribué son prix au dissident emprisonné Liu Xiaobo. La nouvelle de l'attribution du Nobel est censurée en Chine, mais le virus se répand. Une de ses premières victimes est le premier ministre Wen Jiabao qui affirme à CNN que la Chine doit s'atteler à des réformes politiques désormais nécessaires pour poursuivre le développement économique du pays.

Fermement décidés à éviter une pandémie, les services de propagande du parti n'hésitent pas à censurer le chef du gouvernement ! Mais le mal de liberté est trop contagieux. Comme c'est souvent le cas, ce sont des vieux, toujours plus vulnérables, qui sont les premiers touchés. La semaine dernière, 23 retraités influents de la direction du Parti communiste chinois ont signé une pétition demandant que la censure soit abolie et que la liberté d'expression, déjà inscrite dans la Constitution, soit respectée.

Depuis quelques jours, l'infection se généralise. Une lettre signée par près de 200 professeurs, écrivains, avocats et intellectuels réclame à son tour la fin de la censure en Chine. Durant le week-end, 400 autres personnalités ajoutent leur paraphe au bas de la lettre. Elle défie directement le Parti communiste en décrivant le prix Nobel de Liu comme un événement majeur de l'histoire de la Chine moderne et comme une occasion pour la société chinoise de faire sa transition pacifique vers la démocratie. Les signataires demandent la libération de Liu et de tous les autres prisonniers politiques ou de conscience.

Ces courageux Chinois somment les dirigeants communistes d'utiliser leur rencontre de Pékin pour faire connaître leurs intentions sur les libertés civiles. Espérons qu'elle se transforme en débat sur la liberté et la démocratie.

Le système autoritaire centralisé à inspiration capitaliste actuel était sans doute nécessaire pour sortir la Chine du maoïsme et de la pauvreté. Cette phase d'accumulation primitive du capital, pour employer la terminologie marxiste, est terminée.

La société chinoise, qui a connu un développement sans pareil dans l'histoire de l'humanité depuis 30 ans, a atteint un stade de développement où elle doit faire la transition vers une économie du savoir. Et une telle économie est impossible sans la liberté de circulation des idées et leur libre concurrence.

Le développement futur de la Chine passe aussi par un rôle accru de la société civile. Les décisions doivent être décentralisées vers les régions, les provinces et les municipalités et les richesses accumulées, être mieux réparties entre les villes et les campagnes.

Il y a plus d'une génération, Deng Xiaoping a eu le courage de mettre le maoïsme économique aux poubelles de l'histoire et de lancer les réformes qui ont permis le développement fulgurant actuel du plus vieil État de la planète. On va voir si l'élite actuelle du parti, constituée d'ingénieurs, de scientifiques et d'administrateurs, a la perspicacité d'instaurer la réforme démocratique qu'exige maintenant la poursuite du développement.

La Chine a un besoin urgent d'un premier plan quinquennal de développement de la liberté et de la démocratie pour accompagner son 12e plan quinquennal de développement économique.

Le Parti libéral du Québec: après la loi 115, il n'y a plus rien à vendre

20 octobre 2010

La loi 115 sur les écoles-passerelles a été adoptée, malgré les trois partis d'opposition qui représentent une majorité de Québécois. Pour être fidèle à sa base politique et à ses bailleurs de fonds anglo-ethniques, le Parti libéral et sa ministre responsable du dossier, Christine Saint-Pierre, ont renié le Québec.

Après avoir vendu tout ce qu'il y avait à vendre, garderies, contrats de construction, sièges de juges, places aux conseils d'administration de sociétés d'État, les libéraux se sont vendus eux-mêmes. Ils ne valaient pas très cher : 22 dirigeants d'écoles-passerelles n'ont donné que 110 000 $ au PLQ. Les trente deniers de Judas.

Soyons justes. Ce ne sont pas tous les 61 libéraux qui ont voté la loi qui sont des vendus. La dizaine de députés anglo-ethniques ont bien défendu les intérêts de leurs électeurs et méritent leur soutien.

L'accès à l'école de son choix est dorénavant un privilège de classe au Québec. Même si les libéraux donnent aux riches le droit d'envoyer leurs enfants à l'école anglaise, cela ne satisfait pas les Anglais. Leur homme de main, le sinistre Brent Tyler, annonce qu'il va reprendre le combat et qu'il est prêt à aller jusqu'à l'ONU pour dénoncer ce crime contre l'humanité que constitue la défense du français. Les Anglos-ethniques du Québec, des damnés de la terre aux côtés des Palestiniens. Quelle farce grotesque !

Saint-Pierre s'est dite convaincue que sa loi inique sera encore là dans dix ans. Réveille ! Toi, ta loi et ton parti, vous allez être jetés aux rebuts de l'histoire dès que vous aurez le culot de vous présenter devant l'électorat.

Les libéraux vont être balayés de la carte du Québec. La tache rouge qui le salit va se limiter au West Island et à quelques comtés ethniques. Ils viennent de donner la clé de l'Assemblée nationale au PQ qui va faire de la polarisation linguistique le fer de lance de sa stratégie électorale.

Cette affaire démontre clairement que la question nationale ne peut être mise entre parenthèses. Ça devrait inciter François Legault et Joseph Facal à mettre de côté leur projet de nouveau parti, si jamais cela a été dans leurs intentions, pour proposer plutôt leurs réformes aux membres du Parti québécois.

Il n'arrive que rarement dans l'histoire d'un peuple qu'un groupe important de ses élus mérite le qualificatif de traître. Pour nous, ce fut le cas des députés fédéraux qui ont voté la pendaison de Riel en 1885 ; des députés du Québec qui ont soutenu Borden et Mackenzie King lors des crises de la conscription des deux guerres mondiales ; des 70 salopes libérales qui, sous Trudeau, ont voté le rapatriement unilatéral de la Constitution en 1981, malgré l'opposition unanime de l'Assemblée nationale.

Le troupeau de bovins roux qui empeste le Salon bleu vient de rejoindre cette méprisable racaille. Ils méritent que la Société Saint-Jean-Baptiste fasse comme en 1981 et publie une pleine page dans le *Devoir* pour dénoncer leur forfaiture. Je propose que cette fois l'image des traîtres, sous la forme d'une photo d'identité judiciaire, accompagne leur nom pour que les Québécois puissent incruster leur profil repoussant dans leur mémoire.

« Ce sont des traîtres ! » criait le titre en gros caractères du texte de la Société Saint-Jean-Baptiste de Montréal qui dénonçait les députés fédéraux du Québec. L'actuelle sénatrice, Céline Hervieux-Payette, avait intenté une poursuite en diffamation de 440 000 $ contre la SSJB et ses dirigeants. La saga juridique s'est terminée en 2003 lorsque la Cour suprême a confirmé que la SSJB avait le droit d'appeler « traîtres » les députés libéraux du Québec.

L'auteur du texte, Guy Bouthillier, les qualifiait aussi de « collaborateurs », d'« agents actifs d'Ottawa et du Canada anglais dans nos villes et nos campagnes ». Il concluait en s'adressant au lecteur : « Souviens-toi de chacun et de chacune d'entre eux : ce sont des traîtres. À considérer comme tels. Aujourd'hui, ils ont le verbe haut, mais, demain, tu seras là, et tu leur feras payer leur trahison. »

Que dire de plus ?

L'immigration illégale : des mesures sévères ? Mon œil !

22 octobre 2010

« Nous envoyons le message que le Canada ne tolérera pas la contrebande d'êtres humains et que nous ne sommes pas une proie facile », tonne le ministre de la Sécurité publique, Vic Toews, en annonçant de nouvelles dispositions pour restreindre l'immigration illégale. C'est une supercherie. Un trompe-l'œil monumental.

Un exemple. S'ils introduisent 50 réfugiés ou plus, les trafiquants d'êtres humains seront passibles de 10 ans de prison. Autrement dit, on tolère les trafiquants d'êtres humains pourvu qu'ils ne soient pas trop avides. Qu'ils violent les lois d'accord, mais qu'ils le fassent à petite échelle. Comme ces criminels demandent entre 15 000 $ et 40 000 $ pour faire passer quelqu'un clandestinement au Canada, il y a encore beaucoup d'argent à faire en se limitant à la cargaison légale. C'est totalement absurde.

Nous avons le régime le plus généreux au monde pour les demandeurs d'asile. Notre taux d'acceptation est trois fois plus élevé qu'ailleurs. Et même si leur demande est refusée, des dizaines de milliers de faux réfugiés restent quand même ici. Ils disparaissent tout simplement dans la nature. Pensez à Ahmed Ressam, le terroriste d'al-Qaida qui voulait faire sauter l'aéroport de Los Angeles et qui vivait sans être inquiété à Montréal malgré de multiples décisions d'expulsion.

Il y a des années que les États-Unis et l'Australie ont adopté des mesures beaucoup plus sévères. Pourquoi le Canada ne le fait-il pas ? À cause de la lâcheté et de l'opportunisme de nos politiciens fédéraux. Pendant des décennies, les libéraux ont laissé entrer n'importe qui, n'importe comment. Il suffisait de dire : « Je suis un réfugié politique » pour avoir accès au paradis canadien.

Tous ces gens-là rejoignaient ici des compatriotes déjà installés pour la plupart dans le sud de l'Ontario ou en Colombie-Britannique et, comme eux, votaient libéral. Maintenant, les autres partis fédéraux veulent leur part du gâteau et courtisent tout aussi passionnément le vote immigrant. Pas touche aux réfugiés illégaux !

Il a fallu qu'ils commencent à arriver par pleins bateaux pour que le gouvernement conservateur sorte de sa torpeur complice : les sondages indiquaient une désapprobation massive de la population. Il fallait donc faire semblant de faire quelque chose.

On sait depuis des décennies que les réseaux de passeurs sont liés à des organisations criminelles ou terroristes. Mais le poids politique des compatriotes des immigrants illégaux au Canada fait qu'on ferme les yeux. Paul Martin prenait la parole devant des organisations qui soutenaient ouvertement les Tigres Tamouls, des terroristes pour les États-Unis, la France et la Grande-Bretagne, mais pas au Canada. Quand les conservateurs ont pris le pouvoir en 2006, les Tigres Tamouls ont été déclarés terroristes. Les Tamouls votaient trop massivement libéral. Ça leur apprendra.

Et n'oubliez pas que ce ne sont pas les plus pauvres, les plus démunis qui arrivent aux postes-frontières en demandant le statut de réfugié politique. Ce sont le plus souvent des membres de la classe commerçante et de l'élite des pays pauvres. Je trouve du plus haut comique de voir toutes ces belles âmes de gauche se dévouer pour aider la bourgeoisie de ce qu'on appelait jadis le tiers-monde à s'installer au Canada. Ces « idiots utiles » se font les auxiliaires des conseillers en immigration véreux et des avocats crapuleux qui exploitent le système.

L'année dernière, 33 000 personnes ont demandé le statut de réfugié au Canada. Probablement moins de 1 000 méritent de l'obtenir. L'immense majorité des demandeurs du statut de réfugié politique ne l'est pas. Ce sont des tricheurs qui ne correspondent pas aux critères pour s'y établir ou qui ne veulent pas attendre en ligne pour immigrer légalement au Canada. La nouvelle loi aura une efficacité proche de zéro pour empêcher le trafic d'êtres humains. Ce n'est d'ailleurs pas son but. Elle est destinée à jeter de la poudre aux yeux à la majorité de la population qui s'indigne que des forbans violent impunément nos lois de l'immigration depuis des décennies.

Les révélations de WikiLeaks et les crimes de guerre *US* impunis en Irak

25 octobre 2010

Le site Internet WikiLeaks vient de réaliser la plus grande fuite de documents militaires classifiés de l'histoire. On trouve dans les quelque 392 000 pages mises en ligne des informations qui indiquent que les forces américaines et britanniques en Irak se sont rendues coupables, ou ont accepté que leurs auxiliaires irakiens se rendent coupables, de tortures, de violations des droits de l'homme, d'exécutions sommaires et de crimes de guerre. Selon le droit international, Américains et Anglais portent la responsabilité de ces crimes irakiens.

Déjà en Grande-Bretagne des avocats d'organisations humanitaires se préparent à engager des procédures en ce sens contre les forces armées britanniques. L'ONU a demandé aux États-Unis d'ouvrir une enquête.

Le Pentagone a répondu qu'il n'en était pas question. Jamais l'administration Obama ne lancera d'enquête indépendante et objective en vue de traduire les coupables en justice et elle ne fera rien pour fournir aux victimes des recours adéquats et des réparations.

Pourtant, les États-Unis ont l'obligation légale de mener des enquêtes devant ces allégations contenues dans des rapports rédigés par leurs propres militaires. Les conventions des Nations Unies sur les droits humains dont ils sont signataires les obligent à poursuivre quiconque se rend coupable de tortures et de crimes de guerre.

Les Américains n'enquêtent que très rarement sur les rapports d'abus, de tortures, de viols et d'assassinats commis par leurs forces ou leurs alliés parce qu'ils ne peuvent admettre qu'ils se rendent coupables de tels crimes. Seuls leurs ennemis en sont capables. Si jamais des Américains sont traduits en justice pour crimes de guerre, ils sont acquittés ou reçoivent des peines sans commune mesure avec la monstruosité des actes commis.

Pour avoir dirigé l'assassinat de masse de 507 paysans vietnamiens sans arme, dont des femmes, des bébés et des vieillards, le 16 mars 1968, à My Lai au Viêt Nam, le lieutenant William Calley a été condamné à la prison à vie pour meurtres prémédités. Il a été libéré après deux jours d'emprisonnement sur ordre du président Nixon. L'opinion publique américaine soutenait massivement le tueur de masse Calley considéré comme un héros national.

Pour mémoire, voici quelques crimes de guerre de grande envergure commis par les Américains, qui resteront à jamais impunis pour la simple raison que les États-Unis sont la première puissance mondiale :

Deuxième Guerre mondiale. Les bombardements nucléaires des villes d'Hiroshima (80 000 morts) et de

Nagasaki (73 000 morts) et le bombardement de Tokyo avec des bombes incendiaires (97 000 morts). Ces attaques ne visaient aucun objectif militaire, mais les populations civiles dans le but de les terroriser ;

Guerre de Corée. L'armée américaine a tué des milliers de civils coréens durant la période 1950-51 alors qu'elle battait en retraite devant les armées communistes. Le haut commandement américain avait donné l'ordre criminel de tuer tous les civils coréens qui s'approchaient des unités américaines en repli au cas où « il pourrait s'agir d'ennemis déguisés. » Un cas parmi d'autres. Quatre cents réfugiés qui fuyaient l'avancée nord-coréenne au pont ferroviaire de No Gun Ri ont ainsi été assassinés à la mitrailleuse lourde ;

Guerre du Viêt Nam. En 1967, une unité spéciale nommée *Tiger Force* a pendant plusieurs mois semé la terreur dans les villages des hauts plateaux vietnamiens, tuant des centaines de paysans. Dix-huit soldats américains furent soumis à une enquête pour crimes de guerre. À la suite de l'intervention de la Maison Blanche, aucun ne fut jamais inculpé. Le journal *Blade* de Toledo a gagné un prix Pulitzer en 2003 pour sa série d'articles sur ces atrocités et la façon dont elles ont été dissimulées par les autorités militaires et politiques américaines.

Les crimes de guerre impunis d'Irak vont maintenant s'ajouter à la liste.

La plus récente fuite de WikiLeaks va peut-être au moins faire comprendre aux menteurs galonnés du Pentagone qu'à l'ère d'Internet, il est devenu presque impossible pour un pays de dissimuler l'horreur de ses crimes.

.... Quand le SCRS rate l'occasion d'infiltrer
27 octobre 2010 al-Qaida

Le Comité de surveillance des activités de renseignement de sécurité (CSARS) recommande dans son rapport annuel que la question de l'envoi d'espions canadiens à l'étranger fasse l'objet d'un débat public. Comme s'il s'agissait de quelque chose de nouveau. Le Service canadien du renseignement de sécurité envoie depuis plus de 20 ans des agents et des informateurs à l'étranger.

Un des cas les plus fascinants est celui de Gilles Breault*, un informateur de longue date du SCRS, qui s'est converti à l'islam à la demande du service et qui, sous le nom de Youssef Mouammar, a gagné la confiance des milieux intégristes montréalais.

Breault-Mouammar est invité en décembre 1993 à assister à Khartoum au Soudan à une conférence qui réunit des organisations intégristes du monde entier. C'est une occasion unique pour le SCRS de recueillir des renseignements qu'il va pouvoir faire circuler et ainsi d'accroître son prestige auprès des services britanniques et américains qui lui donnent beaucoup plus de renseignements qu'ils n'en reçoivent de lui.

À Khartoum, Breault-Mouammar se lie d'amitié avec l'organisateur de la conférence, Hassan al-Tourabi, un diplômé de la Sorbonne qui parle un français impeccable. Chez Tourabi, le Québécois fait la rencontre d'un exilé saoudien réfugié au Soudan, un certain Oussama ben Laden. Mouammar visite même un des camps que ben Laden a établi alors au Soudan pour former des djihadistes. Le SCRS rate l'occasion d'introduire un de ces agents dans l'organisation terroriste en se servant de Mouammar. Le fondateur d'al-Qaida sera finalement expulsé du Soudan en 1996 à la demande des Américains et des Saoudiens. Il trouvera refuge auprès du gouvernement des talibans en Afghanistan.

De retour au Canada, Breault-Mouammar, pour maintenir sa crédibilité auprès des islamistes, prend des positions publiques de plus en plus extrémistes et tient des propos antisémites. Il profère des menaces contre des institutions et des personnalités internationales considérées comme des ennemis de la mouvance intégriste islamique.

Jugeant que le SCRS a perdu le contrôle de son informateur, le Solliciteur général du Canada lui ordonne en 1996 de rompre tout lien avec Breault-Mouammar. Mais des agents du SCRS à Montréal ignorent l'ordre formel du ministre, maintiennent Mouammar sur la liste de paie et continuent de le diriger.

En 1997, les services antiterroristes français saisissent dans des repaires intégristes des documents qui prônent le recours à la violence et au terrorisme signés Youssef Mouammar. Des représentants du juge antiterroriste français Jean-Louis Bruguière viennent à Montréal pour enquêter sur Mouammar. Les autorités fédérales donnent diverses raisons pour ne pas collaborer. Quand le célèbre juge reçoit lui-même des menaces par télécopie signées Mouammar, il demande des explications à Ottawa.

Comment Mouammar peut-il à partir de Montréal proférer des menaces sans être inquiété ? Le SCRS jure au ministre qu'il a rompu tout lien avec lui. Mais au cabinet du ministre, on soupçonne le SCRS de mentir.

Pour en avoir le cœur net, le Solliciteur général demande à la GRC en avril 1999 d'ouvrir une enquête sur les liens de son service-frère avec Breault-Mouammar. L'opération ultrasecrète, dirigée par l'inspecteur Yves Roussel, porte le nom de code Projet Châle. Des enquêteurs de la GRC filent Mouammar et le photographie alors qu'il rencontre des agents du SCRS.

Cette fois Mouammar est éjecté pour de bon du SCRS. Le ministre exige qu'un des hauts dirigeants du SCRS se rende à Paris présenter des excuses au juge Bruguière.

Dans son rapport annuel de l'époque, le Comité de surveillance des activités de renseignements de sécurité (CSARS), qui est chargé de s'assurer au nom du Parlement que le SCRS opère dans les limites de la loi, n'a adressé, à mots couverts, qu'une légère remontrance au SCRS. Le scandale a été étouffé.

L'enseignement à tirer de cette histoire est que le contrôle qu'exercent le ministre de la Sécurité publique et le CSARS sur le SCRS est aléatoire et que le CSARS comme chien de garde de la démocratie ressemble plus à un *poodle* qu'à un *pitbull*.

* Mon dernier scoop comme journaliste de Radio-Canada en octobre 2001, a été d'identifier Gilles Breault, alias Youssef Mouammar, comme informateur de longue date du SCRS.

Les Français sont leurs propres pires ennemis

29 octobre 2010

Au cours des dernières semaines, des millions de Français sont descendus dans la rue pour s'opposer à la loi de la gravité. Ils savaient parfaitement que leurs manifestations de grogne étaient absurdes et ne mèneraient nulle part, mais ils se devaient à eux-mêmes dans leur rage de casseur masochiste de vandaliser leur propre économie. Les manifestants se sont défoulés de frustration et de dépit en incendiant des voitures (c'est un sport national) et en détruisant du mobilier urbain. Malgré tout, la gravité a gagné. La loi repoussant l'âge minimum de la retraite à 62 ans a été adoptée. Veux, veux pas, la France va aligner ses programmes sociaux sur ceux du reste de l'Europe. Ces crises de rage sont une particularité bien française. Elles ont accompagné depuis deux siècles toutes les étapes du déclin de ce qui était alors la première puissance de la planète, le centre culturel et intellectuel de l'humanité, le pays le plus riche et le plus populeux d'Europe. Aujourd'hui, la France est en perte de puissance et d'influence et peine à rester dans les dix premiers. Les Français sont les premiers responsables de leur propre déchéance.

La chute de la monarchie a marqué le début du crépuscule de ce grand pays qui est incapable de réformes et qui n'avance dans l'histoire qu'à coup de révolutions. Les Français sont passés de l'Ancien Régime à la Première République, à l'Empire napoléonien, à la Restauration, à la monarchie de Juillet, à la Deuxième République, au Second Empire, suivi de trois nouvelles républiques et de l'État fasciste de Vichy. Ça fait 11 régimes politiques (j'exclus les gouvernements insurrectionnels éphémères comme la Commune de Paris) en 220 ans, soit un régime tous les vingt ans. Rares sont les pays, même les républiques les plus bananières d'Amérique latine, à avoir connu une telle volatilité constitutionnelle. Pendant la même période, les deux pays que les Français passent leur temps à détester et à envier, les États-Unis et la Grande-Bretagne, n'ont connu qu'une seule forme de gouvernement.

C'est quoi, leur problème, vous demandez-vous ? Les Français ne se sont jamais remis d'avoir coupé la tête de leur roi. La fracture causée par la Révolution chez les élites ne s'est jamais guérie. La vieille et irréconciliable opposition entre la droite et la gauche rend extrêmement difficile dans ce pays de faire primer le bien commun et l'intérêt national.

Ce qui est nouveau dans les manifestations des dernières années, c'est qu'elles sont essentiellement réactionnaires dans l'acception la plus précise du terme. On ne descend plus dans la rue pour revendiquer des droits, pour réclamer la Liberté, l'Égalité et la Fraternité, mais pour défendre des droits acquis. Pendant des générations, la gauche syndicaliste a réclamé des changements sociaux. Aujourd'hui, elle exige le contraire : la préservation d'un système social intenable qui favorise ses intérêts.

C'est qu'en France comme au Québec, le syndicalisme est devenu un phénomène très majoritairement de la classe moyenne. Les syndicats regroupent maintenant surtout des membres de la petite bourgeoisie bureaucratisée, autant dans les administrations publiques que privées. Des ronds-de-cuir qui se travestissent en « travailleurs ».

Peu importe que cela mène à la ruine des prochaines générations, tout ce beau monde veut conserver ses privilèges. On ne les cédera pas, en tout cas, sans un baroud d'honneur. Une expression qui caractérise tellement bien la mentalité de nos cousins français.

Comme disait de Gaulle, gouverner un peuple qui a plus de 300 sortes de fromage n'est pas une mince affaire.

Il faut rendre publics tous les secrets du référendum volé de 1995

1er novembre 2010

Le financement illégal de la campagne du non par le gouvernement fédéral lors du référendum de 1995, au mépris de la démocratie et des lois électorales du Québec, est encore aujourd'hui entouré de mystère.

Avec Robin Philpot, j'ai publié en 2006 *Les secrets d'Option Canada* qui révélaient les dépenses référendaires non autorisées de cette officine de propagande que les partis libéraux du Canada et du Québec dirigeaient sous la couverture officielle du Conseil pour l'unité canadienne. J'avais récupéré la totalité des documents comptables d'Option Canada que tout le monde croyait détruits depuis 1997. À la suite des révélations de notre livre, le directeur général des élections du Québec a mandaté le juge Bernard Grenier pour mener une enquête.

Dans son rapport sur les activités d'Option Canada, le juge Grenier a estimé à 500 000 $ les dépenses qui n'avaient pas été autorisées ou déclarées durant le mois qui a précédé le référendum. Ce n'est qu'une partie infime des sommes gigantesques que le fédéral a dépensées illégalement et clandestinement pour assurer le triomphe antidémocratique du camp du non.

Le commissaire Grenier n'a pas enquêté sur toutes les illégalités commises par le camp du non durant la période référendaire, seulement sur celles qui se rapportaient à Option Canada et encore fallait-il qu'elles ne touchent pas la compétence constitutionnelle d'Ottawa. Une avocate du gouvernement fédéral, exceptionnellement autorisée à assister à l'audition des témoins, a exigé à plusieurs reprises que le procureur de la commission retire des questions posées parce qu'elle jugeait qu'elles dépassaient la compétence constitutionnelle du commissaire.

Le juge Grenier a quand même fait des découvertes qui n'ont pas été révélées dans son rapport et qui sont toujours secrètes. Ce que lui ont dit les 90 témoins durant les audiences à huis clos et plus de 4 500 documents qu'ils ont déposés en preuve sont frappés d'une ordonnance de non-diffusion, de non-communication et de non-publication sans limites de temps.

Après avoir établi les sommes dépensées en infraction aux lois électorales du Québec, le commissaire Grenier écrit :

« Ce montant ne tient cependant pas compte des dépenses non autorisées et non déclarées que nous n'avons pas été en mesure d'évaluer. »

Et les sommes consacrées illégalement au *Love-in* de la place du Canada se trouvaient ailleurs qu'à Option Canada : « La preuve présentée devant moi n'a pas permis de déterminer la source du financement du rassemblement du 27 octobre au centre-ville de Montréal. »

Le commissaire Grenier avait mandaté les juricomptables St-Laurent Faucher pour procéder pour lui à des vérifications. Certaines de leurs découvertes ont dû être retranchées du rapport du juge Grenier parce qu'elles allaient au-delà de la compétence constitutionnelle du commissaire.

Au cœur de l'opération référendaire fédérale figurait Lyette Doré, alors directrice générale du projet sur l'identité du ministère du Patrimoine canadien de Sheila Copps. C'est elle qui supervisait Option Canada. Doré, précédemment cadre du Service canadien du renseignement de sécurité, avait l'habilitation sécuritaire exceptionnelle de « Très secret/Top secret ». Les archives d'Option Canada indiquent, sans donner plus de détails, que l'un des projets « spéciaux » les plus pointus de l'organisme, auquel ont participé notamment Pierre Pettigrew et Claude Dauphin, portait le nom de code Projet #4 LD, LD signifiant Lyette Doré.

Lyette Doré ne s'occupait pas seulement d'Option Canada. Le rapport des juricomptables Kroll, Linquist Avey (*Qui est responsable ? Vérification juricomptable*), publié en annexe au rapport Gomery, indique que, outre les 5 millions de dollars affectés au poste « Unité — Le référendum au Québec », Lyette Doré a supervisé, pendant la même période, 8 millions de dollars au poste « Identité canadienne », 3 millions de dollars au poste « Unité — Communications » et 3,5 millions de dollars au poste « Identité canadienne, Phase II », pour un total de 19,5 millions de dollars. Il s'agit de près de deux fois le montant que Chuck Guité avait à sa disposition au ministère des Travaux publics pour le poste budgétaire «Unité — Le référendum au Québec», montant qu'il a affecté, entre autres, à la réservation de tous les grands panneaux-réclames au Québec. Tout cet argent a été puisé, en fait, à «La réserve pour l'unité» d'où proviendra plus tard une grande partie des millions du scandale des commandites.

Dans son rapport, le juge Grenier estime que Lyette Doré s'est conformée aux «règles hiérarchiques et éthiques» du gouvernement du Canada et que son comportement en tant que fonctionnaire fédéral est irréprochable. J'en suis convaincu. En bon soldat du fédéralisme, elle n'a fait qu'obéir aux ordres de ses supérieurs politiques. Elle mérite l'Ordre du Canada. *Bene merenti de patria!*

Le Parti québécois, lorsqu'il reprendra le pouvoir, doit à la population du Québec non seulement de rendre publique l'intégralité des archives de la commission Grenier, mais aussi de faire la lumière sur toutes les manipulations et les fraudes antidémocratiques qui ont souillé le référendum volé de 1995 par une enquête sans entraves constitutionnelles.

Les Américains en colère se tirent une balle dans le pied

3 novembre 2010

L'Amérique profonde a humilié le président Obama en donnant une majorité substantielle, à la Chambre des représentants, à un parti républicain contaminé par le virus d'idiotie venu du *Tea Party*.

Moins de deux ans après être apparu sur la scène politique pour s'opposer au programme de relance économique d'Obama, le *Tea Party* est devenu une force politique majeure. Obama n'avait pas le choix avec son programme de relance. Il devait engager des dépenses importantes pour éviter une dépression comme celle des années 1930. Il croyait que ces dépenses allaient stimuler la demande et faire baisser le chômage de façon significative. Il s'est trompé. Le taux de chômage se maintient à près de 10 %, le sous-emploi, à 17 %, la rémunération est stagnante et la richesse est à la baisse pour tout le monde sauf pour une minime frange de ploutocrates. Le *Tea Party* a bénéficié des largesses de cette clique de milliardaires d'extrême droite habilitée par la décision de la Cour suprême américaine à enlever toute limite au financement des campagnes électorales.

Les « petits Blancs » en colère du *Tea Party* ont crié leur frustration devant le chômage, l'effondrement de la valeur de leur maison, leur impossibilité de gagner les guerres sans fin dans lesquelles Bush et les républicains les ont engagés. Pour se venger, ils s'en sont pris à celui qui tente de réparer les pots cassés. Barack Obama constitue pour eux une cible idéale : en plus de projeter une image élitiste, il a le défaut intolérable d'être Noir et intelligent. Le mouvement n'a pas de chef connu, pas d'organisation nationale. Mais il a une reine : l'ancienne gouverneure de l'Alaska, Sarah Palin. Son ignorance béate et sa splendide stupidité la rendent tellement sympathique à l'Amérique profonde qui se reconnaît en elle.

La plupart des élus du *Tea Party* l'ont été sous la bannière républicaine, même si plusieurs d'entre eux sont en désaccord avec les politiques du parti jugées trop tièdes. Le Parti républicain, à la remorque du *Tea Party*, s'engage à réaliser des baisses radicales d'impôts sans identifier les programmes et les services gouvernementaux qui devront passer à la trappe. Mais pas touche au Pentagone. Pour ces petits Blancs chauvins, il n'est pas question de remettre en cause les guerres actuelles. Au contraire, ils croient à l'Empire américain et à la volonté divine qu'il règne sur le monde. Iran, Pakistan, Corée du Nord, Yémen : *Bring them on*, comme dirait Bush. *God is on our side.*

L'élection d'une majorité républicaine à la Chambre des représentants va rendre encore plus difficile pour le pays de se sortir du trou noir économique dans lequel l'a précipité George W. Bush avec ses baisses d'impôts et ses deux guerres. Bill Clinton avait légué un surplus budgétaire à son successeur.

Qu'en est-il 10 ans plus tard ? La dette nationale américaine accumulée est de 13,5 billions de dollars (en français, un billion = mille milliards). Le déficit 2011 sera de 1,3 billion de dollars. Les hypothèses réalistes projettent que le gouvernement des États-Unis va s'enfoncer dans le rouge de 10 billions de dollars de plus au cours de la prochaine décennie. La taille du problème défie l'entendement. Selon une étude du Fonds monétaire international, il faudrait un ajustement budgétaire permanent égal à 14 % du produit intérieur brut par an pour combler l'écart budgétaire.

Les dépenses civiles constituent le fardeau financier le plus important, mais les dépenses militaires pèsent aussi lourdement sur l'économie. L'Irak a déjà coûté 750 milliards de dollars. Les soins de santé pour les anciens combattants de cette guerre vont pousser le coût total à environ deux billions de dollars. Et ce sont là des projections optimistes. La facture pour la guerre d'Afghanistan est de 338 milliards de dollars et elle va s'accroître puisque l'administration Obama a décidé d'augmenter considérablement sa mise dans le conflit.

Quoi que fassent les républicains et les excités du *Tea Party*, il n'y aura pas de reprise facile. Une stagnation économique accompagnée de la dévaluation de la monnaie et d'une augmentation des déficits est plus que probable. Les solutions insensées proposées par le *Tea Party* et le Parti républicain ne vont que précipiter le déclin économique des États-Unis et peut-être engendrer une véritable dépression.

L'Américain moyen, le militant du *Tea Party*, celui qui aime tant les armes à feu, a pris son révolver chéri hier, l'a pointé en direction de ses orteils et s'est tiré une balle dans le pied.

Après l'avortement, vers la légalisation de l'infanticide

5 novembre 2010

Marie-Ève Bastille, cette jeune femme qui a accouché seule et qui a jeté son nouveau-né aux ordures, a été trouvée coupable d'homicide involontaire et condamnée à trois ans de prison pour négligence criminelle. Un juge complaisant a rejeté la thèse de la poursuite qui affirmait que le nouveau-né avait été victime de violence délibérée.

Le magistrat accommodant, Claude Gagnon, n'était quand même pas dupe des mensonges de la femme : « Marie-Ève Bastille a tenté, dans les jours qui ont suivi les tragiques événements, de brouiller les pistes et d'aiguiller les policiers dans de mauvaises directions pour camoufler sa faute ».

L'avocat de Bastille aurait pu, s'il avait été plus créatif, éviter toute peine de prison à sa cliente. Si Bastille avait témoigné que son enfant n'était pas encore né naturellement, mais qu'il était mort durant un avortement qu'elle avait provoqué pour s'en débarrasser, il aurait été pratiquement impossible de la condamner. Au Canada, un vide juridique scandaleux entoure l'avortement. On peut procéder à l'avortement d'un enfant jusqu'à son expulsion naturelle de l'utérus. C'est un des rares pays de la planète qui accepte la pratique inhumaine et cruelle des avortements tardifs.

Bastille avait également une autre possibilité. Même pendant les dernières semaines de sa grossesse, elle aurait pu se rendre dans un hôpital où un personnel empressé aurait pris des dispositions pour qu'elle puisse se faire avorter aux États-Unis. Là, elle aurait été accueillie avec chaleur et compréhension par une équipe médicale souriante qui se serait chargée du meurtre à sa place. Dans des conditions sanitaires impeccables, un médecin bienveillant, assisté par des infirmières compétentes, aurait proprement assassiné son enfant et aurait disposé du cadavre selon les normes strictes d'hygiène. Tout aurait été fait dans les règles de l'art, dans le respect des lois et Marie-Ève Bastille aurait évité un emprisonnement et un dossier criminel.

Est-ce que le fœtus de Marie-Ève Bastille était moins humain, moins viable deux semaines avant que sa mère le tue à sa naissance? Il est évident que non pour toute personne sensée. La seule différence est que l'État se serait chargé de la mise à mort.

On n'arrête pas le progrès. Encore quelques années et les mères qui assassinent leur nouveau-né ne seront plus inquiétées. Aux États-Unis déjà, des partisans du droit à l'avortement qui soutiennent les causes féministes réclament que les mères aient le droit d'assassiner leur bébé.

Les justifications insidieuses d'une telle abomination sont en train d'être développées par des universitaires et des intellectuels dépravés. Le professeur de psychologie Steven Pinker du *Massachusetts Institute of Technology* soutient que le meurtre d'un nouveau-né n'est pas vraiment un homicide parce qu'il n'est pas une personne humaine. Selon Pinker, la naissance n'est qu'une étape arbitraire dans un continuum vers l'être humain. Le bébé ne devient un être humain que lorsqu'il peut réfléchir et prendre connaissance de son existence.

Le professeur de philosophie Michael Tooley de l'Université du Colorado va encore plus loin dans l'abjection. Il affirme carrément que l'infanticide doit être légalisé parce que les «organismes ou les entités biologiques néonatales» ne sont pas des êtres humains. Dans ses textes, il ne parle pas d'enfants ou de bébés. Plus facile de tuer un organisme qu'un bébé. Ça prend combien de temps à un organisme qui pleure, qui rit et qui se trémousse pour devenir un être humain? Une semaine, suggère Tooley en ajoutant que ça pourrait être plus. Il assure que ce serait un bien pour l'humanité de permettre aux mères d'éliminer leur progéniture défectueuse. L'eugénisme hitlérien ne disait pas autre chose.

L'avortement est accepté par la majorité des Québécois comme une technique de planification familiale parmi d'autres. Mais pas l'infanticide. Les deux sont des méthodes pour tuer des êtres humains. Pourquoi l'une est acceptable et l'autre, condamnable?

La plupart des gens ne veulent pas se poser la question de crainte que la réponse les dégoûte moralement d'eux-mêmes.

Arrêtez d'en envoyer, la boîte aux lettres de Pauline Marois est pleine!

8 novembre 2010

On s'écrit beaucoup ces temps-ci chez les péquistes. Cinquante jeunes impatients envoient une lettre à matante Pauline par l'entremise du *Devoir*, 136 péquistes pépères répondent à sa place. Et maintenant, c'est matante Françoise qui y va de sa petite missive. Et les belles-mères Landry et Parizeau caquettent en arrière-plan sur le courrier qui ne leur est pas adressé. Y a d'la bisbille dans la famille.

Françoise David et les jeunots ont raison de dire que le Parti québécois et les indépendantistes doivent faire autre chose que d'attendre la conjoncture favorable en pianotant sur le coin de la table. Ils n'ont pas tort de qualifier la démarche actuelle du Parti québécois, pour promouvoir la souveraineté, de bureaucratique et d'ennuyante.

Espérons que ces échanges épistolaires vont sonner le réveil.

Dans sa lettre, David suggère, pour sortir le PQ et le Québec de leur torpeur, de relancer l'idée d'une Constitution nationale. C'est une excellente idée, un thème de ralliement et de mobilisation populaire idéal. La population avait suivi massivement la consultation qui avait précédé le référendum de 1995 et la commission Bélanger-Campeau créée après le rejet des accords du lac Meech. Daniel Turp a un brouillon de Constitution dans ses tiroirs et c'est déjà dans le programme du PQ et de QS. Même l'ADQ n'est pas rébarbative à l'idée.

L'adoption d'une Constitution québécoise serait considérée comme une provocation par le Canada anglais et entraînerait un déchaînement de haine et de rancœur dans un concert d'insultes à l'endroit des Québécois.

Qu'en plus, un gouvernement dirigé par Pauline Marois exige (pas quémande) un transfert de compétences et d'argent dans les domaines de la culture, de l'immigration et des communications, ça provoquerait des crises de rage des éditorialistes et des commentateurs du *National Post*, du *Globe and Mail* et de *La Presse*.

C'est pourquoi je ne comprends pas le blocage des 50 jeunes souverainistes et de la présidente de Québec solidaire quant au programme péquiste de tenter d'obtenir plus de pouvoir d'Ottawa dans ces domaines lorsque le PQ sera au pouvoir. Ces mesures obtiendraient un appui presque unanime au Québec français, mais braqueraient le Canada anglais contre le Québec. Ce ne sont pas des chicanes stériles, comme le pense Françoise David, mais une façon de faire comprendre à la population du Québec qu'il n'y a aucune concession possible du côté du Canada.

Ce serait donc aussi un excellent instrument de mobilisation en vue d'un référendum gagnant.

Un sondage réalisé en mars 2010 révélait que près des deux tiers des Québécois croyaient encore possible que le Canada réponde aux aspirations du Québec. C'est une grave illusion, comme le souligne Gilles Duceppe. La seule façon de dessiller les yeux des Québécois est de confronter le reste du Canada à une série de revendications. Les libéraux André Pratte, Alain Duduc et Lysiane Gagnon vont crier à la provocation, mais, comme l'écrivait *récemment* l'ancien ministre péquiste *Jacques Léonard dans Le Soleil:*

> Comment pourrait-on accuser un gouvernement de fomenter une crise simplement parce qu'il tente de faire avancer le Québec? Et puis la crise, elle est là depuis qu'en 1982 le Québec s'est fait imposer une Constitution. Elle s'est manifestée en 1990 à la suite de l'échec de Meech, en 1992 avec le rejet de Charlottetown et en 1995, alors qu'une minime majorité s'est dégagée en faveur du «non» à la suite de manœuvres dégoûtantes.

Je ne comprends pas non plus l'obsession des critiques de Marois qui exigent que le parti inscrive dans le marbre un engagement à tenir un référendum le plus rapidement possible lors d'un premier mandat. Pauline Marois rappelle: «Quand je suis arrivée au Parti québécois, j'ai dit une chose: on ne fera pas de stratégie référendaire sur la place publique.» Elle a bien raison. Il ne faut pas télégraphier à l'ennemi ses plans et ses intentions. Plutôt que de faire des débats publics sur la «mécanique référendaire», il est préférable de mettre à jour les études sur la viabilité économique d'un Québec indépendant comme elle a l'intention de le faire.

En entrevue avec le journal *Les Affaires*, Pauline Marois a aussi promis que, lorsque son parti formera le gouvernement, elle écrasera les structures de l'État pour le rendre « plus imputable, plus performant et plus efficace ». Je ne suis pas sûr que sa déclaration soit unanimement accueillie au PQ, où les fonctionnaires et les syndiqués du secteur public sont nombreux, tant parmi les élus que les cadres. Il faudrait que le programme du parti reflète ces promesses par des engagements concrets. Du brasse-camarades en perspective.

On devrait soumettre Bush au supplice de la noyade simulée

10 novembre 2010

On savait que George W. Bush était un homme confus et à l'intelligence limitée, ne possédant aucune des qualités requises pour devenir président des États-Unis. Il vient de nous le rappeler en se pavanant depuis quelques jours du haut de sa médiocrité sur tous les plateaux de télévision pour vendre ses mémoires, *Decision Points*. Il confirme aussi qu'il est un criminel et un menteur.

Il se vante d'avoir donné l'ordre de soumettre Khalid Sheikh Mohammed au supplice de la noyade simulée et assure que le numéro deux d'al-Qaida, qui l'a subi 183 fois, a admis à ses tortionnaires la connaissance de 31 complots dont un contre l'aéroport de Heathrow à Londres. Pour Bush, la simulation de noyade ne constitue pas une torture, mais simplement « une technique d'interrogatoire enrichie » qui a démontré son efficacité en permettant notamment aux autorités britanniques de déjouer l'attentat de Heathrow.

Quand on ment, on est mieux de vérifier ses faits. L'opération policière qui a permis de faire échec à cette attaque a été menée en février 2003, un mois avant la capture de Khalid Sheikh Mohammed au Pakistan en mars 2003.

Les autorités britanniques embêtées par les mensonges de Bush les impliquant affirment selon le *Guardian* que, contrairement à ce que prétend Bush, Khalid Sheikh Mohammed a surtout donné des détails sur les structures et le fonctionnement interne d'al-Qaida. Eliza Manningham-Buller, l'ancienne chef du MI5 (l'équivalent du Service canadien du renseignement de sécurité), a révélé plus tôt cette année que les Anglais avaient protesté contre les États-Unis lorsqu'ils ont appris qu'ils utilisaient la torture sur des suspects de terrorisme. Pour les Britanniques, comme pour le reste du monde civilisé, la noyade simulée est de la torture. Quand on lui a demandé à la télévision s'il considérerait comme acceptable que des ennemis des États-Unis utilisent la simulation de noyade sur des prisonniers américains, Bush a paru désarçonné et a simplement demandé à son interlocuteur de lire son livre.

Durant la Seconde Guerre mondiale, des militaires japonais furent pendus après avoir été reconnus coupables de torture pour avoir soumis des prisonniers américains au supplice de la noyade simulée. Une cour martiale américaine a trouvé un soldat américain coupable de torture pour avoir soumis un Philippin au même supplice durant la guerre hispano-américaine de 1898. Que Bush ait commis un crime même en vertu du droit américain est incontournable.

Le problème de la torture est qu'elle produit des informations erronées. Le prisonnier va finir par admettre n'importe quoi à ses tortionnaires pour que la souffrance cesse. Bush écrit dans son livre qu'Abu Zubaydah, soumis au supplice de la baignoire après sa capture au Pakistan en 2002, a révélé des informations cruciales. Vérifications faites, Zubaydah a dit à ses bourreaux qu'al-Qaida avait des liens avec Saddam Hussein et qu'un complot visant à faire éclater une bombe radiologique à Washington était en voie d'exécution. Ces deux informations sont maintenant reconnues comme fausses par la CIA. Après avoir été longuement torturé par la CIA, Ibn Cheikh al-Libi a reconnu, lui aussi, qu'il y avait des liens entre Saddam Hussein et al-Qaida et il a, de plus, révélé que l'Irak possédait des armes de destruction massive. Ces deux renseignements totalement sans fondement ont été utilisés par Bush et ses complices, Cheney et Rumsfeld, comme prétextes pour déclencher la guerre d'Irak.

Plusieurs organisations de défense des droits humains réclament que Bush soit placé sur les listes de criminels recherchés maintenant qu'il avoue avoir donné l'ordre d'utiliser le supplice de la noyade simulée contre des prisonniers. Mais ce n'est pas demain la veille qu'on va voir ses photos de face et de profil diffusées partout dans le monde par Interpol.

Bush mérite d'être traîné devant la Cour internationale de justice de La Haye et, s'il est trouvé coupable, d'être soumis au supplice de la noyade simulée. Disons seulement une douzaine de fois. Par compassion.

La mort de Nicolo Rizzuto et le crépuscule de la mafia

12 novembre 2010

Vito Rizzuto doit être libéré de prison au Colorado en 2012. S'il revient à Montréal, le chef en titre du clan mafieux va avoir de la difficulté à obtenir une assurance-vie à un prix abordable. Mais il est plus que probable que l'Italie obtienne son extradition pour une affaire de blanchiment d'argent dans l'industrie de la construction de son pays natal...

Les Rizzuto ont régné au début des années 2000 sur ce qui était sans doute devenu l'une des premières organisations mafieuses de la planète, les cinq clans new-yorkais (Lucchese,

Gambino, Genovese, Bonanno et Colombo) étant en déclin depuis une trentaine d'années.

Le crépuscule des crapules mafieuses américaines a deux explications. D'abord la loi RICO (*Raketeer Influenced and Corrupt Organizations*), qui a permis aux autorités de reprendre dans les goussets des parrains et des capos des sommes colossales provenant d'activités criminelles. Ensuite la fin de l'omerta. Confrontés à des peines de centaines d'années de prison, les soi-disant Hommes d'honneur préféraient devenir délateurs, envoyant un grand nombre de *made men* (mafiosi initiés) derrière les barreaux.

Ici le coup fatal a été porté à l'organisation par l'Opération Colisée de 2006, qui a permis d'écrouer 90 mafieux à cause d'une gaffe impardonnable qui a détruit à jamais la réputation des Rizzuto. Pour des raisons inexplicables, ils n'ont pas réguliè-rement fait faire le balayage électronique de leur QG. Ils ont ainsi permis à la police d'enregistrer en audio et en vidéo pendant des années toutes leurs activités au Club social Consenza, le repaire de l'organisation.

La mafia montréalaise, c'est à l'origine des immigrants illettrés et sans le sou du sud de l'Italie qui arrivent ici avec leur tradition de crimes de sang et d'extorsion. Ils gravissent l'échelle sociale et s'imposent par la menace et l'intimida-tion dans la restauration, l'alimentation, l'immobilier et la construction. Ces entreprises servent ensuite à lessiver les profits de la criminalité, dont ceux du trafic de drogue. Sur trois ou quatre générations, certaines des fortunes les plus considérables du Québec sont ainsi accumulées. Cela n'aurait pas été possible sans le silence des institutions et des organi-sations sociales de la communauté italienne qui n'ont jamais osé dénoncer ce cancer. Et sans des accointances politiques occultes, en particulier les libéraux fédéraux et québécois. Est-ce la raison pourquoi, au Canada, il a fallu attendre les années 2000 pour avoir une loi sur le recyclage des produits de la criminalité semblable à la RICO ?

Notons pour mémoire, parmi les rares cas qui sont sortis de l'ombre, celui du ministre libéral martyr du FLQ, Pierre Laporte, en relation pour le financement de sa campagne à la chefferie avec Frank Dasti et Nicola Diorio, des capos de l'organisation Cotroni. Du côté du PLC, l'homme de confiance et lieutenant du Québec de Jean Chrétien, Alfonso Gagliano, était l'ancien comptable de Agostino Cuntrera (lieutenant de Rizzuto assassiné récemment). Il le fréquentait à l'Association de Siculiana de Montréal et lui a d'ailleurs cédé la présidence de l'association des natifs de ce village sicilien. La GRC avait dissuadé Chrétien de nommer Gagliano au cabinet en 1993 qui, malgré tout, est devenu ministre des Travaux publics en 1996 (Alfonso affirme qu'il ne savait absolument rien des liens de son ami Agostino avec la mafia).

La mafia a dépassé son zénith. Partout sur la planète, elle cède la place aux organisations criminelles russes et chinoises. Montréal était l'un de ses derniers bastions. Certes, les bandits italiens qui commanditent par vendetta la dératisation sanglante actuelle des Rizzuto vont reprendre la marque de commerce « Mafia », mais l'honorable société n'aura plus jamais l'aura maléfique d'antan.

Qui a tué le Parrain ? À mon avis, un tueur à gages importé expressément d'Italie ou des États-Unis pour l'assassinat. Arrivé à Montréal quelques jours avant le meurtre, la veille, il s'est probablement rendu dans le boisé sans arme pour observer sa cible et repérer sa position de tir. Le jour du meurtre, un complice qui l'attendait dans une voiture de l'autre côté du boisé a facilité sa fuite. L'arme du crime a été rapidement détruite et le tueur, le soir même ou le lendemain matin, a pris l'avion pour New York ou Rome.

Notre nouvelle mission en Afghanistan : sauver la face des Américains

15 novembre 2010

Le Canada a payé cher son engagement en Afghanistan : 152 morts, sans doute près de 10 000 blessés (le gouvernement Harper refuse de rendre les chiffres publics) et près de 20 milliards de dollars. Nos pertes au prorata des forces engagées sont supérieures à celles de tous les autres pays de l'OTAN, sauf les États-Unis. Le Parlement a voté le retrait de nos forces pour juillet 2011. Harper, sous la forte pression américaine, vient de décider de maintenir sur place jusqu'en 2014 près de 1 000 soldats, soit plus du tiers de l'effectif, pour instruire l'armée afghane.

Son effectif actuel est de 134 000 hommes, les Américains veulent qu'elle atteigne 250 000 à la fin de l'année 2014. Pour atteindre un tel objectif, on recrute n'importe qui et on entraîne à la va-vite. Les Américains ont besoin pour des raisons de propagande d'avoir une armée imposante sur papier.

La seule et unique raison pour laquelle le Canada reste en Afghanistan est pour sauver la face de Barack Obama et des États-Unis.

Après l'offensive du Têt en 1968, il était devenu évident que l'Amérique ne pouvait gagner la guerre du Viêt Nam, mais, pour employer l'expression de Henry Kissinger, il devait s'écouler un « intervalle décent » entre le retrait des forces américaines et l'effondrement du régime de Saïgon. On assiste à un *remake* de tout cela en Afghanistan. Comme au Viêt Nam, l'Amérique a perdu la guerre, mais pour des raisons de prestige national, elle ne peut pas se retirer immédiatement. On va donc faire semblant de former une armée pendant que vont se poursuivre les négociations secrètes avec les talibans.

Toutes les raisons données pour justifier la mort de nos soldats n'étaient que des mensonges : promouvoir la démocratie, défendre les femmes, etc. À la fin, les États-Unis et l'OTAN vont donner aux talibans une place au gouvernement. Pourvu que la transition se fasse de façon à ce que les États-Unis puissent dire qu'ils n'ont pas été battus.

Ça fait déjà huit ans que les Américains entraînent ce ramassis de fainéants, d'analphabètes oisifs, de paysans désœuvrés et de délinquants de tout acabit qu'on nomme Armée nationale afghane (ANA). Une force incompétente, corrompue et indisciplinée dont les membres revendent au marché noir, et parfois directement aux insurgés, le matériel et le pétrole fournis par l'OTAN. À plusieurs reprises, des recrues à l'entraînement ont assassiné leurs instructeurs avant de disparaître pour ensuite annoncer qu'elles étaient des talibans en mission d'infiltration.

Une partie de l'effectif de l'armée est constituée de fantômes. Des officiers gonflent les effectifs de soldats fictifs afin de percevoir leur solde. Plus d'un militaire afghan sur quatre déserte son poste dans les mois qui suivent son recrutement. Chaque mois, quelque 2 000 officiers et soldats sont rayés des listes nominatives.

Ce taux de désertion a amené des analystes du Centre de l'armée américaine pour les leçons apprises à Fort Leavenworth, au Kansas, à écrire, dans le numéro courant de *Military Review*, qu'il est impossible pour l'ANA de se développer au-delà de son niveau présent de quelque 100 000 hommes : ses pertes annuelles dues aux désertions et au non-réengagement sont à peu près égales à ses gains de recrutement.

La réalité est que l'armée afghane ne sera pas plus opérationnelle en 2014 qu'à l'heure actuelle, quoi que fassent les instructeurs canadiens affectés à cette mission impossible.

D'ailleurs, qu'est-ce qu'on va enseigner aux jeunes Afghans ? À se tenir au garde-à-vous, à marcher au pas cadencé, à utiliser des latrines ? Ils n'ont pas vraiment besoin d'instructeurs occidentaux pour apprendre l'art de la guerre. Une milice dépenaillée, essentiellement armée de fusils d'assaut, vieux d'un demi-siècle, et d'explosifs hétéroclites tient tête depuis neuf ans à l'armée la plus puissante de la planète. Son bataclan de haute technologie est totalement inutile devant des guérilléros prêts à donner leur vie pour leur patrie et leur foi.

Ce que nos instructeurs vont faire, c'est un transfert de connaissances administratives qui va permettre à nos ennemis actuels, les talibans, d'avoir une armée répondant aux normes contemporaines lorsqu'ils reprendront le pouvoir.

Laval : « Parle plus bas, car on pourrait bien nous entendre »

17 novembre 2010

La conspiration médiatique qui n'a pas réussi à couler Gérald Tremblay, le valeureux maire de Montréal, s'acharne maintenant sur le pauvre Gilles Vaillancourt à Laval. Après avoir insinué de façon malveillante que tout le processus d'attribution des contrats à Montréal était arrangé par un groupe de 14 entrepreneurs de construction liés à la mafia — les *fabulous fourteen* —, voilà qu'on reprend les mêmes rumeurs indignes à propos de Laval.

À Montréal, la manœuvre méprisante a, jusqu'à maintenant, échoué. Le bon maire Tremblay avait plaidé la bonne foi et l'innocence. Effectivement, je n'ai jamais vu quelqu'un d'aussi innocent occuper des fonctions électives au Québec. Sa belle candeur a été récompensée. Les électeurs sagaces de sa ville l'ont facilement réélu. Je suis sûr qu'il va se passer la même chose à Laval. Dans une démocratie comme la nôtre, il n'est pas facile de tromper une population éclairée et réfléchie, douée d'un sens critique aiguisé.

De quoi se plaint-on à Laval? Qu'on retrouve les mêmes protagonistes dans le secteur de la construction qu'à Montréal? Normal. Ce sont deux villes jumelles. Et à Laval, ils ne sont pas 14 mais seulement 8. Le journal *La Presse* a découvert que près de 75 % des contrats donnés par Laval de 2001 à 2008 étaient allés à huit entrepreneurs. Ça ne veut rien dire. Que parmi les heureux gagnants figurent Construction Louisbourg et Simard-Beaudry, deux entreprises appartenant à Tony Accurso, qui ont obtenu 25 % des contrats, soit 97 millions sur un total de 388 millions, ça prouve quoi au juste? Que Tony Accurso est un excellent entrepreneur qui gère ses entreprises de façon efficace entre deux croisières sur son yacht avec ses amis politiciens et syndicalistes.

Et d'ailleurs Gilles Vaillancourt a nié être un ami de Tony Accurso, tout en reconnaissant avoir assisté à l'inauguration de son bar à Laval, le Tops, que fréquentent des cadres de la FTQ construction. Et alors? C'est un endroit bien tenu. En 2000, l'inspecteur-chef Ronald Montpetit de la police de Laval a été forcé de démissionner après qu'on eut découvert qu'il avait fait des vérifications illégales sur les antécédents de personnes qui avaient postulé un emploi au Tops. Que voulez-vous, on n'est jamais trop prudent. Le milieu de la construction au Québec, on le sait, n'est pas de tout repos. Le prédécesseur de Tony Accurso à la direction de Construction Louisbourg, Mario Taddeo, son beau-frère, est tombé en 1987 sous les balles d'un tueur à gages. Mario Taddeo était, lui aussi, proche du Parti libéral du Québec.

Oui, me direz-vous, mais il y a ce François Beaudry, l'ancien conseiller au ministère des Transports du Québec, qui a révélé sur les ondes de Radio-Canada le 14 octobre 2009 que la mafia est intervenue dans l'attribution d'une dizaine de contrats à Laval en 2003. Qu'est-ce qu'il en sait? La Sûreté du Québec a ouvert une enquête et plus personne n'en a jamais entendu parler. C'est la preuve, non, qu'il n'y avait rien là ? Jamais la SQ ne se soumet aux influences du gouvernement. Sauf, peut-être, pour attribuer des permis de port d'armes à des personnages honorables comme Luigi Coretti, l'ami et fournisseur de cartes de crédit du ministre Tony Tomassi. C'est une exception de rien du tout.

Lorsque Radio-Canada a demandé au maire Vaillancourt de commenter les révélations de Beaudry, il a déclaré n'avoir jamais entendu parler d'une telle histoire. Il a ajouté qu'il n'avait aucune indication voulant qu'une telle pratique ait cours à Laval. Comme le maire Tremblay, il n'a rien vu, rien su, rien entendu de ce qui se tramait autour de lui. J'ai autant confiance en sa parole qu'en celle de Gérald Tremblay. Vaillancourt est un innocent accompli, je vous le dis.

Il est parfaitement évident pour n'importe quel observateur impartial que les deux députés qui accusent le maire de Laval de corruption à dix ans d'intervalle ont un «agenda» caché. Tout le monde vous dira que Serge Ménard et Vincent Auclair, c'est du pareil au même, les doigts sinistres d'une même main. Deux coconspirateurs qui participent à une vaste conjuration d'origine journalistique pour miner la confiance des Québécois dans des hommes irréprochables comme Tremblay et Vaillancourt et Charest.

Tous en chœur maintenant avec l'accent de Tino Rossi : «Parle plus bas, car on pourrait bien nous entendre...».

Les fiançailles du prince William : il faut une preuve d'ADN de tous les Windsor

19 novembre 2010

Pendant qu'au Québec, les Rizzuto et les libéraux faisaient les manchettes, au Canada anglais, les médias n'en avaient que pour les Windsor et le prince William, le deuxième dans l'ordre de succession au trône et, possiblement, notre futur roi.

Deux groupes républicains britanniques, *Republic* (www.republic.org.uk) et *Throne Out* (www.throneout.com), ont l'intention d'utiliser le nouveau tsunami médiatique autour des *Royals* pour raviver leur campagne en faveur de l'abolition de la monarchie. Pour eux, l'hérédité est une bien piètre raison de subventionner le train de vie extravagant des fainéants lubriques que sont les Windsor, une famille encore plus dysfonctionnelle que celle d'Homer Simpson.

Entre-temps, les antimonarchistes veulent au moins être sûrs d'avoir un produit authentique. Ils réclament qu'on soumette la reine et tous les membres de la famille royale, qui vivent aux dépens des contribuables, à des tests d'ADN afin de vérifier s'ils sont bien qui ils prétendent être. Il y a, en effet, de bonnes raisons de croire que Élisabeth II, sa fille, la princesse Anne, et sa bru, Lady Diana, ont toutes trois donné naissance à des bâtards, polluant irrémédiablement l'hérédité de la famille.

D'abord, la question de la filiation paternelle de la reine elle-même. Est-elle vraiment la fille de George VI? Le bruit court depuis des décennies que George VI était impuissant. Élisabeth et sa sœur Margaret auraient été conçues par insémination artificielle. Si tel est le cas, est-ce bien le sperme de George VI qui a été utilisé pour inséminer la reine mère?

Avant de parler des infidélités de la reine, rappelons les déboires conjugaux qui l'ont poussée à prendre des amants. Élisabeth II découvre en 1956 que son mari la trompe avec la princesse Alexandra, sa cousine et confidente, de 10 ans sa cadette. La reine bannit Philip de son lit pendant plusieurs années.

Lorsqu'il rencontre la princesse Élisabeth pour la première fois, en 1939, Philip a déjà une liaison avec la chanteuse de cabaret

Hélène Cordet. Une enquête m'a permis de découvrir il y a quelques années un des secrets les mieux gardés de la famille royale:
Philip est le parrain des deux enfants illégitimes qu'il lui a faits:
Max, né le 11 novembre 1941 et Louise, née le 8 février 1945. La
relation avec Hélène Cordet, décédée en 1996, s'est poursuivie
de longues années après son mariage avec Élisabeth. Parmi ses
nombreuses autres conquêtes, la comédienne Zsa Zsa Gabor
et dans l'aristocratie, la duchesse d'Abercorn, la comtesse de
Westmoreland, et Susan Barrantes Ferguson, la mère de «Fergie»,
ex-femme du prince Andrew. Son nom a aussi été évoqué dans
le scandale Profumo qui a provoqué la chute du gouvernement
Macmillan, en 1963. Philip aurait participé à des «parties fines»
organisées par Christine Keeler, la prostituée qui fréquentait à la
fois le ministre de la Défense, John Profumo, et l'attaché naval
soviétique, le capitaine Yevgeny Ivanov.

Élisabeth II s'amouracha d'abord de Lord Porchester,
comte de Carnarvon, gérant des écuries royales. Le prince
Andrew serait issu de cette idylle. Contrairement aux autres
membres de la famille royale, minces comme Philip, Andrew a
plutôt une forte carrure, comme Porchester et ses deux fils.

On attribue aussi à Élisabeth II une liaison avec le baron Patrick
Plunket, maître adjoint de la Maison Royale. La ressemblance du
prince Edward avec Plunket est troublante. Il n'a pas l'air chevalin
des Windsor. Lorsque Patrick Plunket meurt d'un cancer en 1975,
Élisabeth le fait inhumer dans le cimetière de la famille royale.

Les questions de filiation des héritiers du trône
d'Angleterre accablent tout autant la génération suivante des
Windsor. La fille de la princesse Anne, Zara, serait le fruit
d'une liaison amoureuse avec son garde du corps Peter Cross,
un sergent-détective de la police de Londres.

Le fils cadet de Lady Diana, le prince Harry, frère de
William, a une très forte ressemblance avec le major James
Hewitt, un des amants de *Lady Di* dont il a le physique:

les cheveux blond roux, les taches de rousseur et la même mâchoire distinctive. Hewitt est un personnage méprisable qui a tenté de vendre 64 lettres de la princesse contenant des détails sur leurs fantasmes sexuels et leurs jeux amoureux. Prix demandé : 15,6 millions d'euros.

Il suffirait qu'un journaliste malveillant obtienne des cheveux de différents membres de la famille et qu'il les soumette à des tests d'ADN pour mettre fin aux spéculations. S'il se révélait que la reine a eu quatre enfants de trois pères différents ou qu'elle n'est pas la fille de George VI, le Royaume-Uni, le Canada et le reste du Commonwealth seraient plongés dans une crise constitutionnelle plutôt hilarante pour le reste de la planète.

Incendies criminels dans les pizzerias : les flics dorment au gaz

22 novembre 2010

Ça fait maintenant plus de un an que la région de Montréal fait face à une vague sans précédent d'incendies criminels. Ce fut d'abord des dizaines de cafés italiens* et de pizzerias. Les incendiaires visent maintenant les salons de coiffure et les importateurs de fromages. Les *gelateria* et les fabriques de pepperoni, de saucissons de Bologne et autres salamis vont suivre bientôt. Va-t-on attendre que la totalité des commerces «italiens» soit «molotovisée» pour qu'on se réveille, à la police de Montréal ?

Oui, je sais, le Service de police de la ville de Montréal a mis sur pied une escouade spéciale et le programme Impact pour stopper la pluie de cocktails Molotov. Mais l'impact de ces initiatives est, jusqu'à maintenant, proche de zéro.

Le chef de la division des crimes économiques et de la propriété déclare qu'il prend la situation «très au sérieux» et qu'il dispose «des moyens nécessaires pour faire face à la situation». Après avoir longuement réfléchi, consulté ses meilleurs enquêteurs et obtenu l'autorisation de son chef, il y va même de la révélation extraordinaire suivante au journal *La Presse* : « La méthode utilisée (le cocktail Molotov) est une méthode reconnue et facile ». Ça rassure de savoir qu'un homme doué d'une telle perspicacité est chargé du dossier. Il n'a quand même pas osé s'aventurer trop et émettre l'hypothèse que ce n'est pas par hasard que ces commerces sont visés.

Tout ce que les policiers sont capables de faire, c'est de demander aux citoyens qui possèdent des renseignements d'appeler à Info Crime. Il n'y a plus personne qui les prend au sérieux, surtout pas les incendiaires qui leur font des pieds de nez. Ils s'enfoncent dans le ridicule avec leurs appels à l'aide de la population à chaque nouveau cocktail Molotov. Belle *gang* de sans-dessein.

Peut-être sont-ils trop occupés à gérer leurs propres entreprises et qu'ils n'ont pas beaucoup de temps à consacrer à la protection des citoyens de Montréal. Si tous ces flics se mettent à faire des enquêtes, qui va s'occuper de leurs activités commerciales, de leur femme, de leurs associés, de leurs prête-noms ? Je comprends que ça doit être agaçant de tenter de gérer son *business* et d'être appelé à toute heure du jour et de la nuit pour se rendre sur les lieux d'un incendie criminel. C'est sûr aussi qu'enquêter sur des pizzerias déconcerte des gars qui fréquentent surtout des Dunkin' Donuts et des Tim Hortons.

Que fait le nouveau chef de police ? Il est temps que des têtes tombent parmi les responsables des enquêtes. Qu'on les mute à la circulation ou à la division de la cavalerie sur le mont Royal, des endroits rêvés pour attendre paisiblement la retraite en mangeant des beignes. On dort au gaz au SPVM.

Et je ne parle pas des enquêtes sur les assassinats en série des dirigeants du clan Rizzuto. Il est tout aussi improbable que nos Dupond/Dupont montréalais arrêtent les coupables que la GRC accuse un politicien libéral, un seul, dans le scandale des commandites.

*Mise à Jour : une semaine après cette chronique, cette déclaration publique prudente d'un responsable de la police de Montréal : c'est la mafia qui vise les cafés italiens. Il n'a cependant pas voulu spéculer au sujet des pizzerias...

Le mariage polygame sera-t-il béni par la charte de Trudeau ?

24 novembre 2010

Un petit groupe de mormons de Bountiful en Colombie-Britannique pratique la polygamie, illégale au Canada. Depuis plus de 20 ans, la province laissait faire.

Pourquoi ? Parce que le gouvernement craignait qu'avec l'adoption de la Charte trudeauiste des droits et des libertés, les tribunaux invalident la loi actuelle parce qu'elle brimerait la liberté de religion des polygames mormons.

En janvier 2009, la province a décidé finalement de poursuivre deux dirigeants mormons pour polygamie. Elle s'y est mal prise et les accusations ont été suspendues en appel. La Cour suprême de Colombie-Britannique, l'équivalent de la Cour supérieure du Québec, va donc décider si la loi actuelle contre la polygamie est constitutionnelle.

Les défenseurs de la polygamie vont alléguer que son interdiction viole différentes sections de la Charte, dont celles sur la liberté de religion, et que de toute façon des lois existent déjà pour protéger les mineurs contre la violence et les abus sexuels. Les procureurs du gouvernement du Canada et de la Colombie-Britannique vont affirmer que la polygamie est gravement préjudiciable aux femmes, aux enfants et à la société.

Bien sûr que c'est une pratique inacceptable. Mais les tribunaux canadiens ont rendu dans le passé de nombreuses décisions aberrantes, particulièrement depuis l'introduction de la Charte.

Si la loi est annulée, le Canada sera le seul pays développé à légaliser le mariage de plus de deux personnes. Une liste non exhaustive des États polygames indique qu'il s'agit, dans la plupart des cas, de pays socialement arriérés (Afghanistan, Afrique du Sud, Algérie, Arabie saoudite, Bahreïn, Bangladesh, Bénin, Birmanie, Burkina Faso, Cameroun, République centrafricaine, Comores, Congo (ex-Zaïre), Djibouti, Égypte, Émirats arabes unis, Gabon, Gambie, Inde, Indonésie, Irak, Iran, Jordanie, Koweït, Liban, Libye, Malaisie, Mali, Maroc, Mauritanie, Niger, Nigeria, Oman, Ouganda, Pakistan, Qatar, Sénégal, Sierra Leone, Somalie, Soudan, Syrie, Tanzanie, Tchad, Togo, Yémen et Zambie).

Vous constaterez que c'est plus du tiers de l'humanité et, surtout, qu'on y retrouve une bonne partie de nos amis et partenaires du Commonwealth et de la Francophonie.

Si la pratique de la polygamie est aussi odieuse et répugnante que l'affirment les procureurs du gouvernement du Canada, comment se fait-il que notre premier ministre fraie régulièrement avec des chefs d'État de pays qui autorisent la polygamie ou qui sont eux-mêmes polygames? Monsieur Harper, qui ne rate jamais une occasion de faire des remontrances à des chefs d'État étrangers sur la question des droits de la personne, ne leur a jamais, à ma connaissance, reproché leurs pratiques polygames.

Le pays coqueluche des intellectuels québécois, l'Afrique du Sud, est dirigé par un polygame, fier de l'être. Jacob Zuma a, au moins, cinq femmes recensées et deux fiancées. Vous apprécierez également que nos militaires meurent actuellement pour défendre l'état polygame d'Afghanistan. À ce que je sache, le gouvernement du Canada n'a jamais entrepris de démarches pour favoriser l'abolition de la polygamie dans ce pays. La plupart des pays bénéficiaires de notre aide internationale figurent également dans la liste, sans que ça trouble particulièrement les fonctionnaires de l'Agence canadienne de développement international.

Et, quel que soit le verdict final des tribunaux canadiens sur la question de la polygamie, la réalité est qu'au Canada comme ailleurs, sa pratique *de facto* est en pleine expansion chez les hommes riches et célèbres qui y voient un *status symbol*. Ils ne s'en cachent plus maintenant que la décadence des sociétés occidentales a éradiqué les derniers vestiges de morale sexuelle.

La série télévisée de HBO *Big Love* porte sur la vie d'un homme d'affaires fictif qui a trois femmes et neuf enfants. La chaîne poubelle TLC diffuse une série mettant en vedette un homme, ses 4 épouses et leurs 16 enfants.

Le fondateur de CNN, Ted Turner, 70 ans, s'est vanté récemment à l'émission *60 Minutes* d'avoir plusieurs compagnes de vie. Quant au créateur de *Playboy*, Hugh Hefner, 84 ans, après avoir longtemps vécu avec sept femmes, il partageait sa vie, aux dernières nouvelles, avec Crystal Harris, 24 ans, et deux jumelles identiques âgées de 20 ans, Kristina et Karissa Shannon.

Appel à la délation informatique : on a besoin d'un WikiLeaks-Québec

27 novembre 2010

Le gouvernement américain est à la veille de subir ce qui pourrait être la plus grande catastrophe diplomatique dans l'histoire des relations internationales. Le site WikiLeaks s'apprête à rendre publiques quelque trois millions de correspondances diplomatiques secrètes entre le Département d'État et ses ambassades partout dans le monde. Washington a déjà avisé des dizaines de gouvernements, dont celui d'Ottawa, que les documents qui seront mis en ligne contiennent des informations qui «pourraient créer des tensions dans nos relations.»

Le porte-parole du Département d'État, Philip Crowley, se lamente: «Ces révélations sont néfastes pour les États-Unis et leurs intérêts». Je dis un grand bravo à tous ceux qui participent à l'opération. Ils méritent collectivement le prix Nobel de la paix et le titre de héros de l'humanité. Si ces documents renferment ce qu'on nous promet, on va y apprendre toute la perfidie et l'hypocrisie de l'État maléfique qui est le principal fauteur de guerres de notre époque.

Dans les deux séries précédentes de documents publiés par WikiLeaks, on avait appris comment les dirigeants militaires américains mentaient de façon éhontée. Ils prétendaient être en train de gagner en Afghanistan, alors que les rapports de leurs soldats sur le terrain démontraient le contraire. En Irak, ils donnaient des ordres de laisser faire lorsqu'on leur rapportait que leurs auxiliaires irakiens et leurs mercenaires commettaient des crimes de guerre, alors qu'ils prétendaient lutter contre de telles atrocités.

Maintenant ça va être au tour des diplomates américains de passer à la moulinette.

Qu'est-ce qu'on pourrait y apprendre? Combien les Américains ont payé pour acheter tel ou tel chef d'État en Asie centrale. Comment ils font chanter tel potentat au Moyen-Orient. Qui sont les traîtres, les vendus qui collaborent secrètement avec Washington contre leur propre gouvernement. On va savoir qui sont les pays qui dénoncent publiquement des agissements de Washington, mais qui en secret y collaborent. Ça promet d'être du joli.

Ici au Canada, on va peut-être connaître les dessous de l'affaire Maher Arar, de celle Omar Khadr, de la prolongation de notre présence en Afghanistan, et peut-être l'implication d'Ottawa dans des machinations américaines inavouables.

La leçon de tout cela est qu'il est maintenant beaucoup plus difficile à ceux qui nous gouvernent de cacher leurs mensonges et leur fourberie à cause d'Internet et des clés USB. Des documents secrets que plusieurs personnes auraient pris des mois à photocopier et qui n'auraient pu être transportés que par semi-remorque peuvent maintenant se transférer sur une clé USB en quelques secondes et se transmettre par courriel en aussi peu de temps.

Je me prends à rêver. Si l'on avait ici, au Québec, notre site WikiLeaks bien à nous... Il est possible d'utiliser celui de WikiLeaks, mais c'est lointain et donc peu avenant. On pourrait l'installer sur un serveur étranger anonyme et assurer sa sécurité physique autant qu'informatique avec la collaboration de Wiki. L'opération pourrait être financée par des dons versés via le Web. Personne n'a réussi à fermer WikiLeaks ou les sites Internet d'al-Qaida qui fonctionnent de cette façon.

Tout informateur potentiel serait invité à télécharger des informations selon des procédures simples qui assurent son anonymat. Ça inciterait à agir ceux qui n'osent pas contacter des chaînes de télé ou des journaux, de crainte de devoir s'identifier.

On pourrait ainsi apprendre tous les secrets sordides que le *Big Business*, le *Big Labour* et le *Big Government* veulent nous cacher. Et tous les petits secrets aussi. Un site comme ça pourrait même rire au nez de la magistrature en affichant, par exemple, des dizaines de photos de mariage d'Éric et de Lola. Tout le monde au Québec sait déjà qui ils sont. Ce qui en fait un secret absurde et ridicule. Mais pratiquement personne n'a vu une photo ou une vidéo de Lola. De quoi provoquer des crises d'apoplexie chez certains juges. Sympathique, n'est-ce pas?

Avec tous ces documents accessibles à tous les Québécois, ça forcerait peut-être la démission de Jean Charest et la tenue d'une commission d'enquête. Je rêve en couleur, que je vous dis.

La Corée du Nord et les allumettes nucléaires des Kim

29 novembre 2010

La Corée du Nord est un anachronisme totalitaire monstrueux qui nous montre ce que la planète serait devenue si le communisme stalinien avait triomphé. C'est à l'honneur des États-Unis de l'avoir combattu avant de devenir eux-mêmes un empire belliqueux menaçant. Comme l'Union soviétique, le régime nord-coréen est condamné aux poubelles de l'histoire. Les clowns ubuesques qui le dirigent, les Kim, père et fils, possèdent l'arme atomique. La prudence extrême est donc de rigueur lorsqu'ils s'agitent comme c'est le cas actuellement.

De plus en plus paranoïaques, ils ont interprété des exercices de tir d'artillerie, en direction des rivages de la Corée du Nord provenant d'une île sud-coréenne, comme une provocation qui méritait une réponse musclée. Une pluie d'obus. Bilan : quatre morts et une quinzaine de blessés sur l'île de Yeonpyeong et une nouvelle crise en Corée.

On se demande quel idiot a pu autoriser un tel exercice dans une zone de haute tension. Dans les mêmes eaux, un navire de guerre sud-coréen a été torpillé plus tôt cette année, entraînant la mort de 46 marins. L'enquête indique qu'il s'agit d'une torpille nord-coréenne, ce que nie Pyongyang.

Une des explications des tensions actuelles est que le tyran Kim Jong-il veut donner de la crédibilité à son fils et successeur Jong-un, en lui permettant de démontrer ses capacités de leadership. Les Kim voudraient en plus obtenir la levée des sanctions américaines et la reprise de l'aide internationale quasiment interrompue depuis que la Corée du Nord a renié ses engagements en faveur du désarmement nucléaire.

Et si la provocation venait du Sud? Il y a des faits qui ne se conforment pas à la lecture américaine de la situation. Ce sont les Sud-Coréens qui ont d'abord ouvert le feu vers la Corée du Nord. S'il y a une chose à retenir de l'histoire contemporaine, c'est qu'il faut accueillir avec un profond scepticisme les prétextes que les États-Unis invoquent pour justifier le déclenchement d'une guerre ou l'escalade des hostilités. Pour légitimer le bombardement du Nord-Viêt Nam, Washington a inventé en 1965 l'incident du golfe du Tonkin. Bush a inventé de toutes pièces l'histoire des armes de destruction massive de Saddam et de ses liens avec al-Qaida pour couvrir son invasion de l'Irak. Chaque fois, par chauvinisme, les grands médias américains ont joué le jeu du Pentagone et n'ont pas mis en doute ces mensonges.

Personnellement, je suis enclin à donner raison à ceux qui affirment que les Kim portent la responsabilité de la crise actuelle. Ils vont en tout cas en profiter pour tenter d'extorquer une aide plus importante à la communauté internationale et pour consolider le pouvoir de la famille régnante.

Déjà, la droite américaine exhorte les États-Unis à une riposte sévère contre la Corée du Nord. Un porte-avions américain s'est joint à des navires de guerre sud-coréens pour des manœuvres navales dans le même secteur de la mer Jaune. Cette démonstration de force ne fait qu'ajouter à la tension actuelle et risque de provoquer une dynamique qui mène à une nouvelle guerre.

Heureusement, me direz-vous, c'est un conflit lointain et le Canada n'a rien à voir là-dedans. Détrompez-vous. Au début des années 1950, on a participé à la première guerre de Corée sous l'égide des Nations Unies. Oh! pardon, ce n'était pas une guerre, mais une « action de police », pour employer l'euphémisme mensonger de l'époque. On a donc encore aujourd'hui des obligations militaires en Corée dans le cadre de l'ONU puisqu'il n'y a jamais eu de traité de paix de signé à la fin des hostilités en 1953. Un simple armistice a fait cesser les combats le long de la ligne de 243 kilomètres qui coupe la péninsule en deux.

La Chine et la Russie, qui ont droit de *veto* au Conseil de sécurité, bloqueraient toute intervention de l'ONU, mais cela n'empêcherait pas nécessairement Harper et les conservateurs de porter nos soldats volontaires pour une nouvelle aventure militaire américaine.

Personne ne sait comment se débarrasser du régime nord-coréen. La prudence exige qu'on le laisse imploser et qu'on ne donne surtout pas un prétexte aux incendiaires dingues que sont les Kim pour jouer avec des allumettes nucléaires.

L'espion qui venait du froid : le patron du SCRS fait son rapport aux Américains

1er décembre 2010

En lisant le compte rendu publié par WikiLeaks d'une rencontre entre l'ancien directeur du Service canadien du renseignement de sécurité, James Judd, et Eliot Cohen, un haut responsable du Département d'État américain, j'avais l'impression qu'une taupe faisait son rapport à son patron de Washington.

Judd décrit le système judiciaire canadien en prenant le point de vue de Washington. Il se plaint que les juges canadiens obligent son service à prouver que l'information provenant des gouvernements étrangers n'a pas été obtenue sous la torture, si elle est utilisée dans des poursuites en justice. Il aimerait sans doute mieux qu'on fasse comme les Américains, les Syriens ou les Iraniens et qu'on torture les suspects pour leur faire avouer leurs crimes. Voilà le genre d'individus à qui on confie la direction de nos services secrets.

Mais ce qui est à mon avis encore plus inquiétant, c'est que Judd révèle à son interlocuteur que le SCRS «harcelait vigoureusement» des membres du Hezbollah au Canada pour les dissuader de commettre des attentats. Ça pose un problème.

Le Hezbollah n'a jamais au cours de son histoire commis d'attentats ailleurs qu'en Israël et dans la zone occupée par ce pays au Liban. C'est pourquoi rares sont les pays qui le considèrent comme terroriste. À part le Canada, cela se limite à peu près aux États-Unis, à Israël, à la Grande-Bretagne et à l'Australie. En fait, l'immense majorité des pays de la planète le considère comme un mouvement de résistance légitime.

Quoi qu'il en soit, si cette organisation politico-militaire chiite libanaise a une infrastructure au Canada, elle mérite d'être l'objet de surveillance du SCRS. Mais en vertu de quel article de la loi du SCRS peut-elle être soumise à un harcèlement vigoureux? Qu'est-ce que ça veut dire au juste? C'est certainement plus que faire en sorte que le groupe ciblé se rende compte qu'il est sous surveillance, ce qui serait une manœuvre dissuasive acceptable.

Le SCRS a été créé en 1984 pour remplacer le Service de sécurité de la GRC à qui la commission Macdonald avait reproché d'avoir harcelé vigoureusement les indépendantistes québécois en général et le PQ en particulier. Ce n'est pas le rôle du SCRS de harceler qui que ce soit. Il doit surveiller des individus et des organisations soupçonnés d'espionnage ou de terrorisme. S'il découvre quelque chose, il doit le signaler à la GRC pour qu'elle recueille des preuves et procède à des arrestations.

Jim Judd doit être convoqué devant un comité parlementaire pour expliquer pourquoi il a dénigré en catimini le système judiciaire de son pays devant un représentant d'un pays étranger. On doit exiger de lui des excuses publiques. En tant que directeur du SCRS, il était chargé de défendre des valeurs qu'il méprise manifestement. Il doit aussi dire aux parlementaires en quoi consiste la tactique de « harcèlement vigoureux » dont il a autorisé l'utilisation par le SCRS.

Si le gouvernement empêche la réunion d'un tel comité parlementaire, les partis d'opposition doivent exiger que le Comité de surveillance des activités de renseignements de sécurité (CSARS), qui est chargé de s'assurer que le SCRS respecte la loi, ouvre une enquête.

Les services de sécurité et policiers canadiens ont déjoué plusieurs complots islamistes depuis le 11 septembre 2001. Cela s'est fait dans le cadre des lois et selon les règles. Plusieurs terroristes ont été reconnus coupables et condamnés à des peines d'emprisonnement. Cela démontre que Jim Judd avait tort de se plaindre des tribunaux et du fonctionnement du système judiciaire canadien et de se comporter comme un espion qui venait du froid, rendant des comptes à ses supérieurs américains.

Forces spéciales : Radio-Canada et la CBC se laissent abuser par un fabulateur

3 décembre 2010

Je m'attendais à des exclusivités sensationnelles lorsque les deux chaînes de Radio-Canada ont annoncé des révélations sur les enquêtes en cours concernant les forces spéciales canadiennes en Afghanistan. J'y ai surtout trouvé des images d'archives des commandos du JTF-2 à l'entraînement et du réchauffé. J'avais plus d'informations circonstanciées dans ma chronique du 15 septembre dernier. (Voir l'article « Nos forces spéciales en Afghanistan : des tueurs au service des *USA* ? »)

Pour donner de la crédibilité à leur enquête, la CBC et Radio-Canada ont eu recours au témoignage d'un ancien du JTF-2, Denis Morisset. Le problème est que ce triste individu invente une bonne partie de ce qu'il raconte. Il a publié en 2008 ses mémoires, *Nous étions invincibles*, un ramassis de fanfaronnades absurdes. Le livre est truffé d'affirmations risibles, d'erreurs manifestes, d'impossibilités et de mensonges. Quelques exemples.

Morisset raconte une histoire abracadabrante soutenant qu'il a été envoyé en Syrie pour s'infiltrer en Afghanistan en franchissant la frontière. La Syrie n'a pas de frontière commune avec ce pays. Pour s'y rendre, il aurait fallu qu'il traverse d'abord l'Irak et l'Iran. Il aurait dû passer par le Pakistan. Dans son livre, Morisset parle de sa mission en Afghanistan menée avant l'attentat du 11 septembre 2001. À Radio-Canada, il dit que c'est en 1996.

Il écrit que la mission a été ordonnée par le Service canadien de renseignement de sécurité sans l'autorisation du gouvernement, ce qui est insensé. Comment le SCRS, qui dépend du ministère de la Sécurité publique, pourrait-il prendre le contrôle d'une unité militaire relevant du ministère de la Défense sans que personne ne s'en aperçoive ?

La mission en Colombie qu'il relate dans le livre semble être un plagiat complet du film *Tears of the Sun* avec Bruce Willis. Il explique que ce sont les scénaristes d'Hollywood qui se sont inspirés de son héroïque aventure...

Il prétend avoir participé à une opération pour sauver des otages dans une banque d'Ottawa en 1994. Lui et les autres membres du commando ont tué les preneurs d'otages et laissé la police s'occuper du reste. Aucun journal, aucune radio, aucune télévision n'a jamais rapporté un tel événement.

Il se vante d'avoir été le garde du corps du général Roméo Dallaire au Rwanda. Le général affirme de son côté ne l'avoir jamais rencontré de sa vie.

Morisset n'a pas eu de difficulté à rouler lès journalistes de la CBC/Radio-Canada dans la farine. L'affabulateur déclare au réseau CBC qu'il a vu en Bosnie des centaines (oui, il dit bien des centaines) de personnes clouées aux portes dans un hôpital. Comment une chaîne qui se prétend sérieuse peut-elle mettre en ondes une déclaration aussi délirante ? Imaginez la scène. La longue file de prisonniers qui suivent docilement leurs tortionnaires alors qu'étage par étage, porte par porte, on les cloue dessus. Est-ce qu'on leur cloue les mains seulement ? Ou les mains et les pieds comme Jésus sur la croix ? Est-ce qu'on les tue avant de les clouer aux portes pour éviter qu'ils se débattent ? Et pour compléter son sinistre tableau, notre fumiste en rajoute. Il parle d'une femme enceinte éventrée, simplement clouée à un mur cette fois. Mais pourquoi alors avoir cloué les centaines d'autres malheureux aux portes seulement ? Même comme fabrication biscornue, cela dépasse outrageusement l'entendement. Où était le bon sens, le jugement des journalistes de CBC/Radio-Canada qui ont gobé ces insanités et les ont diffusées ?

En 2008 il déclarait que six membres du JTF-2 s'étaient suicidés. La malédiction se poursuit. Maintenant, il parle de neuf suicidés à CBC/Radio-Canada.

Morisset a été arrêté la veille de la sortie de son livre et accusé d'avoir communiqué par Internet avec deux mineurs dans l'intention de commettre des crimes sexuels. Ce n'était d'ailleurs pas la première fois qu'il se faisait prendre. En 2003, il avait déjà été condamné à 14 mois de prison pour un crime sexuel. Il a prétendu que c'était un complot du SCRS pour miner sa crédibilité.

Il assure qu'il travaillait à découvrir un réseau de pornographie juvénile, au gouvernement du Canada, sur ordre du SCRS. Mensonge évident. Ce type d'enquête ne relève pas du SCRS, mais de la GRC. Et de toute façon, pourquoi le SCRS ou la GRC feraient-ils appel à un ancien militaire déjanté, alors que ces deux organisations ont d'importants services qui surveillent Internet?

Si la crédibilité de Radio-Canada m'importait, je demanderais une enquête aux deux ombudsmans de la maison pour découvrir comment un individu perturbé sans la moindre crédibilité a pu duper ses journalistes et servir de caution à un reportage qui par ailleurs n'avait rien de très nouveau.

Faites payer les riches, accroissez les frais de scolarité universitaires!

6 décembre 2010

Une rencontre sur l'avenir des universités se déroule depuis ce matin à Québec. Sujet principal des discussions : la hausse des frais de scolarité. La Conférence des recteurs et des principaux des universités du Québec (CREPUQ) y est favorable.

La hausse des droits de scolarité n'est pas la solution miracle au problème du financement des universités, mais c'est une mesure nécessaire. La CREPUQ demande au gouvernement d'ajouter 100 millions de dollars au financement des universités, parallèlement à une hausse de 1 500 $ étalée sur trois ans des frais de scolarité. Ils s'élèveraient à 3 700 $ en 2014-2015 par rapport à une moyenne canadienne de 5 000 $. Ce n'est pas la fin du monde.

Les fédérations d'étudiants et d'enseignants sont contre. Elles défendent les intérêts de la bourgeoisie qui serait la plus touchée par une hausse des droits de scolarité. Ce sont surtout les fils et les filles de la bourgeoisie qui fréquentent les universités au Québec comme ailleurs au Canada. En ayant les droits de scolarité les plus bas au Canada, le Québec aide financièrement une classe sociale qui est déjà privilégiée et qui est capable de payer des études supérieures à ses rejetons.

L'Institut de recherche et d'informations socio-économiques (IRIS), un lobby qui défend les intérêts de la bourgeoisie bureaucratique, se prononce pour le *statu quo* et met en doute le sous-financement des universités. Les pelleteux de nuages de l'IRIS affirment que des droits de scolarité élevés réduisent l'accessibilité aux études supérieures. Pourtant le taux de fréquentation des universités ailleurs au Canada n'est pas plus bas qu'au Québec, même si les études universitaires y sont beaucoup plus chères.

Les chercheurs de l'IRIS, en bons défenseurs de la classe bureaucratique, craignent toute référence à la rentabilité et à l'efficacité : « Il y a ainsi à l'œuvre un processus de réallocation des ressources publiques vers la recherche instrumentale à visée appliquée et commerciale...» Où allons-nous, je vous le demande, si l'on se met à vouloir que des recherches universitaires débouchent sur des applications concrètes ? Tous les sociologues à la petite semaine et les philosophes de salon, qui grouillent dans nos départements de sciences humaines, risquent de voir leur « savoir » moins bien coté.

En conclusion de leur étude, les chercheurs de l'IRIS affirment que l'université doit rester un service public voué « à la formation de gens capables de vivre ensemble avec les problèmes du siècle.» Ça n'a ni queue ni tête. Des penseurs brumeux qui utilisent des mots ronflants qui ne veulent rien dire.

Il faut moduler les droits de scolarité en fonction des savoirs que l'étudiant recherche. Il est évident qu'on devrait demander plus à un étudiant en médecine ou en génie qu'à celui qui étudie en littérature ou en philosophie. On pourrait même abaisser les frais pour les domaines qui ne demandent guère d'investissement. Qu'on assure l'accession à l'université à tous les étudiants brillants et qu'on pénalise ceux qui s'éternisent sur ses bancs.

Comme le proposent Michel Kelly-Gagnon et Vincent Geloso de l'Institut économique de Montréal, on devrait aussi laisser à chaque université le soin d'établir ses droits de scolarité en fonction de la mission qu'elle se donne, tout en respectant certains paramètres établis par l'État. L'UQAM ne demanderait pas les mêmes droits que McGill et l'UdeM.

Les mesures qui s'imposent pour sortir l'université du sous-financement sont un investissement accru de l'État, des frais de scolarité à géométrie variable et une aide plus importante pour les étudiants qui en ont besoin. Le secteur privé, particulièrement les grandes entreprises de haute technologie qui profitent des recherches universitaires, pourrait être mis à contribution d'une façon qui reste à déterminer.

Le gel des droits de scolarité est un cadeau des contribuables à la bourgeoisie québécoise. J'emprunte un des slogans favoris de la gauche : « Faites payer les riches : accroissez les droits de scolarité universitaires ».

L'arme « thermonucléaire » de Julian Assange contre les *USA*

8 décembre 2010

L'animateur de WikiLeaks Julian Assange est en prison à Londres en attendant d'être extradé en Suède pour répondre à des accusations d'agression sexuelle contre deux femmes. Les preuves semblent ténues, mais laissons les tribunaux suédois faire leur travail. Aux États-Unis, la droite demande son assassinat pur et simple, tandis que le gouvernement envisage de l'inculper d'espionnage et de divers autres crimes.

Tirer sur Assange, c'est tirer sur le messager. Je le répète : je pense qu'il mérite le prix Nobel de la paix. Que révèlent les dépêches diplomatiques américaines ? Que les États-Unis sont un empire universel déclinant prêt à toutes les manipulations et aux combines les plus abjectes pour défendre ses intérêts, même au détriment de ses alliés et de la planète entière.

Assange n'a que servi d'intermédiaire entre le voleur de documents qui, lui, a commis un crime à n'en pas douter, et certains des plus grands médias d'Occident. En plus, il a agi de façon responsable en acceptant que les documents soient contrôlés avant diffusion par le gouvernement des États-Unis et censurés selon ses directives.

Si l'on traîne Assange devant les tribunaux, il faut aussi le faire pour ses cinq complices, le *New York Times*, le *Guardian*, le *Monde*, *Der Spiegel* et *El Pais* qui ont publié des informations jugées d'intérêt public et socialement significatives.

Deux personnes méritent de faire face à des sanctions pénales dans la fuite des documents : le soldat Bradley Manning qui a violé le secret d'État en les transmettant à WikiLeaks et le responsable de la sécurité qui a permis que des milliers de documents secrets soient accessibles sur les ordinateurs du Département d'État et du Pentagone partout dans le monde et faciles à copier. Il y a là un cas manifeste de négligence criminelle.

À plusieurs reprises, Assange et son avocat ont affirmé que si jamais il était tué ou emprisonné, il rendrait publique la clé permettant de déchiffrer le fichier *insurance.aes256* que plus de 100 000 personnes ont déjà téléchargé du site de WikiLeaks. Ce fichier de 1,4 GO, crypté à 256 bits, est considéré comme impossible à déchiffrer même par la NSA.

Il y a lieu de croire que ce fichier qu'Assange appelle sa « bombe thermonucléaire » contient tous les fichiers *Top Secret/ Sensitive Compartmented Information* (TS/SCI) contenus dans le réseau JWICS, *Joint Worldwide Intelligence Communications System*.

Parallèle au réseau SIPRNet, dont le contenu a été rendu public par WikiLeaks, le réseau JWICS est réservé aux dépêches diplomatiques « Top secret ». SIPRNet ne contient aucune information TS/SCI. C'est sans doute pourquoi on n'y a encore rien trouvé sur Oussama ben Laden, toute information à son sujet étant cotée « Top secret ».

Le soldat Bradley Manning, à l'origine de la fuite, avait l'habilitation sécuritaire TS/SCI. On peut donc penser qu'il a aussi copié les documents du réseau JWICS. Les deux réseaux sont généralement accessibles sur deux ordinateurs placés côte à côte dans les salles de communications sécurisées des ambassades.

Comme il avait décidé d'exposer les turpitudes et l'hypocrisie du gouvernement des États-Unis, il n'avait aucune raison de limiter sa copie aux documents SIPRNet. Au contraire, tout le motivait à copier aussi le contenu de JWICS.

De son côté, Julian Assange avait tout intérêt à « prendre une police d'assurance » en mettant les renseignements TS/SCI sur un fichier crypté et à menacer de rendre la clé publique, s'il lui arrive quelque chose. Pour concrétiser sa menace, il aurait même pu communiquer sa clé au gouvernement des États-Unis qui connaît déjà le contenu du réseau JWICS.

Il dit donc à Washington : « Attention. Si vous me touchez, ce sont vos informations ultrasecrètes qui vont être rendues publiques et vous savez comme moi que, là, vous allez faire face non à une catastrophe, mais à l'Armageddon diplomatique. »

Oui, je sais, ça pourrait être le synopsis d'un thriller à la Ludlum. Mais si mon hypothèse est fondée, l'affaire WikiLeaks ne fait que commencer.

Barack Obama, c'est George W. Bush en plus intelligent

10 décembre 2010

Trop, c'est trop. Les élus démocrates à la Chambre des représentants des États-Unis se sont révoltés hier et ont rejeté l'accord conclu entre le président Obama et les dirigeants républicains qui avait pour effet de prolonger de deux ans les baisses d'impôts pour les ultrariches décrétées par George W. Bush.

Furieux, de nombreux démocrates dénoncent son manque de courage et parlent de le défier en 2012. On évoque la possibilité d'un candidat démocrate concurrent. Un fossé se creuse entre Obama et son parti. Il projette l'image d'un intellectuel hautain. Sous prétexte de consensus, il se place au-dessus de la mêlée et refuse de descendre dans l'arène pour défendre les idées et les principes qui l'ont porté au pouvoir sous le thème : « Il faut que ça change ».

Rappelez-vous la campagne électorale et les élections de l'automne 2008. Le jeune et dynamique candidat noir à la présidence ne promettait rien de moins que de changer le monde s'il était élu à la présidence. À mi-mandat, on doit constater que si le monde et les États-Unis ont changé, c'est pour le pire.

En fait, sa présidence est une simple continuation de l'administration Bush. Il a puisé ses conseillers économiques, comme son prédécesseur, chez les grandes firmes de resquilleurs de *Wall Street*. Mieux, il a choisi Timothy Geithner comme secrétaire au Trésor. L'homme a présidé au désastre financier de 2007 en tant que responsable de la réserve fédérale de New York. On l'accuse même dans certains milieux d'avoir contribué à l'empirer.

Obama a aussi conservé dans ses fonctions le secrétaire à la Défense de Bush, Robert Gates. Lui qui promettait de mettre fin aux politiques belliqueuses de Bush les a poursuivies et les a même amplifiées. Il s'était engagé à retirer les troupes américaines d'Afghanistan en 2011. Il a fini par céder aux pressions de ses généraux et a plutôt envoyé un corps expéditionnaire supplémentaire de 30 000 hommes dans ce pays et a reporté la date d'un retrait hypothétique à 2014, et au-delà.

Le camp de concentration de Guantánamo à Cuba est toujours en activité, alors qu'il avait proclamé sur toutes les tribunes qu'une de ses priorités était de le fermer.

Il a maintenu les lois de sécurité internes adoptées par Bush, qui accroissaient les pouvoirs de surveillance de l'État sur les citoyens.

Au mépris du droit international, il a multiplié le recours aux drones pour éliminer des personnes considérées comme des menaces pour la sécurité des États-Unis ailleurs que dans des zones de guerre. Ces attaques aériennes dirigées par la CIA ont effectivement tué des centaines de présumés ennemis des États-Unis, mais aussi des milliers de civils innocents au Pakistan et ailleurs dans le monde, notamment au Yémen, comme l'indiquent les documents de WikiLeaks.

Au Moyen-Orient, Obama avait promis un nouveau départ au monde arabo-musulman dans son discours du Caire de 2009. Pourtant, comme son prédécesseur, il s'est mis au service d'Israël et s'est conformé aux directives de l'*American Israel Public Affairs Committee* (AIPAC), le plus puissant lobby de Washington, pour mener sa politique étrangère dans la région. Il s'est engagé auprès des Arabes à faire cesser l'expansion des colonies de peuplement juives en Cisjordanie et à Jérusalem-Est, mais, après avoir été rappelé à l'ordre par le premier ministre israélien Netanyahou, il s'est renié.

Barack Obama, c'est finalement un George Bush, plus intelligent, plus cultivé et plus suave mais tout aussi dangereux pour la planète.

Réflexions sur l'Église catholique : le temps est avec elle

Le pape se prononce sur le bon usage du condom et le monde entier réagit, d'ONUSIDA à la revue scientifique britannique *Lancet*, pour saluer ou condamner sa prise de position. L'Église catholique est encore la plus importante autorité morale de la planète, quoi que disent et quoi que fassent ses détracteurs.

L'Église est l'une des plus vieilles institutions humaines. Sa grande résilience lui vient de sa structure centralisée et de son organisation, héritées de l'Empire romain. Le communisme athée, comme idéologie universelle concurrente, a été balayé de la planète en moins de 100 ans.

Le grand historien catholique britannique Arnold Toynbee a déjà expliqué sa foi en notant qu'aucune institution, dirigée avec une telle cupidité malhonnête, n'aurait pu durer si longtemps si elle n'était pas d'inspiration divine.

Benoît XVI, le 264e successeur de Saint-Pierre, a remplacé Jean-Paul II, l'un des plus grands papes. Depuis quelques centaines d'années, l'Église est choyée par des papes dignes de leur fonction. Ce ne fut pas toujours le cas. Beaucoup de leurs prédécesseurs ne sont pas morts, et n'ont pas vécu, en odeur de sainteté.

Les problèmes moraux actuels de l'Église semblent mineurs quand on les compare à son avilissement à la Renaissance ou à l'époque des «papes pornocrates», autour de l'an mille. Le scandale des prêtres pédophiles et les tentatives de la hiérarchie catholique pour dissimuler ou minimiser les dépravations de ses prêtres ne constituent qu'une tache de plus. Dans la longue histoire de l'Église, des canailles, des vauriens, des dépravés sexuels et des psychopathes sont montés sur le trône pontifical. Rien n'indique que le mariage des prêtres aurait évité le scandale de pédophilie qui humilie actuellement l'Église. Il n'y a pas plus d'abuseurs d'enfants chez les prêtres catholiques que dans la population masculine en général, selon les statistiques établies par des compagnies d'assurances américaines qui offrent aux organisations des couvertures concernant des affaires sexuelles. Elles exigent d'ailleurs les mêmes primes aux organisations catholiques qu'aux autres Églises. De son côté, Ernie Allen, le président du *National Center for Missing and Exploited Children*, affirme que le nombre de cas est équivalent chez les prêtres, les pasteurs, les rabbins et les télévangélistes.

Les critiques du pape « réactionnaire », qui affirment que son conservatisme doctrinal nuit à l'Église, se trompent. La force de l'Église est d'être fidèle à sa tradition. Maintenant comme il y a 2 000 ans, l'Église est contre le divorce, l'avortement et l'homosexualité. On suggère à l'Église de se mettre en accord avec son temps. De se moderniser pour attirer de nouveaux adhérents et pour ramener les catholiques qui s'en sont éloignés. La plupart des gens ne cherchent pas le changement, mais la continuité.

Le message traditionaliste de l'Église passe difficilement dans les sociétés permissives et moralement décadentes d'Occident, mais il explique son succès dans le reste du monde. À noter que ce sont des religions au message strictement orthodoxe, l'islam et le catholicisme, qui font le plus de convertis. Les religions protestantes « révisionnistes et accommodantes » sont en déclin rapide.

L'homme a un besoin inné de croire. Sinon comment expliquer la renaissance de l'Église orthodoxe en Russie après 75 ans de communisme, le renouveau du confucianisme en Chine post-Mao et l'apparition en Occident déchristianisé d'une multitude de sectes toutes plus aberrantes les unes que les autres ?

La pérennité de l'Église catholique est rassurante pour la majorité des êtres humains. Et son inflexibilité doctrinale explique sans doute sa longévité.

Richard Holbrooke et l'Afghanistan : *requiem* pour un homme seul

15 décembre 2010

Le président Obama s'est dit profondément attristé par le décès de Richard Holbrooke, l'envoyé spécial américain pour l'Afghanistan et le Pakistan. Les témoignages de condoléances ont afflué de toutes parts pour l'homme qui a été considéré à cinq reprises pour le prix Nobel de la paix. Mais, dans les faits, sa disparition a été accueillie avec soulagement à Washington, à l'ONU et à Kaboul.

La mort de Holbrooke pourrait dénouer l'impasse qui empêche Washington de prendre des décisions cruciales sur l'Afghanistan. Nommé par le président Obama en janvier 2009, il a rapidement perdu la confiance de la Maison Blanche après être entré en conflit avec le président Karzai d'Afghanistan. Son style brutal, qui avait fonctionné avec Slobodan Milosevic pour en arriver à la paix en Bosnie en 1995, avait braqué Karzai contre lui.

Holbrooke ne croyait pas à une victoire militaire. Une de ses dernières paroles sur son lit de mort à l'hôpital a été qu'il fallait mettre fin à la guerre en Afghanistan. Pour lui la solution était politique et diplomatique.

Il y avait une forte opposition à ses idées à la fois au Pentagone et à la Maison Blanche autour du principal conseiller à la présidence pour l'Afghanistan, Douglas Lute. Les deux hommes se détestaient et ne pouvaient travailler ensemble. Holbrooke était un homme seul. Intelligent et charmant, il était aussi têtu et abrasif. Il fonctionnait avec son propre SWAT diplomatique d'une quarantaine de diplomates, d'analystes de renseignement et d'experts de tout acabit hors de la hiérarchie du Département d'État.

Holbrooke était de plus en plus marginalisé. Il n'avait pas accompagné Obama sur *Air Force One* lors de ses deux derniers voyages en Afghanistan. Le président se serait débarrassé de lui depuis longtemps, mais il avait la protection de sa vieille boîte, le Département d'État, et de Hillary Clinton. Il avait appuyé sa campagne présidentielle en 2008. Pourtant il y avait aussi de profondes divergences entre les deux. Hillary croit, comme le secrétaire à la Défense, Robert Gates, et le général David Petraeus, commandant des forces américaines en Afghanistan, qu'il faut que les États-Unis et l'OTAN établissent clairement leur supériorité militaire sur le terrain avant d'ouvrir des négociations avec les talibans. Holbrooke soulignait qu'après neuf ans de guerre, cela paraissait toujours aussi irréalisable.

Difficile de prédire la direction que va prendre la politique américaine concernant l'AFPAK (Afghanistan et Pakistan) après la disparition de Holbrooke, mais ça pourrait déboucher sur un rôle accru pour l'ONU dans la recherche de la paix. La Maison Blanche serait ouverte à l'idée d'un émissaire de l'ONU dont le travail serait de sonder les talibans et les pays voisins de l'Afghanistan en vue d'un règlement politique. Le Pentagone y est opposé.

Tout va dépendre des luttes d'influence déclenchées par la mort d'Holbrooke entre le Pentagone, la Maison Blanche et le Département d'État. Qui Obama va-t-il choisir pour remplacer Holbrooke et quelle autorité va-t-il lui donner ? Cela va se jouer dans les deux prochains mois.

Droits et Démocratie : les conservateurs au service du lobby israélien

17 décembre 2010

Les idéologues de droite incompétents que sont les conservateurs fédéraux viennent de gaffer encore une fois. Ils étaient convaincus qu'une vérification juricomptable de l'ONG Droits et Démocratie* allait démontrer des malversations dans sa gestion et ainsi justifier les nominations d'hommes de main du gouvernement Harper à son conseil.

Coup de théâtre : le cabinet Samson Bélair/Deloitte & Touche n'a découvert aucune irrégularité dans la gestion de l'ancien président de l'organisme, Rémy Beauregard.

Embêté, le gouvernement conservateur a tenté de dissimuler son incompétence en ne rendant publique qu'une version censurée du rapport. Heureusement, un Julian Assange canadien a donné une copie intégrale du document au *Globe and Mail* avant publication.

Droits et Démocratie est une ONG chargée de promouvoir les droits de la personne dans le monde. Son ancien président, Rémy Beauregard, un homme courageux, prenait son travail au sérieux. Il avait décidé d'aider financièrement des groupes israéliens et palestiniens de défense des droits de la personne, *B'Tselem* en Israël, *Al-Haq* en Cisjordanie et *Al-Mezan* à Gaza. Les trois dénonçaient les crimes de guerre et les violations des droits de la personne commis par Israël contre ses citoyens arabes et contre les Palestiniens.

Le puissant lobby israélien au Canada, qui a maintenant une influence déterminante sur la politique étrangère du gouvernement conservateur, n'allait pas laisser faire. Ottawa a donc décidé de nettoyer la place à Droits et Démocratie. De nouveaux membres du CA dirigés par Aurel Braun, qui se présente comme un Juif sioniste, menèrent une révolte contre Rémy Beauregard pour avoir osé défendre les victimes d'Israël. Il est décédé d'une crise cardiaque après une réunion particulièrement orageuse de la direction de l'ONG en janvier 2010.

La technique de salissage des *Likudniks* employée contre Rémy Beauregard est particulièrement répugnante. Rémy Beauregard a consacré sa vie à combattre les injustices et à lutter pour les droits de la personne. Il fut le premier président de l'Office ontarien des affaires francophones. Il a ensuite dirigé la Commission ontarienne des droits de la personne avant de participer à la rédaction de la nouvelle Constitution du Rwanda et de la législation sur les droits de la personne du Congo.

La chasse aux sorcières déclenchée par Braun a entraîné depuis un an la démission où le congédiement de 14 personnes à Droits et Démocratie. Son conseil est maintenant majoritairement composé de partisans d'Israël qui refusent toute critique de ce pays dans le domaine des droits de la personne, même s'il est dénoncé par de nombreuses instances des Nations Unies et par l'immense majorité des pays de la planète pour ses violations des droits humains et pour ses crimes de guerre.

La machine de propagande israélienne s'est mobilisée pour soutenir le gouvernement Harper contre Rémy Beauregard. Quelques jours après son décès, Aurel Braun et ses alliés à Droits et Démocratie ont publié un texte dans le *National Post*, le porte-étendard au Canada de la droite raciste israélienne, pour dénoncer la subvention à *B'Tselem* et à *Al-Mezan* présentées comme des organisations favorables au terrorisme. Ces organisations sont soutenues par *Amnesty International* et *Human Rights Watch*.

Parallèlement, un ami de Braun, le pro-israélien fanatique Gerald Steinberg, a félicité dans le *Jerusalem Post* le gouvernement

Harper d'être intervenu pour remettre Droits et Démocratie dans le droit chemin. Est-ce que j'exagère en qualifiant Steinberg de fanatique ? Selon Paul Wells de *MacLean's*, cet individu considère comme extrémistes et antisémites Médecins du monde, Oxfam et le Comité central mennonite du Canada dont il dénonce le financement par l'Agence canadienne de développement international.

Cette affaire démontre encore une fois le consternant parti pris pro-israélien du gouvernement Harper. L'alignement inconditionnel des conservateurs en faveur d'Israël met en danger la sécurité nationale du Canada. Il a aussi d'importantes répercussions négatives, tant économiques que diplomatiques, sur le pays. Pourtant, les partis d'opposition, et le Bloc en particulier, n'osent aborder la question qu'avec une extrême réticence.

*Comment un organisme qui reçoit la totalité de son budget de 11 millions de dollars par année du gouvernement fédéral et qui, de plus, intervient dans la nomination de son conseil d'administration peut-il être qualifié d'« organisation non gouvernementale » ?

La Côte d'Ivoire sur la voie du Soudan et de la Somalie

20 décembre 2010

Pendant les premières décennies de son existence, la Côte d'Ivoire était l'un des pays qui fonctionnaient le mieux en Afrique sous la direction éclairée de Félix Houphouët-Boigny, son président fondateur qui avait siégé dans les années 1950 au Palais-Bourbon et même été ministre sous la Quatrième République. Il avait d'abord plaidé auprès du général de Gaulle pour qu'il n'accorde pas l'indépendance aux colonies africaines de la France. Ce qui ne l'a pas empêché par la suite de jouer un rôle clé dans la décolonisation. Dans les années 1980, lorsque j'ai effectué des reportages dans ce pays, des Français occupaient encore des fonctions importantes dans tous les ministères avec le titre de «conseillers».

Houphouët-Boigny voulait que l'«ivoirisation» de l'État ne se fasse qu'avec des Ivoiriens qui avaient la compétence voulue pour occuper leur fonction. Il a ainsi évité le problème qui a affecté tant d'autres pays africains qui se sont retrouvés avec des administrations incompétentes et corrompues.

Les cours du café et du cacao, qui assuraient la prospérité du pays, entraînèrent un afflux d'immigrants illégaux provenant de pays voisins pauvres comme la Guinée et le Burkina Faso. La mort du «Vieux» en 1993 et l'effondrement des prix de ces deux denrées allaient déstabiliser la Côte d'Ivoire. La baisse du niveau de vie et le chômage provoquèrent une vive réaction contre les travailleurs étrangers illégaux qui représentaient le quart de la population.

À cela s'ajoutèrent les haines ethniques entre le nord, musulman et moins prospère, et le sud chrétien qui entraînèrent une révolte et une partition *de facto* du pays en 2002. Des dirigeants, moins capables qu'Houphouët-Boigny, laissèrent se généraliser la corruption comme partout ailleurs en Afrique. Les infrastructures héritées de la colonisation furent largement laissées à l'abandon.

Après une dizaine d'années de coups d'État et de guerres civiles, les Ivoiriens croyaient à un retour à la paix et à la démo-cratie avec les élections présidentielles du 28 novembre 2010, supervisées par la communauté internationale. C'était sans compter sur le président sortant Laurent Gbagbo qui avait pris goût à la corruption et aux privilèges présidentiels. Il refusa de reconnaître sa défaite. La victoire de son adversaire, l'ancien premier ministre Alassane Ouattara, a été reconnue par l'ONU, l'Union africaine, l'Union européenne, la Russie et les États-Unis. Les troubles qui ont suivi les élections ont fait jusqu'ici plus de 50 morts.

Gbagbo a donné l'ordre à l'ONU et à la France, qui avaient déployé des contingents militaires dans le pays à la suite de la révolte de 2002, de retirer leurs troupes. Le nouveau dictateur peut compter sur l'appui des forces armées, de miliciens et d'une garde présidentielle formée en partie de mercenaires est-européens.

Les risques d'un affrontement armé entre les partisans de Gbagbo et les forces françaises et onusiennes sont limités. Pourquoi? Parce que la Côte d'Ivoire est dans la dèche. Gbagbo ne peut pas gouverner sans l'aide économique de la communauté internationale. Il en a besoin pour payer ses mercenaires et son armée.

Des pays donateurs, dont le Canada, ont aussi averti Gbagbo que s'il ne quittait pas le pouvoir, lui, sa famille et son entourage seraient soumis à des sanctions financières personnelles et privés de visas. La petite clique de corrompus a donc le choix d'affronter la communauté internationale et de tout perdre ou de quitter le pouvoir et de jouir en paix des fortunes qui ont été détournées de l'État ivoirien.

Quoi qu'il en soit, il faut tristement constater que la Côte d'Ivoire, après avoir été un exemple de développement, est en voie de devenir un autre État africain failli après le Soudan, la Somalie et le Zimbabwe, pour ne mentionner que les plus connus.

L'armée canadienne se met à quatre pattes devant les Mohawks

22 décembre 2010

Dans n'importe quelle société civilisée, les *Warriors* mohawks seraient considérés comme des terroristes meurtriers. Surprise, surprise! Pas au Canada dirigé par Stephen Harper.

L'armée canadienne va s'excuser auprès des *Warriors* mohawks de les avoir décrits comme un groupe d'insurgés dans un projet de manuel de lutte contre-insurrectionnelles de 169 pages. Le manuel va être révisé à la demande des criminels autochtones et des excuses officielles « sincères » leur seront présentées en janvier ou février 2011.

Un des aspects cocasses de cet épisode ignoble est la raison qui pousse les Mohawks à exiger des excuses d'Ottawa. Les *Warriors* s'opposent à être placés sur une liste d'organisations terroristes aux côtés des talibans et du Hezbollah libanais. Bon nombre d'entre eux possèdent la citoyenneté américaine et ont servi dans le corps des *Marines*. Ils trouvent donc embêtant, en tant que bons Américains loyaux à la bannière étoilée, de se retrouver sur une liste qui comprend deux ennemis de leur pays d'adoption bien-aimé.

Les Forces armées canadiennes avaient toutes les raisons de placer les *Warriors* parmi les organisations terroristes. À Oka et à plusieurs occasions depuis, dont à Caledonia en Ontario, les *Warriors* ont utilisé la violence et la menace d'insurrection pour extorquer des concessions politiques aux deux ordres de gouvernement. C'est la définition même d'une organisation terroriste.

Au cœur du conflit de 78 jours de 1990 appelé la crise d'Oka est l'intervention armée en banlieue de Montréal de criminels mohawks d'Akwesasne pour obtenir des concessions liées aux jeux de hasard et à divers trafics illégaux ayant cours dans cette réserve. Ils se sont servis à leurs fins du conflit entre la municipalité et les Mohawks de Kanesatake au sujet d'un boisé considéré comme terre ancestrale. Depuis 200 ans, les tribunaux rejetaient leurs revendications en ce sens.

Harper va se mettre à genoux devant eux pour leur demander pardon de quoi au juste ? D'avoir défendu la population du Québec contre des criminels armés venus des États-Unis et d'Akwesasne?

Durant la crise d'Oka, plusieurs soldats canadiens ont été blessés, mais aucun n'a été tué. Le seul mort a été un policier de la SQ assassiné par des *Warriors*. La communauté mohawk ne s'est jamais excusée auprès de la famille du caporal Lemay tué par les *Warriors*. Sa mort est sans importance pour Ottawa.

Je dis aux gars du 22ᵉ régiment qui se battent et meurent en Afghanistan: pensez-y, votre honneur et votre dignité n'ont aucune importance devant des considérations politiciennes.

En se mettant à quatre pattes devant les *Warriors*, le gouvernement du Canada envoie le message suivant à ses soldats: il est possible qu'à l'avenir, je décide que ceux que vous combattez ont raison (aujourd'hui, les *Warriors*, demain, les talibans) et qu'ils sont de valeureux combattants de la liberté qui méritent des excuses.

Les *Warriors* mohawks ont démontré l'efficacité du recours aux armes pour réaliser des objectifs politiques impossibles à obtenir dans le cadre des lois. Le message que l'ineffable Stephen Harper envoie est que la violence insurrectionnelle est une technique acceptable pour arriver à des fins politiques. Les criminels mohawks et d'autres groupes antisociaux vont en tirer des conséquences.

À quand les excuses contrites aux membres du FLQ?

Le gouvernement conservateur s'apprête à commettre un geste odieux, méprisant envers ses propres soldats et le Québec. Ottawa crache sur la tombe du caporal Lemay. Vous comprenez pourquoi j'abhorre ce parti, ce gouvernement et cet État.

Deuxième partie

Les textes suivants ont été publiés dans la page « Idées » du journal *Le Devoir*.

Les crimes de Nixon et de Trudeau 30 ans après

Tous les médias canadiens et québécois ont consacré une couverture importante à la décision de Mark Felt, ancien numéro deux du FBI, de s'identifier comme étant *Deep Throat*, la source de Woodward et Bernstein qui a largement contribué à la chute de Nixon, l'homme le plus dangereux à avoir accédé à la présidence américaine hormis George W. Bush.

Pourtant, à ma connaissance, personne n'a relevé que des crimes politiques semblables ont été commis ici au Québec au cours de cette même période du début des années 1970. Mais alors qu'aux États-Unis les malfaiteurs étaient d'ex-barbouzes sans statut officiel, les « plombiers du président », ici, les criminels étaient des membres en règle de la police fédérale en service commandé.

Le gouvernement Trudeau voulait alors empêcher par tous les moyens la montée en puissance du nationalisme québécois. Une section spéciale du service de sécurité de la Gendarmerie royale du Canada était précisément chargée de surveiller et d'infiltrer le Parti québécois. La raison inventée par Marc Lalonde pour réclamer le ciblage du PQ par la GRC était un prétendu financement secret du parti par la France.

Il était pour le moins cocasse qu'un dirigeant du Parti libéral du Canada, qui tirait alors 75 % de ses revenus de subsides de multinationales américaines, s'inquiète des sources de financement étrangères du PQ. Notons que malgré des investigations approfondies, la GRC n'a jamais trouvé le moindre fondement à ce bobard.

Les sbires de Trudeau ont eu recours aux mêmes coups fourrés, aux mêmes *dirty tricks* que les plombiers de Nixon. Avec les mêmes objectifs : discréditer l'adversaire politique, semer la zizanie, provoquer des luttes internes, des scissions dans les partis et les groupes jugés hostiles à la Maison Blanche aux États-Unis ou au fédéralisme au Québec.

Ici, on lésinait encore moins sur les moyens qu'à Washington. Non seulement les flics de Trudeau s'adonnaient à des écoutes illégales et à des cambriolages comme les hommes de Nixon aux États-Unis, mais ils ont aussi eu recours, au Québec, à l'incendie criminel, au vol de dynamite, aux menaces, à l'intimidation, à l'enlèvement et à la séquestration. Et à d'autres crimes qui n'ont jamais été découverts.

Ici, ce sont les révélations du caporal Robert Samson, de la GRC, qui ont fait éclater le scandale. Samson a été arrêté après qu'une bombe qu'il allait poser chez le propriétaire d'une chaîne de marchés d'alimentation lui eut sauté au visage. Lors de l'enquête du commissaire aux incendies, il devait déclarer, en parlant de la GRC : « J'ai déjà fait pire pour la force. » L'agent secret arrondissait ses fins de mois en accomplissant la nuit, pour la mafia, les mêmes sales boulots qu'il faisait le jour pour la GRC de Trudeau. Comme aujourd'hui dans le scandale des commandites, les méthodes mafieuses étaient courantes pour défendre le fédéralisme et les « hommes d'honneur » frayaient avec les policiers et les politiciens.

Les révélations de Samson allaient entraîner la création par René Lévesque de la commission Keable pour enquêter sur les crimes de la GRC au Québec. Afin de contrer la commission d'enquête québécoise, Trudeau, de son côté, a mis sur pied la commission Macdonald.

À Washington, la Cour suprême allait contraindre Nixon à remettre aux enquêteurs du Congrès des bandes magnétiques et des documents incriminants. Ici, en bonne chienne de garde du fédéralisme, la Cour suprême a refusé aux deux commissions d'enquête l'accès aux directives du cabinet fédéral à la GRC en ce qui concerne sa lutte contre l'affirmation nationale du Québec. On n'a donc jamais pu remonter la filière hiérarchique jusqu'à l'instigateur des actes criminels de la police fédérale.

J'ai eu l'occasion de recueillir, au cours des années, les confidences d'hommes qui ont relayé les ordres de commettre certains de ces crimes. Il ne s'agissait pas d'initiatives d'éléments incontrôlés ou d'agents zélés opérant hors cadre à l'insu de leurs supérieurs. Les ordres venaient des plus hautes autorités politiques et policières. Et les états d'âme des « cœurs saignants », M. Trudeau, on le sait, n'en avait rien à cirer.

Un homme intègre, John Starnes, a été « démissionné » comme patron des services secrets de la GRC parce qu'il ne voulait pas que ses agents deviennent les exécuteurs des basses œuvres du Parti libéral fédéral. Il avait osé protester contre l'immixtion dans ses services de Marc Lalonde, qui jouait alors auprès de Trudeau le rôle que Haldeman et Ehrlichman jouaient auprès de Nixon.

Starnes refusait de collaborer avec l'organe de renseignement et d'action que Lalonde pilotait au sein du Parti libéral du Canada. Lalonde exigeait que la police secrète de l'État travaille directement avec celle du parti. *Exit* Starnes. À sa place, Trudeau a nommé le général Michael Dare, chef des services secrets militaires, disposé, lui, à accomplir toutes les sales besognes politiques que Trudeau et Lalonde exigeaient de leur police secrète.

C'est sous ses ordres que la GRC réussira son coup le plus fumant et le plus ignoble : mettre sur sa liste de paie Claude Morin, le ministre de René Lévesque chargé de préparer le référendum de 1980. Les hommes de main antiquébécois les plus odieux de la bande à Trudeau, Marc Lalonde, André

Ouellet et Jean Chrétien, pouvaient rire dans leur barbe. Ces deux dernières mines rébarbatives se retrouvent aujourd'hui dans le scandale des commandites. De quoi faire une belle photo de famille avec leur garde rapprochée constituée de Gagliano, Morselli, Wajsman, Guité et Pelletier.

Combien de membres du gang vont voir leur joli minois immortalisé sur une photo d'identité judiciaire ? Très peu, je le crains. Cependant, toujours aussi naïf, je ne désespère pas encore totalement de la GRC.

Dans le scandale du *Watergate*, plus de 30 politiciens, conseillers politiques, ex-flics et ex-barbouzes ont été reconnus coupables et condamnés à diverses sanctions pénales. Treize d'entre eux se sont retrouvés derrière les barreaux, dont John Mitchell, l'attorney général (ministre de la Justice) des États-Unis.

Ici, aucun des flics criminels et de leurs capos politiques n'a été puni. L'omerta n'a jamais été rompue par un *Deep Throat*. Au contraire, ils ont obtenu, jusqu'à leur retraite, promotions et récompenses pour services rendus au fédéralisme canadien et au PLC. Et l'instigateur des crimes de la Police montée, lui, a eu un aéroport nommé en sa mémoire. De quoi en faire des gorges chaudes !

Sauvons la maison Lafontaine, mais érigeons aussi un monument à Lord Elgin

1er avril 2006

Pour une fois, je suis d'accord avec Serge Joyal, Desmond Morton et John Ralston Saul, ex-prince consort du Canada. Il faut absolument sauver de la démolition la maison du premier ministre canadien Louis-Hippolyte Lafontaine (« À la défense de la maison Lafontaine », *Le Devoir*, 30 mars 2006).

Je note que ces *Canadians* insistent sur le rôle de l'homme dans l'établissement d'un gouvernement responsable au Canada, mais passent sous silence l'intérêt historique particulier de sa maison. Un bel exemple de la façon dont l'appareil de propagande fédéraliste occulte des pans de l'histoire pour favoriser l'unité canadienne.

La maison Lafontaine n'a rien à voir avec l'établissement d'un gouvernement responsable. Elle témoigne de l'épisode le plus noir de l'histoire démocratique du Canada et du racisme méprisant qui a caractérisé la minorité anglo-montréalaise, depuis la Conquête jusqu'au mouvement « défusionniste » actuel. Elle a été au cœur d'événements sanglants que ceux que René Lévesque appelait les « Rhodésiens blancs » du Québec aimeraient mieux oublier.

En avril 1849, le Parlement du Canada-Uni siège à Montréal à l'endroit où se situe la place D'Youville. Les réformistes, dirigés par Lafontaine, sont au pouvoir. Le Parti tory, dont les membres les plus fanatiques sont des Anglais de Montréal, forme l'opposition.

La première loi adoptée par le gouvernement Lafontaine est le *bill* des Indemnités. Il s'agit de dédommager les fermiers de la Rive-Sud qui ont été victimes des représailles de la soldatesque britannique et des milices anglo-montréalaises sous les ordres du « Vieux Brûlot » Colborne lors des troubles de 1837-1838. Une pareille mesure avait déjà été adoptée, alors que les tories étaient au pouvoir, pour indemniser les victimes de saccage en Ontario sans que cela provoque la moindre controverse.

Quand le gouverneur Lord Elgin donne la sanction royale à la loi le 25 avril 1849, les Anglais de Montréal grimpent aux rideaux. *The Gazette*, toujours à l'avant-garde quand il s'agit d'attiser la haine anticanadienne-française, lance ce que l'historien américain Mason Wade qualifie d'« appel au soulèvement racial» : «Anglo-Saxons, vous devez vivre pour l'avenir ; votre sang et votre race seront désormais votre loi suprême, si vous êtes vrais à vous-mêmes. Vous serez Anglais, dussiez-vous n'être plus Britanniques. [...] La foule doit s'assembler sur la place d'Armes, ce soir à huit heures. AU COMBAT, C'EST LE MOMENT.»

L'appel est entendu. Le soir même, ils sont de 1 200 à 5 000, selon les comptes rendus, à répondre aux exhortations du journal. Les Anglais en colère s'enivrent tout en écoutant d'odieux orateurs, dont le rédacteur en chef de *The Gazette* James Moir Ferres, cracher des injures contre les Canadiens français.

Soudain, le chef d'une des brigades des pompiers de Montréal, Alfred Perry, proclame que le temps du verbiage est terminé et entraîne la meute de soudards anglais vers le Parlement qui est en session. La brigade de pompiers de Perry est là au grand complet pour le soutenir. Elle défonce la porte de l'édifice en se servant de la grande échelle comme bélier.

Alors que les parlementaires fuient, Perry pénètre dans l'enceinte et lance une brique sur un lustre, dont plusieurs brûleurs se cassent. Le feu se répand. Bientôt, un gigantesque brasier illumine la nuit montréalaise.

Sous les acclamations des Anglais ivres d'alcool et d'auto-satisfaction, le feu s'étend à la bibliothèque du Parlement. À l'instigation de la *Montreal Gazette*, les barbares anglo-montréalais détruisent, cette nuit-là, la plus importante bibliothèque du Canada. François-Xavier Garneau parlera de «notre désastre d'Alexandrie».

La bibliothèque du Parlement du Canada-Uni avait été créée à partir de la bibliothèque législative du Bas-Canada qui datait de 1802, une des toutes premières d'Occident avec celles du Congrès à Washington et de la Chambre des députés à Paris.

Elle précédait de 16 ans celle de la Chambre des communes de Grande-Bretagne. Les Canadiens français, ce peuple d'illettrés, d'ignorants et d'incultes, avaient réussi à se constituer une des premières bibliothèques parlementaires du monde. La haine raciste de *The Gazette* et des Anglo-Montréalais l'a, en une nuit, réduite en fumée.

Cet autodafé n'apaisera pas la rage destructrice des Anglais. Dès le lendemain, 26 avril, après avoir tenté de tuer le premier ministre Lafontaine qui est sous la protection de l'armée, les vandales anglo-saxons se dirigent vers sa demeure et la saccagent en s'acharnant sur sa bibliothèque. La police, dominée par des orangistes, laisse faire. Le gouvernement a tellement perdu le contrôle de la situation qu'il ne peut assurer la protection de Lord Elgin. Les Anglais veulent le tuer comme Lafontaine. Pendant des semaines, il ne reparaîtra plus au château Ramezay, siège du gouvernement.

Quatre mois plus tard, les Anglais veulent toujours assassiner Lafontaine. Un groupe armé tente de nouveau d'envahir sa maison, celle qui sera bientôt démolie : «En arrivant vis-à-vis de la maison de M. Lafontaine, qui est isolée dans un verger [rue de l'Aqueduc, entre les rues Saint-Antoine et Dorchester], les émeutiers, au nombre d'environ 200, forcèrent la porte d'entrée de la cour qui s'ouvre sur la rue ; les plus effrontés entrèrent dans la propriété et commencèrent à lancer des pierres sur la maison.

«M. Lafontaine n'était pas chez lui, ce soir-là, et la garde de la maison avait été confiée à une poignée d'amis déterminés, armés de fusils et de pistolets. [...] Quelques coups de feu furent tirés par les assaillants qui retraitèrent à la première fusillade de la garnison. Les émeutiers amenaient avec eux le jeune Mason, atteint au côté d'une blessure mortelle, et six autres grièvement blessés. Mason était le fils d'un forgeron de la rue Craig, près de la rue Saint-Urbain. Il expira le lendemain matin.

«Avant de mourir, il avoua que l'intention des émeutiers était d'incendier la maison du premier ministre et de le pendre lui-même à un arbre de son jardin, puis de traîner son cadavre dans les rues. La corde qui devait servir à l'exécution était portée par un des bandits qui faisaient partie de l'expédition» (Hector Berthelot et Édouard-Zotique Massicotte, *Le bon vieux temps*, Montréal, Beauchemin, 1916).

Voilà comment les Anglais de Montréal entendaient l'expression «démocratie représentative».

Les incendiaires, le journal *The Gazette*, de même que ceux qui participèrent aux ratonnades contre les Canadiens français qui se poursuivirent pendant des semaines, ne furent jamais punis. Au contraire, ils furent considérés comme des héros. Un pavillon de l'hôpital Douglas de Verdun immortalise la mémoire du pompier-incendiaire Alfred Perry, sans doute pour sa contribution à la démocratie au Canada.

Quant à Lord Elgin, les Anglos de Montréal le considèrent comme traître à sa race. Ils l'ont banni à jamais de la mémoire collective. Alors que dans plusieurs villes canadiennes, des rues, des édifices ou des lieux publics rappellent Lord Elgin, il ne s'en trouve pas à Montréal. La ville rend pourtant un hommage immodéré dans sa toponymie à d'obscurs et insignifiants impérialistes qui ont pataugé dans toutes les sanglantes expéditions coloniales britanniques.

Nous devrions oser honorer sa mémoire. Une grande rue de Montréal, comme la rue Sherbrooke, devrait porter son nom. Mais cela risquerait d'indisposer les Anglais de Montréal qui n'ont pas perdu leur mentalité coloniale, comme l'a si bien démontré, ces dernières années, le mouvement «partitionniste» et «défusionniste».

Admettons qu'en tant que peuple masochiste, nous avons un besoin viscéral de passer quotidiennement devant des monuments érigés à la gloire de nos conquérants. Au moins, choisissons-en un qui soit sympathique. Remplaçons la morgue suffisante de Nelson sur sa colonne par la bonne bouille rondouillarde de Lord Elgin.

Le Canada en mal de héros : de Talbot Mercer Papineau à Justin Trudeau

2 août 2006

Après avoir endormi le Québec entier avec le poncif politiquement correct *Le Canada, une histoire populaire*, CBC va nous assommer avec un autre de ses docudrames conçus, pensés et fabriqués pour l'auditoire anglophone, *The Great War*, une nouvelle série historique destinée à mousser le nationalisme *canadian*. Comme d'habitude quand il s'agit d'une opération de propagande de grande envergure, le service auxiliaire francophone de la CBC, la SRC, est embrigadé pour diffuser la version française. Unité nationale oblige.

On apprenait dans *Le Devoir* qu'on allait y réinventer un personnage historique, Talbot Mercer Papineau (prononcez à l'anglaise). Et l'arrière-petit-fils de Louis-Joseph Papineau sera interprété par le fils de Pierre Elliott Trudeau, Justin Trudeau.

Le Canada anglais est un pays à la recherche de héros. On fouille vraiment tous les fonds de poubelles de l'histoire pour en trouver. Le fait qu'on agite ce guignol prétentieux et insignifiant qu'était Talbot Mercer Papineau (1883-1917) en est bien la démonstration. La manœuvre des propagandistes *canadians* a quelque chose de pathétique.

La vérité historique est que le « héros canadien-français » de la série, Talbot Mercer Papineau, était un opportuniste anglo-protestant d'origine américaine qui espérait utiliser son patronyme célèbre pour faire une carrière politique à Ottawa. Voilà ce que dit de lui sa biographe Sandra Gwyn : « Arrière-petit-fils de Louis-Joseph Papineau, Talbot Mercer Papineau, bien qu'il ait porté l'un des noms les plus illustres du Québec, était d'ascendance en grande partie américaine et il fut élevé surtout en anglais. » Sa mère, Caroline Rogers, était issue d'une grande famille de Philadelphie. Talbot Papineau fréquenta le *Montreal High School*, McGill et Oxford.

Dès le début des hostilités, Talbot s'enrôle dans le *Princess Patricia's Canadian Light Infantry*. Sandra Gwyn explique que c'est le pari éclairé d'un carriériste : « Même s'il n'avait jamais appartenu à la milice, il savait que de bons états de service favoriseraient son avenir politique. » Après avoir participé à quelques batailles, Papineau, par ses relations, se fait affecter aux services de propagande de l'armée. Pendant que d'autres meurent, il rédige des communiqués exaltants.

Il va aussi se prêter à une opération contre son cousin Henri Bourassa, le fondateur du *Devoir*, qui est alors le principal porte-parole de l'opposition à la guerre. Une très longue lettre portant sa signature est publiée par l'organe impérialiste et anticanadien-français de toujours, la *Montreal Gazette*, et reprise par l'ensemble de la presse anglo-canadienne. Dans son attaque contre Henri Bourassa, Talbot Mercer Papineau se présente comme un Canadien français fidèle à la couronne et à l'empire. Son texte sera utilisé à des fins de propagande impérialiste jusqu'en Angleterre. Sous le titre « *The Soul of Canada* », le *Times* de Londres le publie.

La réponse de Bourassa à son cousin est ironique. Bourassa trouve plutôt cocasse l'imposture qui amène cet Anglo-Américain protestant à se faire passer pour un Canadien français. Talbot a appris à parler français en France et le parle avec un accent européen légèrement teinté d'oxfordien (un pure laine ! J'ai hâte d'entendre Justin dans son rôle). Soulignant à Talbot Mercer que l'Ontario vient d'adopter le règlement 17 qui abolit les écoles françaises, Henri Bourassa observe : « Prêcher la guerre sainte pour la liberté des peuples outre-mer et opprimer les minorités nationales au Canada n'est, à notre avis, rien d'autre qu'une odieuse hypocrisie. »

Talbot se sert de son cousin comme faire-valoir pour se présenter au Canada anglais comme un ardent défenseur de l'empire. Il dénonce ainsi Henri Bourassa, pour la plus grande satisfaction de ses lecteurs anglophones : « [...] *you will bring disfavour and dishonour upon our race, so that whoever bears a French name in Canada will be an object of suspicion and possibly of hatred* » (traduction libre : « Vous attirerez la désapprobation et le déshonneur sur notre race, et quiconque portera un nom français au Canada sera dès lors objet de méfiance et peut-être même de haine. ») De la part d'un Anglo-Américain protestant, son « notre race » est particulièrement savoureux...

Henri Bourassa se demande pourquoi Talbot Mercer a rédigé sa lettre en anglais : « Surprenant pour un homme qui clame haut et fort ses origines françaises et son amour de la France. »

Le fondateur du *Devoir* se dit aussi étonné de recevoir une lettre qui s'ouvre et se termine avec des expressions affectueuses, alors que les deux hommes se connaissent à peine. Henri Bourassa rappelle à son cousin qu'ils ne se sont parlé qu'une fois dans leur vie de la question nationale et qu'à cette occasion Talbot Mercer, en bon Américain, était encore plus opposé que lui aux liens impériaux. Mais durant une guerre menée par l'empire et soutenue par le Canada anglais, ce n'était pas là une position qui allait gagner des sympathies — et éventuellement des votes — au fourbe Talbot Mercer.

Talbot Papineau demande d'être muté de nouveau au front. Pas par patriotisme, mais par électoralisme. Son commandant écrit de lui : « [Papineau] a l'intention d'entrer dans la vie publique après la guerre et pense que ses chances seraient meilleures [...] s'il pouvait montrer qu'il se trouvait avec le régiment pendant une grande offensive. »

Les ambitions politiques de Talbot Papineau connurent une fin aussi abrupte que prématurée à Passendale en Belgique le matin du 30 octobre 1917. Selon le *Dictionnaire biographique du Canada*, juste avant de franchir le parapet pour passer à l'attaque, Talbot Papineau dit à un de ses amis : « *You know, Hughie, this is suicide* » — « c'est un suicide ». Ce furent ses dernières paroles. Il fut déchiqueté par un obus allemand dès qu'il quitta la tranchée.

Peu avant sa mort, Talbot Mercer avait écrit à sa mère, en anglais bien sûr : « Me voilà presque parvenu à l'âge de 35 ans, et je n'ai rien fait, ou presque. »

Voilà l'individu que la machine de propagande radio-canadienne va mousser comme un héros canadien-français fédéraliste et bilingue. Talbot Mercer Papineau est un *French Canadian* comme les Canadiens anglais en raffolent. Plus à l'aise en anglais qu'en français, plus habitué aux coutumes et traditions anglaises, et complètement coupé de la réalité du Québec français. Le choix de Justin Trudeau pour incarner le personnage est finalement très approprié.

Après Québec 1759, pourquoi pas Batoche 1885 ?

7 février 2009

Les subtils penseurs au service du gouvernement fédéral qui ont imaginé les « festivités » de la commémoration de la

défaite des plaines d'Abraham avec une reconstitution historique de la bataille ne devraient pas s'arrêter là. Une autre
défaite d'importance historique des francophones mérite
le même traitement dans un avenir rapproché. Je pense à la
bataille de Batoche, autre «lieu historique national» qui a été
la scène le 12 mai 1885 de la défaite de la rébellion métis du
Nord-Ouest par la nouvelle armée canadienne récemment
constituée, mais toujours commandée par un général anglais,
Frederick Middleton.

Le 125ᵉ anniversaire de cette grande et glorieuse victoire
aura lieu au printemps 2010. L'écrasement de la rébellion
de Louis Riel et la chute de son gouvernement provisoire
marquent la fin de la domination des Métis francophones
sur les grandes plaines de l'Ouest. Ça doit bien mériter une
reconstruction historique.

Le 15 mars 1885, Riel s'est proclamé président d'un gouvernement provisoire de la Saskatchewan. Dès que la nouvelle est
connue à Montréal, William Cornelius Van Horne du *Canadian
Pacific Railways* — au bord de la faillite — offre de transporter
gratuitement les troupes pour écraser les Métis. C'est un coup
de pub fantastique qui va permettre au gouvernement conservateur de Macdonald d'injecter de nouveaux fonds publics dans
la construction du transcontinental. L'écrasement des Métis
aura sauvé le Canadien Pacifique. Voilà bien une bonne raison de
fêter.

Les colonnes du général Middleton sont accompagnées
par un représentant d'une compagnie américaine et de l'arme
nouvelle qu'elle veut vendre au gouvernement conservateur,
la *Gatling gun*, la première mitrailleuse opérationnelle de
l'histoire. Avant d'en commander, Ottawa a trouvé judicieux
de se servir des Métis comme cobayes pour en tester l'efficacité. Une telle première au Canada appelle une reconstitution
historique.

Pour faire face aux troupes du général Middleton, Riel refuse de recourir à des tactiques de guérilla comme le réclame son «général», Gabriel Dumont. Il choisit plutôt de se retrancher dans sa « capitale » Batoche, une stratégie vouée à l'échec...

Le 12 mai 1885, après que des prêtres catholiques eurent trahi les Métis, le corps expéditionnaire canadien, formé de plus de 900 hommes, donne l'assaut au petit village défendu par 300 malheureux Métis, dont un bon nombre de vieillards armés de vieux mousquets.

Comme le racontera Gabriel Dumont, la reddition des défenseurs de Batoche s'accompagne d'exécutions sommaires :

[...] le 12 mai, vers 2 heures de l'après-midi, sur des renseignements exacts fournis par ceux qui nous trahissaient, que nous n'avions plus de munitions, les troupes s'avancèrent et nos gens sortirent de leurs tranchées ; et c'est alors que furent tués : José Ouellet, 93 ans, d'abord les deux bras cassés et achevé à la baïonnette ; Donald Ross, 75 ans, d'abord blessé à mort et dardé à la baïonnette, bien vieux aussi ; Isidore Boyer, vieillard aussi ; Michel Trottier, André Batoche, Calixte Tourond, Elzéar Tourond, John Swan et Damase Carrière, qui eut d'abord la jambe cassée et que les Anglais ont ensuite traîné, la corde au cou, à la queue d'un cheval. Il y eut aussi deux Sioux de tués.

Le bilan de ces quatre jours de bataille acharnée a été, pour nous, trois blessés et douze morts, plus un enfant tué, seule victime durant toute la campagne de la fameuse mitrailleuse Gatling.

Les terribles accusations de Dumont sont confirmées par le témoignage d'un jeune militaire ontarien, qui consigne dans son journal intime : « *The rebel still coming and giving themselves up. [...] It is surprising to see so many old men, some with grey hair, and a lot of these were killed.* »

Ainsi s'est déroulé le premier haut fait d'armes de l'histoire de l'armée canadienne. Valeur et Honneur.

Voilà des scènes bouleversantes, remplies de pathos, dont la reconstitution est apte à émouvoir le touriste américain le plus imperturbable.

Louis Riel a réussi à s'échapper. Il ne se rendra que le 16 mai. Il aurait dû s'enfuir aux États-Unis, comme Gabriel Dumont qui a répondu « Allez au diable ! » lorsqu'un émissaire de Middleton lui a promis la vie sauve en échange de sa reddition. Pour son plus grand malheur, l'esprit troublé de Riel l'a amené à faire confiance aux Anglais. Il sera pendu.

Personne n'oserait faire une reconstitution de la bataille de Batoche. Jamais le fédéral n'humilierait ainsi les autochtones qui réagiraient violemment à une telle ignominie. Les autochtones ont une fierté et un sens de l'honneur que les Québécois ont perdus, d'affronts en humiliations, de revers en échecs et en défaites.

Et les autochtones ont aussi des *Warriors* pour se faire respecter...

Troisième partie

De janvier à mai 2006, j'ai tenu une chronique hebdomadaire dans le journal en ligne *Mir*, publié par l'éditeur des Intouchables, Michel Brûlé.

Option Canada n'était pas la seule officine secrète de Patrimoine Canada

« Je ne savais rien », « Je ne connaissais pas l'existence d'Option Canada » : la rengaine a été entendue de tous les principaux suspects dans le scandale au cours des derniers jours.

Dans le cas de Jean Charest et de Daniel Johnson, peut-on vraiment les croire, alors que leur entourage politique grouillait de personnes qui émargeaient à Option Canada ?

Pour d'autres champions du non, c'est très possible. Mais une chose est certaine, ils connaissaient tous le Conseil pour l'unité canadienne, le conduit par lequel Patrimoine Canada distribue depuis des décennies de l'argent à la cause du fédéralisme au Québec. Tout bon libéral qui se respecte a, un jour ou l'autre, collaboré au CUC et/ou obtenu de lui des contrats ou de l'argent. C'est une auge à petits cochonnets rouges où ils pataugent nombreux en attendant des *jobs* dans la politique ou la grande entreprise privée.

Le CUC sert de salle de transit pour les libéraux en déplacement entre, par exemple, un échec électoral et une nomination intéressante dans la grande entreprise ou la haute administration.

Le statut « d'organisme de bienfaisance » du CUC est scandaleux. Le fisc fédéral et celui du Québec ont ouvert des enquêtes à son sujet en 1997. Ces enquêtes sont allées nulle part. Il faudrait qu'elles soient relancées à la lumière des révélations que nous faisons dans *Les secrets d'Option Canada*. Cet organisme qui existe depuis 1964 est en réalité directement engagé dans la guerre contre l'affirmation nationale du Québec depuis plus de 10 ans.

Déjà en 1993, selon André Bzdera, un ancien recherchiste au Bloc québécois, le CUC avait commandité un «inventaire complet et une analyse exhaustive» de toutes les forces souverainistes au Québec, comté par comté.

Le CUC payait les factures d'Option Canada et quelques fois c'était le contraire. Tout le monde pigeait dans la même manne. Les relations financières entre le CUC et toutes ces officines étaient étroites : Pierre Pettigrew facturait au CUC et c'était Option Canada qui payait la facture. Le CUC a multiplié les prête-noms, les organismes-écrans et les groupes bidon. Outre Option Canada, le CUC contrôlait plusieurs autres cellules secrètes qu'il finançait entièrement et qui étaient gérées par ses employés. Dans notre livre, Robin Philpot et moi démontrons, documents à l'appui, comment le Conseil québécois des gens d'affaires pour le Canada était une fiction opérant dans les bureaux du CUC, financé à 100 % par le CUC à travers Option Canada. Les contribuables québécois finançaient ainsi de riches hommes d'affaires appartenant aux plus grandes entreprises canadiennes afin qu'ils militent en faveur du non.

André Bzdera a identifié d'autres cellules secrètes de Patrimoine Canada, opérant sous l'égide du CUC, avant, durant et après la campagne référendaire : Impact 95, Génération 18-35, Canada 2000, Conseil Québec, Coalition des partenaires. Il y en a sans doute qui n'ont pas encore été découvertes. Chacune d'entre elles mériterait une enquête comme celle que nous avons faite sur Option Canada. Toutes ces officines étaient étroitement interreliées. Par exemple, quand Daniel Johnson et Alain Dubuc affirment qu'ils ne savent pas que leurs voyages étaient payés par Option Canada, comme on le montre dans *Les secrets d'Option Canada*, ils ont peut-être raison. La facture payée par Option Canada avait été envoyée à Canada 2000.

En plus de l'argent de Patrimoine Canada, le CUC a aussi pu compter sur le soutien financier du privé. Comme le note André Bzdera :

> Le Conseil n'identifie jamais les bailleurs de fonds, mais il est essentiellement financé par le gouvernement fédéral, des sociétés d'État et ce que Jacques Parizeau appelait la finance, c'est-à-dire les grandes entreprises canadiennes du secteur privé. Postes Canada sous André Ouellet, ex-P.D.G. de Postes Canada, versait par exemple des dons « philanthropiques » considérables au Conseil. Les autres dissimulent leurs donations, craignant sans doute l'impact d'une telle nouvelle sur leurs ventes au Québec. Quant au secteur privé, seules quelques entreprises, telles Proctor & Gamble et Dow Chemical, avouent qu'elles contribuent financièrement aux activités du Conseil.

Mais le CUC et Option Canada n'étaient pas les seuls conduits de l'or fédéral dans des opérations de propagande en faveur du fédéralisme canadien. Ma carrière de journaliste d'enquête à Radio-Canada s'est terminée lorsque j'ai découvert que la Fondation Charles R. Bronfman servait de paravent pour permettre à Patrimoine Canada de donner 7,2 millions de dollars à Robert-Guy Scully pour produire ses célèbres *Minutes du Patrimoine*, ces messages publicitaires qui inondaient les écrans de télévision et particulièrement la chaîne de Radio-Canada dans les années qui ont précédé le référendum de 1995.

Quand André Pratte et *La Presse* tentent de me bâillonner

La Presse m'a censuré! Son éditorialiste en chef, André Pratte, a refusé de publier ma réplique à son éditorial et à la chronique de Lysiane Gagnon qui me mettait en cause en marge de la publication du livre *Les secrets d'Option Canada*. Voici d'abord le texte qui a été jugé inacceptable et que le journal de Power Corporation a refusé de publier:

André Pratte, dans un éditorial de *La Presse* du 11 janvier me qualifie d'«essayiste». Curieux qu'il ne se soit pas rendu compte que le livre *Les secrets d'Option Canada* est un travail de journalisme d'investigation. Je n'ai jamais fait dans l'essai littéraire. Je suis un journaliste d'enquête. Pour s'en convaincre votre éditorialiste n'a qu'à consulter les archives de *La Presse* qui a fait largement écho à mes exclusivités tout au long de ma carrière.

Alors que son éditorialiste en chef minimisait les révélations contenues dans *Les secrets d'Option Canada*, laissant entendre qu'il s'agissait de vieilles histoires, votre journal accordait une large couverture au livre. Cinq pages dans le plus grand quotidien français d'Amérique. Et une couverture semblable dans les autres quotidiens du Québec. André Pratte se serait-il trompé dans l'appréciation de l'information? Affirmer comme il le fait que la publicité n'a pas donné au camp du non un avantage important durant la campagne référendaire de 1995 dénote un manque flagrant de perspicacité. Je l'invite à relire à ce sujet l'arrêt Libman de la Cour suprême du

Canada qui reconnaît l'importance d'équilibrer les dépenses publicitaires lors de consultations populaires.

André Pratte me présente comme un souverainiste dur et la chroniqueuse Lysiane Gagnon va plus loin le lendemain en me qualifiant d'«indépendantiste militant de la tendance nationaleuse».

Les deux mentent carrément. Je ne milite dans rien et je ne suis membre d'aucun parti. Je ne prends jamais la parole devant des assemblées partisanes ou militantes et, contrairement à eux, je ne prends jamais position lors de campagnes électorales. Je n'ai jamais non plus proposé ou endossé de solutions constitutionnelles à l'affrontement séculaire entre Québécois et Canadiens. Je mets André Pratte et Lysiane Gagnon au défi de trouver de moi une citation, une prise de position partisane ou un encouragement à voter pour un parti ou une option constitutionnelle.

Je m'attends donc à ce que M. Pratte et Mme Gagnon citent mes déclarations partisanes, et fassent la preuve de mes engagements en faveur de groupes militants ou qu'ils s'excusent.

Je me permets de citer la conclusion de mon *Livre noir du Canada anglais* :

«Le projet québécois, qui vaut bien l'autre, a l'avantage de s'appuyer sur une identité nationale plus marquée que celle de la majorité anglophone en voie de dissolution rapide dans l'américanité malgré les attentions et les soins palliatifs que lui prodigue la ministre du Patrimoine.

L'histoire dira si ceux qui ont repris le flambeau de Papineau et des Patriotes et de leur projet national parviendront à le réaliser. »

Si c'est cela être un « militant nationaleux » ! En me qualifiant de « nationaleux » Mme Gagnon dit n'importe quoi comme elle l'a fait lorsqu'elle a mis en doute le diplôme de Harvard d'André Boisclair.

Je crois que les Québécois forment un peuple qui a droit à l'autodétermination et qu'il est normal qu'il affirme son identité nationale. Et, je dois l'avouer, j'aime mieux Lévesque que Trudeau. J'ai plus d'admiration pour Parizeau que pour Chrétien et j'ai plus de respect pour Camille Laurin que pour André Ouellette.

Dans un paragraphe digne de la *Gazette* ou du *National Post*, la chroniqueuse Gagnon me reproche, à la Bill Johnson ou à la Diane Francis, d'avoir porté plainte pour m'être fait lancer au visage : « *Speak to me in english. This is an English hospital* » par une infirmière unilingue anglaise du *Jewish General Hospital*. Pour Lysiane Gagnon j'aurais dû courber l'échine en silence. Cela ne me surprend pas d'elle. Nombreux sont les Canadiens français de sa génération qui acceptaient, sans rien dire, de pareilles humiliations. Ce n'est pas dans ma nature.

Qu'elle ne lâche pas. Le siège de Renaude Lapointe et de Solange Chaput-Rolland au Sénat l'attend. La récompense sera bien méritée.

Après avoir lu mon texte, André Pratte m'a transmis le courriel suivant :

Nous avons bien reçu votre réplique. Il nous fera plaisir de la publier, mais pas dans son état actuel.

Je ne permets pas les insultes ou les procès d'intention dans nos pages, de notre part ou de celle de ceux dont nous publions les textes. Or, vous nous accusez de «mentir»; cela me semble un peu fort. Que nous soyons en désaccord avec vous ne fait pas de nous des «menteurs». Vous avez le droit de ne pas vous considérer comme un essayiste ou comme un militant souverainiste et nous avons le droit de penser le contraire.

Par ailleurs, votre dernière phrase sur le Sénat est de trop. Je suis convaincu qu'il vous est possible d'exprimer votre désaccord avec vigueur sans insulter les gens.

André

Je lui ai immédiatement répondu:

Le problème n'est pas que Lysiane et vous pensiez que je suis un militant indépendantiste pur et dur de la tendance «nationaleuse». Vous avez le droit de penser ce que vous voulez. Le problème vient du fait que vos affirmations ne correspondent pas à la réalité. Utiliser, par exemple, le mot militant pour me désigner. En français le mot militant a un sens bien précis, selon le *Larousse*: «Adhérent d'une organisation politique, syndicale, sociale, qui participe activement à la vie de cette organisation». Vous dites, André, que ma dernière phrase sur le Sénat est de trop, ajoutant qu'il est possible d'exprimer mon désaccord avec vigueur sans insulter les gens. Vous devriez diriger vos remarques à votre chroniqueuse. Ses propos me traitant de

« nationaleux » relèvent non seulement de l'invective mais aussi de la calomnie. Et, dois-je comprendre que Lysiane considère que je l'outrage en disant qu'elle mérite le siège au Sénat de Renaude Lapointe, une éditorialiste émérite de *La Presse* ? Y a-t-il quelque chose d'infamant dans le fait de souhaiter à une chroniqueuse fédéraliste qu'elle accède aux honneurs de la Chambre haute ?

J'ai proposé au représentant éditorial de Power Corporation de remplacer « [l]es deux mentent carrément » par l'équivalent : « Ces affirmations sont contraires à la vérité. » Ce n'était pas assez. J'avais comme l'intuition que l'éditorialiste en chef de *La Presse* ne voulait pas publier un texte dans lequel je le mettais au défi avec la chroniqueuse Gagnon de soutenir ce qu'ils avancent. Nouveau courriel de Pratte :

> Nous publions demain des répliques à nos textes sur Option Canada, mais la vôtre n'en sera pas, puisque vous refusez d'enlever cette référence au Sénat comme « récompense ». Cette remarque remet en cause l'intégrité de Lysiane, et il n'est pas question que je la publie. Si votre texte était élagué de ce passage, nous le publierions bien sûr avec plaisir.
>
> André

Pour ne pas faire de la peine à Lysiane Gagnon, j'ai accepté de biffer « [l]a récompense sera bien méritée. » Je me doutais que cela ne serait pas suffisant et que *La Presse* ne voulait pas publier ma réplique. Le courriel suivant de Pratte confirmera mes doutes :

> Ça ne change rien. L'allusion reste claire.

Je te rappelle ce passage des Droits et responsabilités de la presse, du Conseil de presse :

« Les journaux peuvent apporter des modifications aux lettres qu'ils publient (titres, rédaction, corrections) pourvu qu'ils n'en changent pas le sens et qu'ils ne trahissent pas la pensée des auteurs. Ils peuvent refuser de publier certaines lettres, à condition que leur refus ne soit pas motivé par un parti pris, une inimitié ou encore par le désir de taire une information d'intérêt public qui serait contraire au point de vue éditorial ou nuirait à certains intérêts particuliers. »

André

Lysiane Gagnon ne veut vraiment pas être comparée à Renaude Lapointe qui a effectivement gagné son Sénat en écrivant pendant des décennies des textes insignifiants et oubliés pour défendre le fédéralisme canadien. Il est aussi amusant de noter comment Pratte se cache derrière une citation du Conseil de presse pour me censurer. Ça me donne une idée : devrais-je moi-même porter plainte au Conseil de presse contre deux membres de la profession qui caractérisent les gens en fonction de leurs préjugés au mépris des faits ?

Ma plainte au Conseil de presse

Le 3 février 2006,

Madame Nathalie Verge,
Secrétaire générale,
Conseil de presse du Québec

Je porte plainte par la présente contre le journal *La Presse*, son éditorialiste en chef André Pratte et sa chroniqueuse Lysiane Gagnon.

Je reproche à André Pratte d'avoir refusé de publier ma réplique à un de ses éditoriaux et à une chronique de Lysiane Gagnon qui me mettait en cause en marge de la publication du livre *Les secrets d'Option Canada*. L'éditorial sous la signature d'André Pratte a été publié le 11 janvier 2006 et la chronique de Lysiane Gagnon, le lendemain.

Je reproche à Lysiane Gagnon d'avoir utilisé à mon endroit les qualificatifs d'«indépendantiste militant de la tendance nationaleuse», alors que rien dans mes déclarations publiques, mes prises de position et mes engagements ne justifiait de tels propos. Cette expression méprisante de la chroniqueuse vise manifestement à me dénigrer en m'attribuant des attitudes politiques qui ne sont pas les miennes.

[...]

André Pratte a refusé de publier le texte à moins que j'enlève la référence à l'accession au Sénat éventuelle de Mme Gagnon. En quoi souhaiter qu'une chroniqueuse de *La Presse* suive la voie d'une éditorialiste émérite du journal, Renaude Lapointe, met-il en cause la réputation ou l'intégrité de Mme Gagnon? Elle devrait être fière que je la considère comme aussi digne d'accéder à la Chambre haute que son prédécesseur illustre. Pour me refuser le droit de réplique, André Pratte m'a cité un passage des Droits et responsabilités de la presse, du Conseil de presse :

Les journaux peuvent apporter des modifications aux lettres qu'ils publient (titres, rédaction, corrections) pourvu qu'ils n'en changent pas le sens et qu'ils ne trahissent pas la pensée des auteurs. Ils peuvent refuser de publier certaines lettres, à condition que leur refus ne soit pas motivé par un parti pris, une inimitié ou encore par le désir de taire une information d'intérêt public qui serait contraire au point de vue éditorial ou nuirait à certains intérêts particuliers.

J'estime que j'avais parfaitement le droit d'évoquer l'accession éventuelle de la chroniqueuse Gagnon au Sénat. Cela ne peut constituer un outrage ou une injure à sa réputation. Le refus de Pratte était donc injustifié.

Je demande donc au Conseil de recommander au journal *La Presse* de publier ma rectification aux propos d'André Pratte et de Lysiane Gagnon. Je demande de plus au Conseil de condamner les propos sans fondement de cette dernière à mon endroit.

Le Conseil de presse me donne raison

Le 3 octobre 2006

D2006-02-043 Normand Lester c. André Pratte, éditorialiste, Lysiane Gagnon, chroniqueuse et *La Presse*

Le plaignant reprochait à M. Pratte d'avoir refusé de publier sa réplique à un éditorial et à une chronique de Mme Lysiane Gagnon, parus respectivement les 11 et 12 janvier 2006 et qui le mettaient en cause à la suite de la publication du livre *Les secrets d'Option Canada*. Il reprochait également à Mme Gagnon d'avoir utilisé à son endroit des qualificatifs injustifiés.

Le genre journalistique auquel appartiennent l'éditorial et la chronique accorde à leurs auteurs une grande latitude dans le traitement d'un sujet d'information. Il permet notamment aux journalistes qui le pratiquent d'adopter un ton polémiste pour prendre parti et exprimer leurs critiques, dans le style qui leur est propre.

Dans ce contexte, les propos utilisés par la chroniqueuse Lysiane Gagnon, à l'effet que M. Lester était un « indépendantiste militant de la tendance nationaleuse », bien que choquants aux yeux du plaignant, ne sont pas apparus outrepasser les limites autorisées par le genre journalistique du journalisme d'opinion.

Quant au grief de M. Lester concernant la non-publication de sa réplique, après examen des arguments des parties, le Conseil a constaté que le quotidien a d'abord souscrit à une première règle déontologique en regard du courrier des lecteurs, soit de se donner des règles pour encadrer ce service. Le Conseil a toutefois constaté qu'en appliquant ces règles, la direction du quotidien a laissé l'impression qu'elle permettait à Mme Gagnon une liberté d'expression plus large dans sa chronique que celle permise à M. Lester dans sa réplique.

En ce sens, afin d'assurer un maintien de l'équité dans tout traitement médiatique, le Conseil a invité la direction du quotidien *La Presse* à revoir sa gestion des normes encadrant le courrier des lecteurs, particulièrement quand il s'agit de réponses à des charges adressées directement contre des personnes, afin de permettre à celles-ci une latitude équivalente dans leur réplique. (C'est moi qui souligne — NL)

Pour ces motifs, le Conseil a retenu partiellement la plainte de M. Normand Lester contre le quotidien *La Presse* et son éditorialiste en chef, M. André Pratte, pour le motif de non-publication d'une réplique.

Les implications de la victoire conservatrice pour le PQ et le Bloc

25 janvier 2006

L'un des résultats les plus significatifs des élections générales du 23 janvier, c'est que le Parti libéral du Canada, le parti de Trudeau et de Laurier, a perdu ses derniers appuis au Québec français. Regardez une carte électorale : la tache rouge se limite dorénavant à certains secteurs de l'Île-de-Montréal et de l'Île-Jésus, habités par les Anglos et les groupes ethniques d'avant la loi 101, qui leur sont associés. Les comtés sûrs pour les vedettes libérales francophones sont de plus en plus limités. La défaite des Pettigrew, Frulla et Garneau le montre bien. Cela crée une situation paradoxale. Ces soi-disant porte-parole du Québec à Ottawa représentent en réalité Westmount et le West Island. Les Robillard, Dion et Lapierre n'oseraient jamais se présenter sur la Rive-Sud de Montréal ou dans des circonscriptions à majorité francophone parce qu'ils savent bien qu'ils seraient battus à plate couture. La tradition remonte à Pierre Trudeau. Lorsque les libéraux l'ont recruté dans les années 1960, ils l'ont présenté dans Mont-Royal, la circonscription leur donnant des majorités écrasantes, souvent plus de 80 % des voix.

Les comtés libéraux se superposent presque parfaitement aux villes « défusionnistes » qui sous-tendent le mouvement « partitionniste ». Les « Rhodésiens blancs », coupés du reste de la société québécoise, dénoncés par René Lévesque, sont toujours là, arrogants et suffisants dans leur ghetto doré de Westmount (toujours la ville la plus riche du Canada). Et ils comptent sur Lucienne Robillard pour défendre leurs intérêts aux Communes.

Ce qui m'amène à parler de Léopold Lauzon, le pourfendeur du capitalisme, qui ne rate jamais une occasion de dénoncer les libéraux fédéraux. Candidat d'un parti fédéraliste, cet indépendantiste autoproclamé s'est fait l'allié objectif du parti qui incarne le fédéralisme et qui constitue le principal suppôt du grand capital au Canada, le PLC. Grâce à lui, Jean Lapierre a été réélu dans Outremont. Sans la notoriété de Lauzon, on peut penser qu'une partie des 6 000 voix que le NPD a obtenues serait probablement allée vers le Bloc. Bravo, Léopold Lauzon ! J'espère que Jean Lapierre va l'inviter à La Moulerie ou chez Leméac pour fêter sa réélection et le remercier de son soutien.

Le prof Lauzon s'y connaît peut-être en sciences comptables, mais en sciences politiques sa perspicacité est des plus limitées.

J'entendais hier matin à la radio Jean-François Lisée analyser à l'émission de Marie-France Bazzo l'émergence inattendue des conservateurs dans la région de Québec. Il rappelait qu'aux dernières élections québécoises, 66 % des électeurs avaient voté pour des partis qui se situaient « à droite » du PQ sur l'échiquier politique.

La réalité est que le Québec est beaucoup plus à droite que la classe médiatique aime à le croire et à le faire croire.

Dans la plupart des 10 comtés passés aux conservateurs, la majorité des électeurs est nationaliste ou souverainiste. Mais ces Québécois de droite modérée ne se reconnaissent pas dans l'idéologie progressiste du Bloc et du PQ. Cet électorat qui vote aussi ADQ est souvent jeune, dynamique et entreprenant. Il est réfractaire aux valeurs morales et sociales véhiculées par le PQ et le Bloc, partis dominés par des vieilles barbes issues des syndicats et de la fonction publique. Il y a 20 ans, les prédécesseurs de ces électeurs ont voté pour Brian Mulroney, pariant sur le « beau risque » de René Lévesque.

Le Bloc et le PQ, deux partis largement contrôlés par des sociaux-démocrates issus du lobby syndicaliste, peuvent-ils s'ouvrir à cet électorat ? J'en doute. Les deux formations indépendantistes tendent naturellement vers la gauche. La mainmise des syndicats sur ces partis est telle qu'un recentrage paraît peu probable.

C'est le problème fondamental des deux formations souverainistes : comment s'assurer de l'appui des indépendantistes et des nationalistes de la droite modérée qui constituent la partie montante de l'électorat, comme vient de le rappeler le vote conservateur.

L'avenir du PQ dépend des nouvelles générations plus proches de Mario Dumont que de Françoise David. Il vaut mieux pour lui aller vers les 66 % des électeurs « de droite » que vers les 6 % que représentent Françoise David et ses amis bien-pensants au grand cœur. Malheureusement pour le mouvement souverainiste, ces 6 % sont suffisants pour faire battre des candidats dans plusieurs circonscriptions. Il y aura des émules de Léopold Lauzon dans de nombreux comtés lors des prochaines élections. Les libéraux de Jean Charest auront besoin de 5, 10, 15 Léopold Lauzon pour se faire réélire (je parie que Lauzon lui-même sera de la partie : choisira-t-il un comté où sa présence assurera la réélection d'une tête d'affiche libérale comme cette fois-ci ?).

Le rapport Gomery : la révolution culturelle improbable

2 février 2006

Jean Chrétien, le principal coconspirateur non inculpé (pour reprendre la terminologie du *Watergate*), l'a dit aux Communes alors que le scandale des commandites venait tout juste d'être révélé par la vérificatrice générale Sheila Frazer : qu'est-ce que c'est que le vol de quelques millions de dollars si c'est pour sauver l'unité canadienne ? Plusieurs des politiciens et politiciennes impliqués dans le scandale d'Option Canada ont dit à peu près la même chose au sujet des dépenses secrètes illégales en faveur du camp du non lors de la campagne référendaire de 1995. Sheila Copps en tête, ils ont affirmé qu'ils n'avaient pas à se justifier d'avoir dépensé de l'argent, illégalement ou pas, pour défendre le Canada. L'opinion publique et l'élite médiatique du Canada anglais partagent entièrement cette attitude.

Cette mentalité ne va pas changer. Malgré les turpitudes libérales exposées dans le détail dans les audiences publiques et dans le rapport Gomery I, les Anglais du Québec et les groupes qui se sont assimilés à eux ont voté massivement, comme toujours, pour des candidats libéraux *full patch*, membres en règle du gang de lascars dénoncé par le bon juge. De Westmount à Saint-Léonard, de Hampstead à Pointe-Claire, on est disposé à élire le premier pourri rouge venu pourvu qu'il soit un fédéraliste pur et dur. L'attitude est de se dire : « Qu'importe que le PLC soit une organisation de malfaiteurs. Il est le seul à nous protéger contre la majorité francophone du Québec. Corruption, magouilles et malversations sont un prix minime à payer pour sauver la Confédération. »

Tout est permis pour lutter contre l'affirmation nationale du Québec. Et ce n'est pas nouveau : les agents secrets de la GRC dans les années 1970, qui commettaient des crimes au Québec pour défendre le Canada, obéissaient à des directives qui venaient du cabinet Trudeau.

L'histoire enseigne que les règles du droit ne sont respectées dans les États que dans les périodes calmes. Dans une période de crise, quand l'existence de l'État est menacée, les groupes qui le dominent respectent rarement les lois. C'est vrai au Canada comme dans tous les pays du monde à toutes les époques.

La révolution culturelle et le changement de mentalités que souhaite John Gomery n'ont que peu de chances de se réaliser dans les domaines qui touchent à l'affrontement

Québec-Canada, où le Canada anglais considérera toujours que tous les coups sont permis. Ce qui est arrivé dans le scandale des commandites et dans celui d'Option Canada n'est pas une aberration, contrairement à ce que pense le juge.

Lors de sa conférence de presse à Ottawa, le juge Gomery a déclaré que ce qu'il avait appris durant les audiences publiques de sa commission lui avait fait perdre son innocence : « Je n'avais pas imaginé en commençant qu'il y avait de l'argent qui a circulé dans des enveloppes brunes pour payer les organisateurs d'un parti politique. Ça m'a surpris. J'ai été dégoûté. C'est pour ça que je dis que j'ai perdu mon innocence. J'ai entendu beaucoup de choses choquantes dans ma carrière de juge, que ce soit des meurtres ou autres choses, mais ce que j'ai entendu dépasse tout. »

Au risque d'accroître les désillusions du juge, je lui recommande de lire *Les secrets d'Option Canada*. Il va y apprendre qu'une cinquantaine de libéraux bien connus ont accepté d'Option Canada des sommes atteignant plus de 10 000 $ pour propager les « valeurs canadiennes ». Bel exemple de fédéralisme rentable. Les libéraux fédéraux sont des gens convaincus pourvu que ça paye ! Et parmi ces militants libéraux bénévoles du camp du non en figurait un dont il a été à même d'apprécier la rigueur morale : Tony Mignacca, le vieux complice de Jos Morselli et d'Alfonso Gagliano, l'homme qui a fait pleurer Jean Brault parce qu'il lui avait fait, comme on dit dans le milieu, « une offre qu'il ne pouvait refuser ».

Il faut applaudir les recommandations du juge Gomery. Proposer la dépolitisation du comité des comptes publics et des postes de sous-ministre, et rendre les preneurs de décision imputables implique une révolution dans le fonctionnement de l'État canadien. En plus de responsabiliser fonctionnaires et politiciens, ces recommandations vont contribuer à briser l'étreinte que la mafia libérale exerce depuis toujours sur la haute fonction publique fédérale. Ces recommandations arrivent au pire moment pour un PLC en plein désarroi qui vient de perdre le pouvoir.

Harper va se faire un malin plaisir de les appliquer tout en faisant adopter des lois, inspirées de celles du Québec, qui vont empêcher les libéraux d'avoir accès à leur source de financement traditionnelle : le *Big Business* de Toronto et de Montréal. Que va devenir le PLC sans l'or du grand capitalisme canadien ? J'ai hâte de voir les barons rouges descendre du *Summit Circle* à Westmount pour organiser des collectes de fonds populaires plutôt que des dîners à 5 000 $ le couvert.

22 février 2006

Le déclin de l'empire américain

Le document de 27 pages s'intitule *Conduire la longue guerre — Stratégie militaire pour la guerre contre le terrorisme*. Rédigé par un groupe de stratèges du Pentagone pour l'état-major inter-armes des États-Unis, il a été rendu public ces derniers jours probablement pour tenter de relever le moral des membres du Congrès et de la population américaine qui en ont bien besoin.

Sous certains aspects, c'est une analyse perspicace du conflit dans lequel se sont engagés les États-Unis contre leur ennemi, l'Islam radical. Première constatation déprimante pour les Américains qui ne rêvent que de s'extirper d'Irak : la guerre contre l'Islam radical sera longue.

Pour rassurer les Américains, le Pentagone affirme qu'ils ne peuvent être battus sur le terrain. La difficulté, c'est qu'ils ne peuvent pas non plus gagner la guerre et que dans ce type de conflit être incapable d'écraser l'adversaire est en fait perdre la guerre. Comme au Viêt Nam. « Les Américains, estime le rapport, apporteront leur appui à une longue guerre à condition qu'ils soient convaincus que nos leaders savent ce qu'ils font. » Là, justement, est le problème !

L'erreur stratégique de l'administration Bush est d'avoir décidé de riposter en Irak à l'attentat du 11 septembre 2001. C'est une guerre de Cent Ans qui a été déclenchée par un président médiocre à l'intelligence et à la culture limitées pour se venger du monde arabo-musulman en s'attaquant à son porte-étendard le plus voyant et le plus facile à humilier : Saddam Hussein. Bush s'en est pris au mauvais adversaire, l'ennemi des ayatollahs chiites de Téhéran et des intégristes sunnites à la Oussama ben Laden. Les États-Unis et l'Occident vont maintenant en payer le prix pour les décennies à venir.

Le document apprécie correctement que ben Laden se soit donné comme objectif de créer un empire musulman qui s'étendrait d'abord à l'ensemble de pays musulmans du Maroc à l'Indonésie avant d'en faire un califat universel. Au sujet d'Oussama ben Laden, les stratèges américains soulignent que son mouvement, al-Qaida, attire constamment de nouvelles recrues. Ils écrivent que « même si seulement un pour cent des musulmans l'appuient, cela donnerait 12 millions de militants. » C'est faire preuve d'un optimisme délirant.

Douze millions, c'est peu ! Il me semble que de cinq à six pour cent seraient plus réalistes. On parle donc de 60 à 70 millions d'intégristes prêts à mourir pour leur foi. Plus, disons, quelques centaines de millions, au moins, de sympathisants. Voilà à quoi les Américains font face dans leur guerre contre l'islam qui, soulignons-le aussi, est la religion qui accroît le plus rapidement le nombre de ses fidèles actuellement. Des dizaines de millions de jeunes musulmans sont disposés aujourd'hui à donner leur vie pour leur religion.

L'histoire enseigne qu'en dernière analyse, la force d'une idéologie ou d'une religion s'évalue au nombre de ses adhérents qui sont disposés à sacrifier leur vie pour leur conviction. Combien de jeunes chrétiens sont prêts à en faire autant ? Dans l'Occident cynique et décadent à l'hédonisme hypersexualisé, les volontaires pour le martyre et les missions suicides se font rares.

Les commandos suicides sont l'arme secrète imparable des musulmans contre la puissance militaire américaine. Les satellites-espion, les porte-avions, les missiles de croisière et les sous-marins nucléaires ne peuvent pas grand-chose contre des bombes humaines qui se font sauter dans des autobus de Tel-Aviv, des stations de métro de Londres ou à proximité d'un poste de contrôle de *marines* à Bagdad.

L'effondrement des valeurs morales, la destruction de la famille, des mœurs, des règles sociales et des rites séculaires ont fait leur œuvre en Occident. La démographie est en chute libre, sauf dans les populations immigrées. Dans plusieurs pays, le nombre d'avortements dépasse, ou va bientôt dépasser, le nombre de naissances. Le déclin démographique de l'Occident face à l'Islam est dramatique. À ce niveau, la bataille est déjà perdue. Il faut être d'un optimisme sans borne pour penser que l'Occident et son champion américain vont dominer le monde encore très longtemps. Pendant que les États-Unis s'épuisent dans des guerres en chaîne contre l'Islam, la Chine et l'Orient se préparent à la succession.

Il y a un parallèle à faire entre les derniers siècles de l'Empire romain qui possédait toujours la plus puissante armée du monde et la montée des peuples « barbares » et l'hyperpuissance américaine actuelle. Avec les technologies actuelles, le déclin ne prendra pas des siècles mais des décennies. *Les invasions barbares*, *Le déclin de l'empire américain* : les titres des films de Denys Arcand sont sans doute prophétiques.

L'altermondialisme : le radeau de la Méduse de la gauche

1er mars 2006

Je me suis beaucoup amusé cette semaine à lire les commentaires au sujet de ma dernière chronique. Certains lecteurs m'attribuent des motifs religieux simplement parce que je constate le vide moral qui caractérise l'Occident et le Québec. Zut ! Lester est un vieux catho. Il n'y a pas de honte à se situer dans la tradition catholique qui en vaut bien d'autres. Et j'estime que l'Église joue un rôle globalement positif dans le monde actuel. Mais il faut bien dire que dans l'histoire du Québec, elle a bloqué pendant plus de 100 ans (1840-1960) le développement sociétal en collaborant avec le pouvoir anglais. Elle a maintenant perdu pratiquement toute son influence. Mais son idéologie perdure à gauche. Le socialisme solidariste est une forme de néocatholicisme laïque.

Il faut vraiment avoir la foi naïve du charbonnier pour croire en la création d'un grand paradis terrestre égalitaire, solidaire et par le fait même totalitaire. Ces doux petits cœurs saignants dans lesquels brûlent d'ardentes croyances progressistes et altermondialistes ne se rendent pas compte qu'elles ne sont qu'une réification laïque des vieilles convictions cathos. J'y reviens plus bas.

En fait, ma pensée n'est pas d'inspiration chrétienne. Je suis un apologiste de la « civilisation de la transaction » intellectuelle, marchande, culturelle ou autre. Je crois, avec Jacques Pirenne, que le progrès humain se fonde avant tout sur les échanges et le commerce entre les hommes et les sociétés. Vive les civilisations maritimes et les sociétés marchandes !

J'appelle à la ligne du risque, pour reprendre le beau titre de l'essai de Pierre Vadeboncœur. Le risque. Y a-t-il au Québec un mot qui fasse aussi peur ? Dans notre société de plus en plus «gynécocratique», c'est un mot obscène. Il ne faut surtout pas prendre de risques. L'État mère poule est là pour s'occuper de nous (je me sens ridicule d'appeler au risque une race de fonctionnaires syndicalisés, un peuple frileux qui vit dans le confort et l'indifférence).

Dans un commentaire, quelqu'un m'a placé dans la filiation d'Oswald Spengler, probablement à cause du pessimisme qui marque en général mes analyses. Pas beaucoup de jovialistes parmi les penseurs qui m'inspirent. Mon adolescence a été marquée par Albert Camus. En fait, je me situe dans la ligne de Raymond Aron, maître de la sociologie politique au XXe siècle. Il se définissait lui-même comme un «pessimiste actif». J'apprécie particulièrement chez Aron son ironie caustique et sa réserve face à toutes les causes. Il se voulait un spectateur engagé. L'expression décrit parfaitement mon état d'esprit.

Je me veux plus un observateur qu'un acteur de l'histoire. Et quand je m'engage, mes engagements sont toujours limités par mon scepticisme fondamental. Pour voir le monde tel qu'il est, le doute et la distanciation sont des attributs essentiels. Les possibilités d'améliorer les sociétés humaines sont minces, mais il faut quand même essayer. Quant aux chances de changer la nature humaine, elles sont nulles. C'est pourquoi la quête des idéologies progressistes est si pathétique.

Pour revenir aux liens entre catholicisme et progressisme, la filiation directe dans les pays de tradition catholique entre le marxisme et le catholicisme est évidente. Ce que la France a connu il y a une centaine d'années, nous l'avons vécu au Québec entre 1965 et 1975. Les syndicats cathos comme la CSN et la CEQ sont, en moins de 10 ans, passés, avec armes et bagages, du côté de Marx. L'effondrement de l'URSS et la montée en puissance d'une Chine à la fois maoïste et hypercapitaliste font que tout ce beau monde, par pudeur, n'ose plus maintenant afficher sa couleur. Les jeunes crédules et les vieux militants à barbe blanche, ballottés dans le naufrage intellectuel de la gauche, se sont accrochés à ce qui passait. Comme les vieux cathos, les altermondialistes sont des gens frileux qui craignent l'air du large. L'altermondialisme est le radeau de la Méduse du progressisme et, comme lui, il va nulle part. La lutte contre la mondialisation a autant de chances de réussir qu'une lutte sans merci contre la gravité.

Ces altermondialistes similicatholiques vivent un mensonge et une hypocrisie. Croyez-vous vraiment que les syndicats dans le monde développé sont altermondialistes par solidarité avec les masses du tiers-monde ? Si vous pensez cela, je vais vous vendre le pont Jacques-Cartier. Dans les pays développés, les syndicats ne représentent plus les damnés de la terre, les masses opprimées. Les laissés-pour-compte de nos sociétés avancées, les vieux, les infirmes, les faibles d'esprit, les immigrants récents, les chômeurs, ne sont pas dans des syndicats. Le mouvement syndical est devenu un groupe de défense de la classe moyenne. Petits-bourgeois des pays développés, unissez-vous ! Les classes moyennes syndicalisées voient leurs abonnements au gym ou leurs vacances dans le sud menacés par la délocalisation. La lutte que mènent en Occident la gauche et les syndicats contre la mondialisation n'a rien à voir avec la solidarité. C'est une question de protection d'intérêts économiques. C'est une lutte des classes internationale. La morale et les bons sentiments n'y sont pas pour grand-chose.

Bill Clinton : beau salaud ou ignoble individu ?

8 mars 2006

En commençant à écrire ma chronique au moment même où Bill Clinton prenait la parole à Montréal, je me suis posé la question : devais-je le qualifier de beau salaud ou d'ignoble individu ? Je ne suis pas parvenu à résoudre mon dilemme.

Quoi qu'il en soit, les personnages de son acabit semblent fasciner le monde. Il demande 150 000 $ pour s'exhiber en public. Avant Montréal, Ottawa lui avait réservé un accueil digne d'une vedette rock. Ça me désole qu'il y ait près de 500 personnes assez niaises pour payer jusqu'à 1 000 $ pour entendre ce baptiste à la braguette qui s'abaisse facilement parler de réussite et de motivation. C'est la troisième fois que Clinton vient ânonner au Québec un discours convenu devant un auditoire de gogos admiratifs. L'homme a quitté la présidence des États-Unis dans le déshonneur. Comment expliquer qu'on accorde une quelconque crédibilité à ce cajoleur immoral, sans scrupules et sans principes ? La médiocrité de son successeur George W. Bush, le président le plus incompétent et le plus ignare de l'histoire américaine, y est sans doute pour quelque chose.

Comparée aux crimes de Bush, l'affaire Lewinsky est une peccadille, me direz-vous. Considérez-vous comme allant de soi qu'un homme en autorité se fasse tailler des pipes par une subalterne névrosée ? Peut-être approuvez-vous aussi le fait qu'il se soit parjuré pour tenter d'éviter le scandale. Rappelez-vous : il niait avec une assurance hautaine toute relation sexuelle avec Lewinsky jusqu'à ce qu'une goutte de sperme présidentiel sur sa robe apporte la preuve indubitable de son parjure. Clinton a été rayé du barreau pour ce faux témoignage. Il traînait déjà un lourd passé d'agresseur sexuel. Lorsqu'il a quitté la présidence, Clinton s'était endetté de millions de dollars en frais judiciaires pour se défendre contre des accusations d'inconduites sexuelles. Dans un règlement à l'amiable, il a notamment payé 850 000 $ à Paula Jones, une fonctionnaire de l'État d'Arkansas, pour avoir exigé d'elle une fellation alors qu'il était gouverneur. Il a dû également payer 91 000 $ d'amendes pour outrage au tribunal dans cette affaire pour avoir répondu de façon évasive et trompeuse aux questions du juge.

Les auditeurs — et les nombreuses auditrices — qui boivent ses paroles aujourd'hui contribuent à renflouer ses goussets vidés à se défendre contre des accusations d'inconduites sexuelles ou à acheter le silence de ses victimes. Il faut dire que le beau Bill a toujours la cote avec les femmes. Belinda Stronach, ex-candidate à la chefferie conservatrice et future candidate à la chefferie libérale, a été vue dînant en tête-à-tête avec lui à New York il y a quelques années. Ça doit être le même type d'attrait démoniaque qui en pousse certaines à proposer le mariage à des tueurs en série emprisonnés.

Mais la pire inconduite morale de Clinton n'est pas de nature sexuelle. Il est directement responsable de la mort de milliers de personnes en ayant ignoré sciemment le génocide qui se déroulait au Rwanda en 1994. Pour éviter de devoir intervenir militairement pour sauver les Tutsi, Clinton a donné des instructions à sa représentante à l'ONU, Madeleine Albright, afin qu'elle n'utilise pas le mot génocide devant le Conseil de sécurité pour qualifier les massacres au Rwanda. Si la situation avait été qualifiée de génocide, une loi adoptée par le Congrès aurait obligé les États-Unis à intervenir. Clinton s'y refusait absolument. Ce n'était, après tout, que des Africains qui s'entretuaient. Et une vie africaine, on le sait, vaut beaucoup moins qu'une vie américaine. L'épisode fait comprendre toute l'hypocrisie, la lâcheté et la perfidie du personnage.

Sa faiblesse de caractère et son immoralité marqueront sa présidence jusqu'à la fin. Dans ses toutes dernières heures à la Maison Blanche, il a accordé un pardon présidentiel à un milliardaire traficoteur nommé Marc Rich, recherché par le FBI pour évasion fiscale et complicité avec l'Iran dans des magouilles liées au pétrole. Rich, réfugié en Suisse depuis 1983, qui possède la double nationalité américaine et israélienne, graissait des politiciens en Israël et finançait le Parti démocrate américain. Sa femme, Denyse Rich, venait de faire un don substantiel pour la construction de la future bibliothèque Bill Clinton. C'était la première fois dans l'histoire américaine qu'un fugitif de la justice — qu'un criminel en cavale — obtenait un pardon présidentiel avant même d'avoir été arrêté et traduit devant les tribunaux.

Voilà la mesure de l'homme qui se pavane ces jours-ci sur nos tribunes sous les acclamations de la foule.

Les criminels de guerre en Irak et ailleurs

16 mars 2006

Le criminel de guerre Slobodan Milosevic, ex-président de la Yougoslavie, est mort à La Haye, il y a quelques jours. Son décès arrive au moment où d'autres criminels de guerre s'apprêtent à entamer une troisième année d'exactions contre le peuple irakien.

Je rêve — je dis bien je rêve — de voir un jour George W. Bush et ses principaux acolytes, Dick Cheney et Donald Rumsfeld parmi d'autres, traduits devant le Tribunal pénal international pour crimes de guerre et crimes contre l'humanité. Les chances que justice soit faite dans ce cas sont pratiquement nulles. Je souhaite, au moins, que pour le reste de leur vie, George W. Bush et ses principaux hommes de main soient harcelés et pourchassés comme l'a été Pinochet.

Il faut souligner que les dirigeants américains ne sont pas les seuls criminels à s'en tirer. Par opportunisme politique, on passe facilement l'éponge sur des crimes abominables. Des dizaines de milliers d'exécuteurs des basses œuvres de Staline et de ses successeurs vivent actuellement une vieillesse tranquille en Russie. Le communisme a été imposé et s'est maintenu en URSS en tuant, en torturant et en emprisonnant des millions d'êtres humains. Pourtant, aucun responsable de ces atrocités n'a, jusqu'à présent, été déféré devant un tribunal. Le gouvernement algérien a récemment amnistié des milliers de tueurs sanguinaires qui ont massacré au nom de l'islam des centaines de milliers de femmes, de vieillards et d'enfants dans des carnages indicibles.

La règle générale sur les criminels de guerre est simple : seuls ceux qui proviennent d'États faibles ou d'États perdants sont poursuivis. Ceux issus d'États gagnants, d'États puissants ou d'entités qui conservent une capacité de nuisance vont plutôt avoir des rues et des aéroports dédiés à leur mémoire.

Le 20 mars va marquer le troisième anniversaire de l'invasion américaine de l'Irak. Cette aventure criminelle de George W. Bush, contraire au droit international, a jusqu'ici causé la mort de centaines de milliers d'Irakiens. Pour commettre son forfait, Bush a aussi sacrifié la vie de 2 300 jeunes Américains, tandis que des dizaines de milliers d'autres vont porter les séquelles physiques et psychologiques de cette guerre pour le reste de leur existence.

La ville de Fallujah, au cœur du pays sunnite, restera à jamais associée aux crimes américains en Irak comme Guernica a été le symbole des crimes fascistes en Espagne. Trente-six mille des cinquante mille habitations de l'agglomération ont été détruites. La moitié de sa population de 300 000 habitants vit maintenant sous des tentes de réfugiés. Fallujah a été détruite sur ordre direct de George Bush en représailles pour l'assassinat dans cette ville de quatre mercenaires américains. Il fallait donner l'exemple. Les nazis se comportaient exactement de la même façon en Europe occupée.

Le feu vert donné par Bush à l'utilisation généralisée de la torture déshonore les États-Unis. Pourtant, si vous pensez que cela imposerait quelque pudeur à Washington, vous vous trompez. Le Département d'État américain a eu le culot invraisemblable la semaine dernière de publier son bilan annuel des violations des droits de l'homme dans le monde sans parler des violations systématiques de ces droits commis par ses soldats et ses agents secrets en Irak, en Afghanistan et à Guantánamo. Poussant l'indécence, l'outrecuidance et l'hypocrisie à des niveaux rarement vus, le rapport condamne la pratique de la torture dans des pays musulmans, où la CIA envoie par avion des islamistes soupçonnés de complicité avec Oussama ben Laden pour en tirer des renseignements par la torture. On dénonce les tortionnaires tout en leur fournissant des victimes.

Comme ben Laden et ses disciples, une partie importante des Américains et leur président se croient les instruments de la divine Providence sur terre. Leur échec au Viêt Nam n'a pas suffi à les guérir de leur suffisance et de leur insupportable arrogance. Les revers militaires, diplomatiques et économiques retentissants qui s'annoncent parviendront peut-être à les convaincre finalement qu'ils sont des humains comme les autres. *God is not an American !*

Pauline Marois, la mal aimée : le Petit Québec ne voulait pas d'une Grande Dame

23 mars 2006

Pauline Marois avait tout ce qu'on recherche, tout ce qu'on apprécie chez un leader politique. Elle avait le physique de l'emploi. Autorité naturelle, belle prestance, dignité, élégance. Et surtout elle avait les capacités intellectuelles et l'expérience requises. Elle a occupé tous les ministères importants du gouvernement et s'est toujours acquittée de ses fonctions avec une remarquable compétence. Pourtant, les membres du Parti québécois n'ont pas voulu d'elle comme chef et lui ont infligé une défaite humiliante. Pourquoi ? Difficile de trouver une réponse rationnelle à cette question. Mais on soupçonne que c'est parce qu'elle est une femme. Vraiment étrange pour une société matriarcale et de plus en plus « gynécocratique » comme la nôtre.

Est-ce son côté altier, son allure patricienne qui les ont rebutés ? Les Québécois ont de la difficulté avec ça. Parizeau a eu le même problème. On aime que nos chefs soient « populos ». P'tit gars d'ici, p'tit gars de là-bas. Depuis 30 ans, on a un penchant pour le leadership modeste : René Lévesque, Robert Bourassa. À la matrone, à la maîtresse d'école, on a préféré Dédé Boisclair, le p'tit gars brillant que toute maman aimerait avoir comme fils, même s'il a commis quelques frasques et extravagances.

Le phénomène Kim Campbell y a peut-être été pour quelque chose. Elle en imposait en 1993, la Campbell. Succédant à Brian Mulroney comme chef du Parti progressiste-conservateur alors au pouvoir, elle devint par le fait même chef du gouvernement et première femme à occuper le poste dans l'histoire du Canada. Les conservateurs pensaient avoir trouvé l'arme secrète contre Jean Chrétien.

Kim Campbell présida à la plus grande déroute électorale de l'histoire canadienne et peut-être de l'histoire de l'Amérique du Nord. Les conservateurs perdirent 149 des 151 sièges qu'ils occupaient aux Communes. Kim Campbell fut battue dans sa circonscription de Vancouver. Devant la catastrophe, Brian Mulroney, persifleur, confiera à son ami d'alors, Peter C. Newman : « *She lost the election because she was too busy screwing around with her Russian boyfriend.* » Il reprochait à Campbell de mettre ses priorités au même endroit que Bill Clinton mettait les siennes.

Une façon inélégante pour moi de poser la question suivante : les femmes gouvernent-elles différemment des hommes ? Si l'on regarde l'histoire récente, la réponse est non.

Parfois les femmes dirigent le parti et le gouvernement qu'elles ont reçus en héritage d'un homme, leur père ou leur mari. Ce fut le cas de Benazir Bhutto au Pakistan, d'Isabel Perón en Argentine (une danseuse de cabaret que Juan Perón a rencontrée un soir à Panamá) et d'Indira Gandhi en Inde (son papa s'appelait Nehru).

Elles sont aussi belliqueuses et magouilleuses que les hommes. Plusieurs pays dirigés par des femmes au cours des dernières décennies ont été impliqués dans des guerres : Golda Meir (Israël), Margaret Thatcher, Indira Gandhi. Certaines des plus illustres ont dirigé des gouvernements autoritaires et/ou de droite : Isabel Perón et Margaret Thatcher. La belle et brillante Benazir Bhutto ne s'est opposée que mollement à la montée en puissance des intégristes. Des affaires de corruption impliquant son mari l'ont forcée à démissionner pendant que lui prenait le chemin de la prison. En 2006, elle faisait encore face à des accusations en Suisse.

Ma préférée ? La Dame de fer, Mme Thatcher, si méchamment chantée par Renaud. Avec une détermination toute churchillienne, elle a imposé des réformes structurales qui ont permis de relancer l'économie et de sauver l'Angleterre. Miss Maggie était dans le camp des lucides. Même s'ils ont décrié ses politiques, les travaillistes se sont abstenus d'y toucher lorsqu'ils sont revenus au pouvoir. Au contraire, ils ont dans plusieurs cas poursuivi ses politiques, mais de façon moins voyante. En France depuis 10 ans, tous les gouvernements qui se sont succédé ont été incapables d'appliquer des mesures semblables qui s'imposent pourtant pour stopper le déclin du pays. Les Français ont besoin d'un homme de la trempe de Margaret Thatcher. Le Québec aussi !

Le jeune Trudeau, un antisémite «nationaleux»

26 avril 2006

Où est le Congrès juif? Où est le *B'nai Brith*? Où est Robert Libman lorsqu'on a vraiment besoin de lui? Comment expliquer le silence complet de tout ce beau monde devant les révélations de la nouvelle biographie de Trudeau par Max et Monique Nemni dont le premier tome vient d'être publié aux Éditions de l'Homme?

Les deux auteurs, des admirateurs de PET, révèlent à leur corps défendant que le jeune Trudeau était, pratiquement jusqu'à la fin de la Seconde Guerre mondiale, en toute connaissance de cause, antisémite, antibritannique et nationaliste canadien-français. Il rêvait même de devenir le premier ministre d'un Québec indépendant.

Rappelez-vous : c'est le gang qui a forcé Jean-Louis Roux à démissionner du poste de lieutenant-gouverneur du Québec, parce qu'il avait, à la blague, porté lorsqu'il était étudiant durant la Seconde Guerre mondiale, un brassard improvisé où il avait griffonné une croix gammée. C'est aussi le gang qui avait mené une campagne pour qu'on renomme la station de métro Lionel-Groulx. Le bon chanoine avait manifesté dans les années 1930 quelques inclinations antisémites. Comme Churchill. Comme trois premiers ministres du Canada : R. B. Bennett, W. L. Mackenzie King et P.-E. Trudeau.

Est-ce plus acceptable d'être ou d'avoir été antisémite si on est fédéraliste? Remarquez qu'un Québécois anglophile, Adrien Arcand, a dirigé dans les années 1930 le Parti de l'Unité nationale du Canada, un parti fièrement fédéraliste, antisémite et prohitlérien. Il recevait d'ailleurs des subsides secrets de Bennett pour publier ses journaux antisémites.

Dans le cas de Mackenzie King et de Trudeau, la communauté juive peut se plaindre d'avoir été bernée. Les deux hypocrites ont soigneusement dissimulé leur antisémitisme. Ce n'est que dans son journal personnel rendu public en 1951 qu'on a appris la virulence et la profondeur de son antisémitisme. Mackenzie King était un lunatique qui parlait avec les esprits, qui admirait Adolf Hitler et qui avait sur les Juifs à peu près la même opinion que lui.

Pour Trudeau, il a fallu attendre ce livre de deux de ses *groupies* qui curieusement ne semblent guère troublés par leur découverte. Il faut dire que Trudeau demeure le preux chevalier sans peur et sans reproche, héros du Canada anglais dans sa lutte à finir contre le Québec français.

Trudeau a caché la vérité jusqu'à sa mort. Pas un traître mot sur la question dans ses mémoires publiées en 1993. Jamais il n'a demandé pardon à la communauté juive québécoise. Si Trudeau avait été un homme de convictions et de principes comme il a toujours prétendu l'être, c'est ce qu'il aurait eu le courage de faire. Cet acte de dissimulation politique ternit à jamais sa mémoire, quoi qu'il ait fait par la suite.

Quand le Parti libéral du Canada recrute Trudeau dans les années 1960, il a déjà fait sa reconversion en fédéraliste antiquébécois arrogant. Il cache ses antécédents d'antisémite « nationaleux ». Les organisateurs d'élections libéraux considérèrent qu'il était impossible de faire élire un type comme Trudeau dans une circonscription à majorité « canadienne-française ». C'est pourquoi on lui offre un comté sûr, Mont-Royal, où la communauté juive anglophone est largement représentée. Ironique que le jeune « nationaleux » antisémite « vire-capot » ait dû compter sur les Juifs pour se faire élire aux Communes.

Le Parti libéral du Canada se heurte toujours à ce problème en 2006. Toutes les vedettes de ce parti qui prétendent représenter le Québec à Ottawa sont incapables de se faire élire dans des circonscriptions à majorité francophone. Les Lapierre, les Robillard, les Dion et autres tâcherons du fédéralisme se savent tellement détestés de la majorité francophone qu'ils se réfugient dans des comtés où les non-francophones peuvent assurer leur élection.

Pour en revenir à Trudeau, c'est peut-être un antisémitisme résiduaire qui explique certaines positions qu'il a adoptées plus tard dans la vie. Ainsi il a toujours refusé de créer une commission royale d'enquête sur les criminels de guerre nazis qui avaient trouvé refuge au Canada. Il a fallu attendre l'arrivée au pouvoir de Brian Mulroney pour qu'elle voie le jour sous la conduite du juge Jules Deschênes. Le gouvernement libéral de Trudeau avait d'ailleurs été accusé par le célèbre chasseur de nazis Simon Wiesenthal de ne pas manifester beaucoup d'enthousiasme pour capturer plus de 200 criminels de guerre qui avaient, selon lui, trouvé refuge au Canada.

Comment la communauté juive montréalaise peut-elle accepter que l'aéroport de la ville porte le nom d'un antisémite qui ne s'est jamais publiquement repenti et qui, en parfait hypocrite, a dissimulé ses convictions de jeunesse et a emporté son secret dans la mort ? J'attends maintenant la campagne des organisations juives, le *B'nai Brith* en tête, pour faire renommer l'aéroport Montréal-Trudeau ainsi que quelques parcs et rues de la région de Montréal. Je suis prêt à manifester coude à coude avec eux.

Harper, la loi, l'ordre et les criminels amérindiens

4 mai 2006

Le chef des Amérindiens de Colombie-Britannique a mis le premier ministre en garde : si le gouvernement conservateur ne trouve pas vite le milliard pour financer les accords de Kelowna, absent du budget Harper, il fera face à des conflits partout au Canada. Le chantage est on ne peut plus clair.

Pourtant, il n'y a aucune raison de croire que les cinq milliards de dollars de plus sur cinq ans qu'avaient promis les libéraux aux Indiens, aux Métis et aux Inuits, auraient pu améliorer de façon significative le sort désespérant des autochtones. Trudeau lui-même il y a 30 ans croyait que la solution était d'abolir purement et simplement cette vieille loi raciste qu'est la Loi sur les Indiens. Il était probablement possible alors de se débarrasser des réserves. Maintenant, ce n'est plus possible. Cela profite trop aux magouilleurs autochtones et à leurs conseillers blancs qui ont compris comment, en exploitant le sentiment de culpabilité des Blancs, ils peuvent extorquer de l'argent. C'est qu'il n'y a pas grand-chose qu'on puisse faire vu l'état de déliquescence qui caractérise les populations amérindiennes. Quand les gouvernements font face à des situations comme celle-là, que font-ils ? Ils tentent de les enterrer sous des montagnes de dollars.

La vérité est que la plupart des réserves ne sont pas viables et que la détérioration des conditions sociales des Indiens a probablement atteint un point de non-retour.

C'est le cas à Kashechewan, dans le Nord de l'Ontario, évacué trois fois depuis deux ans sans que les conditions de vie de ses habitants s'améliorent d'un iota. Rappelez-vous aussi celui du village indien de 700 habitants du Labrador où tous les enfants *sniffaient* du pétrole. Le gouvernement fédéral dépensa 280 millions de dollars — 400 000 $ par Indien — pour localiser tout le monde dans un nouveau village construit de toutes pièces. Aujourd'hui, la situation est pire qu'avant. Parmi les adolescents, les niveaux d'intoxication et de grossesses se sont accrus, tandis que la violence faite aux femmes et aux enfants est toujours aussi généralisée.

Impossible de remédier aux problèmes sociaux des autochtones à moins d'imposer aux leaders indiens des règles strictes de gouvernance. Disons pudiquement que les libéraux du scandale des commandites étaient plutôt mal placés pour le faire.

Il n'est pas sûr que les conservateurs aient la détermination nécessaire pour faire face aux profiteurs, aux corrompus, aux incompétents et aux criminels qui se sont emparés du gouvernement de nombreuses réserves dans tout le Canada. Trop de gens impliqués dans cette industrie fort lucrative qu'on appelle la question autochtone ont avantage à perpétuer la situation. Ces filous vont jouer la politique du pire si le gouvernement fédéral manifeste toute intention de fermer le robinet de l'argent facile.

Le premier ministre Harper a aussi l'intention d'investir dans la loi et l'ordre, de mettre de l'argent « pour protéger les communautés et les quartiers de plus en plus menacés par la violence des armes à feu, des gangs et par la drogue ». Cent soixante et un millions vont aller à la GRC pour embaucher 1 000 agents additionnels. Le gouvernement va également fournir des armes aux douaniers exposés à des menaces provenant « d'individus à haut risque, d'armes à feu, d'explosifs et de drogue ».

Cela me semble être des descriptions parfaites de la situation qui règne dans les réserves mohawks du Québec et de l'Ontario dominées par les *Silk Shirts*, les criminels qui contrôlent depuis une vingtaine d'années les zones extralégales mohawks et qui ont démontré leur puissance au cours de la crise d'Oka.

Harper va-t-il vraiment armer les agents des douanes à Akwesasne pour endiguer la criminalité transfrontalière qui submerge la réserve : trafic d'armes, de drogue et de cigarettes, immigration clandestine, contrebande, etc. ? Va-t-il envoyer la GRC pour cibler le gang autochtone qui domine Kanesatake et Kahnawake ? Dans cette dernière zone de tolérance criminelle, les bandits amérindiens, associés à la mafia, opèrent en toute impunité le plus important casino virtuel de la planète.

Les criminels mohawks ont appris, durant la crise d'Oka, l'efficacité de la violence. Ils savent de plus qu'ils peuvent compter sur la sympathie de la communauté internationale des «cœurs saignants» qui va nécessairement s'apitoyer sur le sort des «pauvres Indiens soumis au génocide» dans tout affrontement avec la police. Une combinaison gagnante qui a rapporté des millions de dollars à ces crapules.

Si les criminels, les corrompus et les accapareurs autochtones décident de mettre le feu aux poudres pour protéger leurs trafics et leurs magouilles, il n'est pas évident que le gouvernement puisse compter sur l'appui de l'opinion publique canadienne pour leur tenir tête. Le public est toujours disposé à acheter la paix à coups de millions de dollars. Les criminels autochtones le savent.

Harper a peut-être l'intention de lutter contre la criminalité. Mais cela me surprendrait qu'il ait le courage de faire régner la loi et l'ordre dans les zones criminelles mohawks.

Bouchard : l'homme providentiel en réserve de la République

10 mai 2006

Lucien Bouchard a écarté, pour l'instant du moins, tout retour à la politique. Mario Dumont, qui rêvait en couleur, le voyait déjà à ses côtés mener l'ADQ vers la victoire. Bouchard l'a peut-être laissé rêver ; les deux hommes se parlent régulièrement, et ce, notamment, depuis la publication du manifeste *Pour un Québec lucide*. Dumont est un lieutenant à la recherche d'un vrai capitaine pour diriger sa formation. C'est pour cela qu'il rêve à Bouchard.

Une déclaration de Mario Dumont m'a fait tiquer : son appel au beau risque de René Lévesque. Allô ! il y a quelqu'un ? Cela fait plus de 160 ans, depuis l'écrasement du mouvement patriote, que des politiciens appellent les Québécois au «beau risque» canadien (on sait bien que quand René Lévesque l'a fait, il n'était pas au meilleur de sa lucidité). Tous les «beaux risques» canadiens se sont soldés par de nouveaux reculs et de nouvelles humiliations pour les francophones.

Je me suis dit qu'après Meech et Charlottetown, Dumont ne peut pas être si naïf que ça. Serait-il un souverainiste clandestin, un séparatiste de placard? Un Machiavel de province qui espère secrètement que la réouverture du débat sur la Constitution sème la zizanie en provoquant une réaction haineuse de la part du Canada anglais qui mobiliserait ainsi les Québécois en vue du prochain référendum?

Stephen Harper n'est pas prêt à prendre le «beau risque» proposé par le président de l'ADQ. Je n'en croyais pas mes oreilles lorsque j'ai entendu Dumont proposer la réouverture de négociations «pour permettre au Québec d'adhérer à la Constitution canadienne»!

Cette proposition de négociations constitutionnelles est un baiser de la mort à un Harper minoritaire. Le Canada anglais grimperait aux rideaux. Les Indiens et leurs avocats — les signes de piastre occupant la totalité de leur champ de vision — ne laisseraient pas passer l'occasion. Ils réclameraient la création d'un ordre de gouvernement spécial, défini sur une base raciale, avec bar ouvert — si l'on peut dire — dans le budget fédéral.

Lucien Bouchard ne s'embarquera jamais dans la galère adéquiste. La place de l'homme, qu'un commentateur présentait cette semaine comme «père de la nation», n'est pas au côté d'Yvon Picotte, la réincarnation de Maurice Bellemare à l'ADQ. L'Action démocratique, dans le fond, c'est un peu l'Union nationale des années 2000.

S'il revient en politique, Bouchard le fera dans des circonstances exceptionnelles. En homme providentiel. Il le fera sur la base du manifeste *Pour un Québec lucide*, soit en s'imposant à un PQ en désarroi à la recherche d'un sauveur, soit en créant son propre parti, ce qui correspondrait mieux à son tempérament.

« Et nous, et nous ? disent les libéraux, dans tout cela, on nous oublie ! Qu'est-ce qu'on va devenir ? » Rien à craindre, mes petits. Le Parti libéral du Québec a un rôle important à jouer sur l'échiquier politique. Il est devenu le parti des minorités anglophones et anglophiles du Québec, des minorités d'avant la loi 101. Ces gens-là ont droit à une formation qui défend leurs intérêts et qui se fait le porte-parole de leurs revendications. Aux côtés de son frère jumeau fédéraliste, le Parti libéral du Canada — indicatif musical du *Parrain* —, avec lequel le PLQ partage la presque totalité de l'effectif et une bonne partie des militants, il peut compter sur une assise électorale incompressible d'une quinzaine de sièges sur l'Île-de-Montréal, à Laval et dans l'Outaouais.

L'affirmation nationale du Québec passe par un retour à la lucidité politique. Elle n'est pas incompatible avec la compassion qui a toujours caractérisé les dirigeants politiques québécois, de Lévesque à Bourassa en passant par Parizeau et Bouchard. La compassion n'est pas nécessairement de gauche. On peut compatir et se préoccuper du sort des pauvres, des vieux, des laissés-pour-compte et autres mal foutus, sans pour autant prendre sa carte de Québec solidaire.

L'avenir du Québec est au centre droit. Là se trouvent les jeunes électeurs et les classes moyennes, le Québec français et les nouveaux arrivants entrepreneurs. Bref, les éléments les plus dynamiques de notre société.

Le PQ renouvelé ou l'éventuel nouveau parti de Bouchard doit devenir un rassemblement, une grande formation centriste, ouverte à l'électorat « patriote » de l'ADQ et de Harper, laissant sur sa gauche les barbes grises de Québec solidaire avec son bataclan idéologique du siècle dernier et sur sa droite les restes

de ce qui fut, à une époque très très lointaine, un grand parti :
le PLQ.

Hugo Chávez et le fantôme de Juan Perón

18 mai 2006

Le général Hugo Chávez est en train de remplacer le vieux
dictateur barbu de La Havane comme la figure emblématique des
masses latino-américaines toujours fascinées par les hommes
forts. La politique d'intervention unilatérale proclamée au monde
entier par Bush en 2002, les Sud-Américains la connaissent bien :
depuis 1846 les Américains sont intervenus militairement à plus
de 50 occasions dans 12 pays de la région.

Le fait que Chávez prenne un malin plaisir à narguer Bush
et les États-Unis lui gagne aussi la sympathie de ceux qui partout dans le monde s'opposent à la politique hégémonique de
Washington, quelle que soit leur orientation politique.

Le cinquième plus important exportateur de pétrole de la
planète, le Venezuela, fournit 1,2 million de barils par jour aux
États-Unis. Chávez aime à rappeler que s'il décidait de vendre
son pétrole à la Chine plutôt qu'aux États-Unis, le prix grimperait
à 100 $ le baril du jour au lendemain. Les *Marines* seraient à
Caracas avant que l'encre soit sèche sur le contrat.

Il se réclame de Simón Bolívar, mais dans les faits Chávez
est dans la droite ligne de Juan Perón et du présidentialisme
sud-américain traditionnel. Pour que le *remake* ait autant de
panache, il lui manque malheureusement une Evita.

Mais attention. Hugo Chávez est un général macho, pas
un dictateur. Pas encore du moins. Aux élections générales
de 2000, sa coalition a remporté les deux tiers des sièges à
l'Assemblée nationale et il fut réélu avec 60 % des voix. En
août 2004, c'est à 59 % que les Vénézuéliens l'ont plébiscité

en votant non lors d'un référendum révocatoire. S'appuyant sur les « masses populaires » dans la plus pure tradition latino, Chávez a tancé les élites vénézuéliennes, les plus américanisées de l'hémisphère avec la possible exception de celles du Canada anglais. Mais il n'a pas touché à leurs biens.

Malgré la fascination de son président pour le castrisme, le Venezuela de Chávez n'est pas une dictature communiste égalitariste. Il n'y a pas d'arrestations arbitraires d'opposants à Caracas comme c'est le cas à La Havane. Au Venezuela, les riches continuent de s'enrichir comme en Argentine sous Perón. On ne redistribue pas la richesse, on se contente de mieux répartir le pactole pétrolier. Comme Castro et Perón, Chávez a à son crédit d'incontestables réalisations sociales. Mais il dilapide dans des projets démagogiques, souvent sans lendemain, les fabuleux revenus du pétrole. Son succès politique, il le doit en bonne partie au cours actuel du baril brut. Comme au Québec où les gouvernements successifs maintiennent les tarifs d'électricité à un niveau très bas par opportunisme politique, Chávez subventionne outrageusement le prix du pétrole, permettant aux Vénézuéliens de le payer moins de cinq sous le litre !

Alors que le Venezuela aurait besoin de profondes réformes économiques, Chávez aime mieux lancer les dollars du pétrole aux habitants des *barrios*. Les revenus du pétrole vont éviter aux Vénézuéliens pendant un certain temps d'être confrontés à l'inanité des politiques économiques populistes de Chávez. En 1945, l'Argentine était l'un des pays les plus riches de la planète. Elle s'était enrichie en approvisionnant en viande les armées alliées durant la guerre. Le péronisme par ses politiques irrationnelles et démagogiques a plongé le pays dans le marasme et provoqué son déclin en quelques années.

La gauche altermondialiste, qui voit en Chávez un héros, ferait mieux de regarder comment il a affronté et mis au pas les syndicats. En 2002, Chávez a détruit le pouvoir syndical qui contrôlait la compagnie nationale des pétroles. Lorsque le syndicat s'est mis en grève, Chávez l'a brisée en dénonçant les leaders syndicaux comme les ennemis de l'intérieur. La tentation de la dictature militaire est toujours proche : il faut le rappeler, Chávez a fait son entrée en politique en organisant un coup d'État raté en 1992 et depuis son plébiscite, il nomme des militaires aux postes importants de l'administration et du secteur public. Il répète souvent qu'il veut diriger le Venezuela pendant des décennies. Il n'a qu'à se faire réélire.

La modernisation sociale et économique du continent latino-américain ne passe pas par une arrivée au pouvoir un peu partout d'émules de Juan Perón et de Hugo Chávez. Pour faire face aux défis de la mondialisation, l'Amérique latine a besoin de l'équivalent de l'Union européenne et d'une baisse généralisée des tarifs, comme le réclame le président Lula du Brésil.

Le *National Post* : de la propagande haineuse à la désinformation

25 mai 2006

Depuis sa création par l'insupportable Conrad Black (inculpé pour une fraude de 80 millions de dollars aux États-Unis), le quotidien torontois *National Post* s'est démarqué comme le journal le plus venimeux et le plus malhonnête envers la société québécoise de la presse anglo-canadienne qui en compte pourtant un bon nombre. C'est aussi un organe violemment antiarabe.

Propriété de la famille Asper de Winnipeg qui l'a racheté de Black, le *Post*, dans sa page éditoriale et dans ses colonnes, apporte un appui inconditionnel aux éléments les plus réactionnaires et les plus bellicistes de la droite israélienne. Il encourage une politique de recours à la force contre la population palestinienne en particulier et contre le monde musulman en général.

Le journal révélait en exclusivité mondiale le week-end dernier que le Parlement de Téhéran avait adopté une loi qui oblige les Juifs iraniens à porter un ruban jaune pour s'identifier. Il disait tenir son scoop d'«exilés iraniens» et de «groupes de défense des droits de la personne» non identifiés. Le journal en remettait en illustrant son article de première page avec la photo d'un Juif allemand de l'époque nazie portant une étoile jaune. La nouvelle, immédiatement reprise par le *Jerusalem Post*, a fait rapidement le tour de la planète.

Sans attendre de vérifications, le Congrès juif canadien indiquait qu'il était scandaleux que Téhéran puisse envisager de stigmatiser les minorités religieuses. Son directeur, Bernie Farber, demandait immédiatement au gouvernement canadien d'intervenir. Le premier ministre Harper n'hésita pas à condamner Téhéran avant même que l'information soit corroborée. De son côté, le Centre Simon Wiesenthal demandait l'intervention du secrétaire général des Nations Unies, Kofi Annan. De New York à Tel-Aviv, on criait au racisme abominable du gouvernement de Téhéran que l'on comparait à celui de l'Allemagne nazie.

Le seul problème est que l'information était totalement sans fondement. Dans les 24 heures, la fausse nouvelle était démentie par un député juif iranien et par le correspondant de l'agence Reuters qui couvre les débats au Parlement de Téhéran.

Même après les premières dénégations, la calomnie a continué d'être commentée comme si elle était vraie par de nombreux médias aux États-Unis. Le *National Post* s'est finalement rétracté. Mais le mal était fait.

Le *Post* donne régulièrement la parole à la frange la plus fanatique des néoconservateurs américains, à des individus qui vouent une haine maladive aux Arabes et aux musulmans, comme Daniel Pipes, David Frum et Richard Perle, un associé d'affaires de Conrad Black.

Ancien journaliste du *National Post*, maintenant collaborateur occasionnel, David Frum est le rédacteur de discours de George W. Bush, qui a inventé l'expression «l'axe du mal» pour désigner l'Iran, l'Irak et la Corée du Nord.

Daniel Pipes est un autre enragé auquel le journal ouvre ses colonnes. S'inspirant de toute évidence des politiques de représailles nazies durant la Seconde Guerre mondiale, Pipes a proposé dans une chronique du *National Post* du 18 juillet 2001 qu'Israël rase tout simplement les villages palestiniens d'où proviennent des commandos suicides palestiniens. Le même mois, Pipes a aussi écrit dans le *Washington Report on Middle East Affairs* : «Les Palestiniens sont un peuple misérable et méritent de l'être».

Il arrive même que des commentateurs du *Post* manifestent le même mépris envers les Arabes et les Québécois. Diane Francis, l'une des ennemies les plus odieuses du Québec, a déjà réclamé que le Canada anglais traite les Québécois comme Israël traite les Palestiniens, que le Québec soit partitionné comme la Cisjordanie :

> Il est peut-être temps d'admettre que Bouchard et ses acolytes sont l'équivalent canadien des Palestiniens — un groupe ethnique ayant quelques membres qui n'arrêteront pour aucune considération avant d'avoir leur propre patrie. Si Bouchard ne recule pas pour se comporter en bon citoyen, donnons-leur une Cisjordanie, mais pas Montréal ou d'autres vastes portions (du Québec) qui veulent demeurer parties du Canada entre deux pays dirigés par des fanatiques. (Diane Francis, «La partition du Québec», *Le Devoir*, 2 février 1996)

Le *National Post* a mené une intense campagne dans les mois qui ont précédé la guerre en 2003 pour que le Canada s'engage aux côtés des Américains en Irak. Son chroniqueur Andrew Coyne, qui voit des conspirations séparatistes partout, considérait le refus de Chrétien d'aller en guerre comme une abjecte concession au Québec.

Donc, l'affaire du ruban jaune pour les Juifs iraniens, une simple erreur regrettable du *Post*? Chose certaine, cette fausse nouvelle s'insère parfaitement dans la campagne des milieux néoconservateurs américains et israéliens en faveur d'une guerre contre l'Iran soupçonné de vouloir, à l'instar d'Israël, se doter de l'arme nucléaire. Soulignons que l'Iran est signataire du traité de non-prolifération nucléaire, alors qu'Israël, qui possède la bombe atomique, a toujours refusé de le signer.

Cela sent la manipulation des mêmes spécialistes de la désinformation qui ont « préparé » la guerre d'Irak en fabriquant la mystification des armes de destruction massive de Saddam Hussein et de sa complicité avec ben Laden dans l'attentat du 11 septembre 2001. Il faut dire qu'avec ses appels à rayer Israël de la carte, le président iranien Mahmud Ahmadinejad a rendu la tâche facile aux officines de propagande du gouvernement israélien et à son lobby canado-américain.

S'il s'agit d'une opération de désinformation, elle a parfaitement réussi. Quels que soient les démentis, les mises au point, les explications, les regrets, les excuses, il en restera toujours quelque chose chez des dizaines de millions de personnes aux quatre coins de la planète exposées au blitz médiatique.

Bravo, *The National Post*. Mission accomplie. *Keep up the good work*!

Quatrième partie

Depuis la publication de mon livre Enquêtes sur les services secrets *en 1998, Claude Morin tente de minimiser l'importance de ses rencontres clandestines avec le Service de sécurité de la GRC.*

Je lui ai offert à plusieurs reprises d'en débattre publiquement avec lui, mais il a toujours refusé. À deux occasions, dans Le Devoir *en 2001 et sur le site* Mir *en 2006, je lui ai proposé une façon d'établir sa bonne foi sur la question de ses intelligences avec les services secrets fédéraux. Il n'a jamais réagi.*

Je réitère, dans le texte qui suit, la proposition que je lui ai faite.

Dans son livre de 2006, Claude Morin reprend essentiellement, en y ajoutant une bordée d'insultes à mon endroit, le texte qu'il a publié en 2001 lorsque nous avions polémiqué à l'occasion de la diffusion d'une émission à Canal D sur ses rencontres clandestines avec des agents des services secrets fédéraux.

Morin n'aime pas mon livre *Enquêtes sur les services secrets*. Je le comprends. Ce livre n'est pas une biographie de Claude Morin. Je ne consacrais que 2 chapitres sur 12 à l'investigation que j'ai menée sur ses relations secrètes avec la police politique du gouvernement fédéral et sur les répercussions qu'ont eues mes révélations. Je n'ai jamais prétendu connaître le fin fond de l'histoire de ses accointances avec la GRC. Je n'ai jamais affirmé avoir écrit le texte définitif sur la question. Je rapporte ce qu'on m'a dit, ce que j'ai pu confirmer, et ce que je n'ai jamais pu démêler. Je n'ai pas la clé de l'énigme Claude Morin.

Fondamentalement, si l'on oublie les jérémiades, les lamentations et toutes les invectives à mon endroit, ce que Claude Morin me reproche, c'est de ne pas lui avoir donné le bénéfice du doute.

La solution à l'affaire Morin ne sera probablement connue que lorsque les chercheurs pourront consulter son dossier dans les archives fédérales canadiennes. De nombreuses questions étaient et sont toujours sans réponse. Je les présente comme telles dans mon livre, avec mes commentaires, mes hypothèses et mes arguments. Dans cette affaire, je ne plaide coupable qu'à un seul chef d'accusation : avoir recueilli suffisamment de témoignages crédibles, tant au PQ que du côté des services secrets, pour me permettre de dire publiquement dans un reportage télévisé à Radio-Canada le 7 mai 1992 ce que tout le monde politique et médiatique québécois chuchotait depuis 12 ans et que Morin a caché durant tout ce temps.

Une lecture de son livre permet de constater que, dans la dernière mouture de sa vérité, Morin continue de prendre ses lecteurs pour des imbéciles.

Je me permets de signaler des trous béants dans sa défense, que ses dénégations et ses imprécations à mon endroit ne comblent pas:

1) Après la diffusion du reportage que j'ai fait à la télévision en 1992, plutôt que de tout dévoiler, Morin s'est lancé dans un *strip-tease* de mises au point. À mesure que de nouveaux faits étaient révélés par différents médias, il y allait lui-même de révisions et d'admissions toujours plus détaillées sur ses relations avec les services de sécurité de la GRC. Encore aujourd'hui, dans son nouveau plaidoyer, il cache des choses importantes. Pourquoi refuse-t-il encore de dévoiler les noms de ceux au PQ qu'il prétend avoir défendus devant les agents secrets de la GRC? Que leur reprochait la GRC? Qu'a-t-il dit à la GRC sur les relations secrètes du PQ avec la France et ensuite du gouvernement péquiste? Les services secrets fédéraux cherchaient alors à savoir si le PQ recevait un financement secret provenant de l'étranger. Qu'a-t-il dit à la GRC à ce sujet? Qu'a-t-il dit à la GRC sur Louise Beaudoin et son mari? Sur Jacques Parizeau? Sur Philippe Rossillon et d'autres amis du Québec en France?

La GRC était aussi préoccupée par une éventuelle infiltration gauchiste au sein du PQ. Qu'a dit Morin à la GRC à ce sujet? A-t-il identifié aux agents secrets fédéraux des individus qu'il considérait comme gauchistes au sein du parti? Des individus qui étaient ses adversaires politiques? S'est-il porté à leur défense?

Le rapport de la commission Macdonald sur les activités illégales de la GRC au Québec signale que la GRC avait une source de haut niveau au sein du Parti québécois, et que cette source avait notamment communiqué au gouvernement fédéral des informations sur les relations internationales du Québec. Si l'on en croit Claude Morin, il n'a jamais transmis ce genre d'information ; il faut donc se mettre à chercher qui d'autre, à la direction du PQ, acceptait de le faire... Il y aurait donc eu, au PQ dans les années 1970, deux sources de haut niveau qui rencontraient secrètement des agents de la GRC dans des hôtels de Québec pour leur transmettre des renseignements sur les mêmes questions ;

2) Lorsque Radio-Canada a diffusé mon enquête en 1992, Claude Morin savait que, depuis 12 ans, la rumeur courait au sujet de ses accointances secrètes avec la police politique fédérale. Pourquoi n'est-il pas allé au-devant des coups ? Pourquoi avoir attendu que je sorte la nouvelle qui était connue de dizaines sinon de centaines de personnes ? Parce que, répond Claude Morin, il ne voulait pas faire de peine à Louise Beaudoin... C'est court comme explication. Si Morin a berné la GRC, s'il a protégé le PQ comme il le prétend, pourquoi ne s'en est-il pas vanté dans les trois livres qu'il a écrits dans les années 1980 ? Pas un mot, pas une phrase sur ce qui aurait dû être un des épisodes les plus importants de sa carrière. Morin est resté silencieux parce qu'il avait honte de ce qu'il avait fait ;

3) Dans le livre qu'il a écrit à la suite de mes révélations de 1992, *Les choses comme elles étaient*, Claude Morin confesse, en donnant de l'histoire une explication totalement loufoque, qu'il a posé sa candidature pour devenir membre des services de sécurité de la GRC au début des années 1950, et qu'il a été en contact avec cet organisme alors qu'il étudiait à Laval, puis beaucoup plus tard, en 1966 cette fois, affirme-t-il, à la demande de Jean Lesage. Il dit qu'il a de nouveau été approché par les services secrets de la GRC en 1969.

Attention ! Ses relations ne sont pas de simples agents : il nomme Raymond Parent, de même que deux autres cadres supérieurs du service de sécurité. Le surintendant principal Raymond Parent, et futur sous-commissaire, avait la responsabilité de la répression du mouvement indépendantiste québécois. C'est lui qui avait préparé le document sur les techniques de déstabilisation des organisations indépendantistes, les fameux *dirty tricks*. C'est lui qui allait signer le document autorisant le vol de la liste de membres du PQ. En 1969, Morin est sous-ministre des Affaires intergouvernementales de Marcel Masse. Il n'a jamais prévenu son ministre de ses liaisons secrètes avec la GRC. Marcel Masse me l'a confirmé.

Claude Morin avoue qu'il a ensuite rencontré clandestinement deux autres agents secrets de la GRC, à compter de 1974 et jusqu'en 1977, et reconnaît avoir été payé pour ces rencontres. Encore une fois il n'en parle à personne au sein du parti. Pas à René Lévesque, à personne. Ce n'est qu'en 1977, près de trois mois après la reprise de ses mauvaises fréquentations, qu'il daigne en glisser un mot à Marc-André Bédard, chargé de la sécurité publique dans le cabinet Lévesque. Bédard lui ordonne de cesser immédiatement ces rencontres.

Si Claude Morin ne dit jamais rien d'intéressant, jamais rien d'utile, jamais rien de significatif à la police secrète fédérale, pourquoi ses agents le contactent-ils toujours, lui, dans les années 1950, en 1969, 1974, 1975, 1976, 1977 ? Pourquoi l'ont-ils payé, de 1974 à 1977, de 500 à 800 $ par rencontre ? Pour des balivernes. Pour croire cela, il faut tenir pour acquis que les responsables du service de sécurité de la GRC ont été des idiots incompétents. Bernés dans les années 1950, bernés dans les années 1960, bernés de nouveau de 1974 à 1977, ils payent pour les sornettes que leur raconte Morin, et ils en redemandent !

4) Claude Morin ridiculise mes affirmations selon lesquelles la GRC était en position de le faire chanter. Je lui pose deux questions :

a) Que serait-il arrivé, en 1969, au sous-ministre des Affaires intergouvernementales du gouvernement de l'Union nationale, Claude Morin, si les médias avaient révélé qu'il avait tenté de devenir membre des services secrets fédéraux en 1951 et qu'il avait eu des rencontres furtives avec certains de leurs agents alors qu'il étudiait à Laval et qu'il jouait dans le dos de Marcel Masse avec son vieux copain Raymond Parent, son contrôleur de longue date ?

b) Que serait-il arrivé au ministre des Affaires intergouvernementales, Claude Morin, si, entre 1977 et 1981, la cassette vidéo sur laquelle on le voit accepter de l'argent de Léo Fontaine, s'était retrouvée entre les mains des journalistes ?

5) Dans les archives des services de sécurité de la GRC, le dossier de Claude Morin est coté D-999, catégorie qui regroupe les informateurs payés de longue date par l'organisme. Bon, donnons-lui cette fois le bénéfice du doute. Disons qu'un bureaucrate incompétent ou distrait a placé Morin dans la mauvaise catégorie et qu'il est resté par erreur dans cette catégorie pendant ses décennies de collaboration avec la police secrète ;

6) Lors de notre polémique de 2001, Morin avait développé une quatrième version revue et corrigée de sa vérité. Il révélait maintenant savoir où se trouvait une copie de l'enregistrement de sa confrontation avec Loraine Lagacé, responsable du bureau du Québec à Ottawa, dans une chambre de l'hôtel Concorde de

Québec, enregistrement dans lequel il admettait être en relation avec la GRC. Très intéressant. Pourquoi n'a-t-il pas dit plus tôt où se trouvait cette copie du ruban ? Cachottier, va ! Elle ne peut venir que de deux sources :

a) le gouvernement du Québec : Loraine Lagacé avait donné une copie du ruban à René Lévesque ; deux amis de Morin, Marc-André Bédard ou Jean-Roch Boivin, auraient donc pu lui remettre cette copie. Pas très correct, pas très élégant, mais bien possible ;

b) si ce n'est pas cette copie, il faut qu'il s'agisse de la copie volée à Loraine Lagacé, probablement par les services de sécurité de la GRC, lors d'un cambriolage de sa chambre d'hôtel en Floride, peu de temps après sa rencontre avec Morin.

Je réitère donc ma demande à Morin. Avec votre ouverture et votre franchise habituelles, monsieur Morin, dites-nous qui vous a remis la bande sonore. Et pendant que vous y êtes, rendez publique la transcription de cette conversation. N'attendez pas que quelqu'un le fasse à votre place. Pour une fois, ne soyez pas à la remorque de l'information vous concernant. Prenez l'initiative. On verra bien si j'ai correctement résumé vos propos dans mon livre ;

7) Le texte de Claude Morin dans *Le Devoir* de 2001 contient une deuxième primeur encore plus importante. Il y révèle avoir rédigé des comptes rendus détaillés après chacune de ses rencontres avec des représentants des services de sécurité de la GRC ; il ne les a cependant jamais publiés. Les journalistes, dit-il, ne comprendraient pas. Ils interpréteraient mal ses propos qui risqueraient de se retourner contre lui. Ils ne parviendraient pas à saisir les subtilités de ses notes... Il doit pourtant y avoir au

Québec des gens assez intelligents et honnêtes pour les évaluer, non ?

Je le mets donc ici au défi. Vous voulez qu'on vous croie, monsieur Morin, vous qui avez menti au moins par omission aux Québécois pendant 12 ans en cachant vos liens coupables avec la police politique d'Ottawa, alors rendez publique l'intégralité de vos notes. Attention. Pas quelques extraits comme vous le faites dans votre livre, l'INTÉGRALITÉ des textes originaux que des experts pourront authentifier. Cela permettrait au Québec entier de connaître l'étendue de vos « intelligences avec l'ennemi ». Si vous craignez que de simples quidams ne comprennent pas la subtilité de vos notes, je vous fais une autre proposition. Mettez-les à la disposition de trois personnalités indépendantes (historiens, politologues, biographes, etc.) qui, après s'être assurées de l'authenticité et de l'intégralité des documents soumis, en analyseront le contenu et en feront publiquement un rapport. J'en choisis une, vous faites de même et d'un commun accord, les deux s'en adjoignent une troisième. Dans vos notes, ils cherchent des réponses aux questions suivantes :

a) Claude Morin a-t-il transmis des informations politiques significatives aux services de sécurité de la GRC ?

b) A-t-il recueilli des renseignements utiles au Parti québécois comme il le prétend et, s'il a effectivement recueilli de telles informations, pourquoi ne les a-t-il pas transmises au parti et aux personnes ciblées par la GRC qu'il dit avoir protégés ?

c) Claude Morin s'est-il placé dans une situation où il pouvait faire l'objet de chantage ?

Bien sûr, ce ne serait pas la fin de l'affaire Morin. Ces notes, après tout, ne sont que sa version des faits rédigée alors qu'ils se produisaient. Mais cela établirait sa bonne foi et avancerait grandement la quête de la vérité.

Claude Morin a été l'artisan de ses propres malheurs en refusant pendant 12 ans de parler de ses liaisons secrètes avec la GRC, alors qu'il aurait eu l'occasion de le faire dans les trois livres qu'il a publiés durant cette période. Il a ensuite aggravé sa situation en procédant à une série d'admissions successives, toujours plus étendues, sur ses liens avec la police secrète d'Ottawa. Dans cette affaire, je n'ai été que le porteur de la mauvaise nouvelle. Il insulte le messager parce qu'il ne peut pas réfuter le message.

La production du titre *Poing à la ligne* sur 3 604 lb de papier FSC-Silva édition 106 plutôt que sur du papier vierge aide l'environnement des façons suivantes :

Arbres sauvés : 43
Évite la production de déchets solides de 1 711 kg
Réduit la quantité d'eau utilisée de 135 546 L
Réduit les émissions atmosphériques de 4 444 kg

C'est l'équivalent de :

Arbre(s) : 0,9 terrain(s) de football américain
Eau : douche de 6,3 jour(s)
Émissions atmosphériques : émissions de 0,9 voiture(s) par année

MARQUIS

Marquis imprimeur inc.

Québec, Canada